UNION MONÉTAIRE OUEST-AFRICAINE (UMOA)

Le commissariat aux comptes face aux évolutions de la règlementation bancaire

Guide

UNION MONÉTAIRE OUEST-AFRICAINE (UMOA)

Le commissariat aux comptes face aux évolutions de la règlementation bancaire

Guide

Makpindo José LOUGBEGNON
Expert-comptable, Commissaire aux comptes

UNION MONÉTAIRE OUEST-AFRICAINE (UMOA)

Le commissariat aux comptes face aux évolutions de la règlementation bancaire

Guide

L'Harmattan

5-7, rue de l'École-Polytechnique ; 75005 Paris

http://www.librairieharmattan.com

ISBN: 978-2-343-18877-5
EAN: 9782343188775

SOMMAIRE

PRINCIPALES ABREVIATIONS

AT1	Autres éléments de T1 « Tier one » ou Fonds Propres de base additionnels
AUDCIF	Acte Uniforme relatif au Droit Comptable et à l'Information Financière
AUDSCGIE	Acte Uniforme relatif au Droit des sociétés commerciales et du groupement d'intérêt économique
BCEAO	Banque Centrale des Etats de l'Afrique de l'Ouest
BMD	Banque Multilatérale de Développement
BOAD	Banque Ouest-Africaine de Développement
CET1	Common Equity Tier one (Fonds propres de base durs)
CNCC	Compagnie Nationale des Commissaires aux Comptes
COSO	Committee Of Sponsoring Organizations of the Treadway Commission
CREPMF	Conseil Régional de l'Epargne Publique et des Marchés Financiers
FCEC	Facteur de Conversion en Equivalent Crédit
IAS	International Accounting Standards
IASB	International Accounting Standards Board
ISA	International Standards on Auditing
IFRS	International Financial Reporting Standards
NEP	Norme d'Exercice Professionnel
OHADA	Organisation pour l'Harmonisation en Afrique du Droit des Affaires
PCB	Plan Comptable Bancaire
PCBR	Plan Comptable Bancaire Révisé
PIEAFP	Processus Interne d'Evaluation de l'Adéquation des Fonds Propres ou ICAAP
PSPER	Processus de Surveillance Prudentielle et d'Evaluation des Risques
RLCT	Ratio de liquidité à court terme
RLLT	Ratio de liquidité à long terme
SFD	Système Financier Décentralisé
SYSCOHADA	Système Comptable OHADA
T1	Tier One ou Fonds Propres de Base
T2	Tier Two ou Fonds Propres Complémentaires
TARC	Technique d'Atténuation du Risque de Crédit
UMOA	Union Monétaire Ouest Africaine

LISTE DES TABLEAUX

LISTE DES FIGURES

NOTE DE SYNTHESE

Après plus d'une vingtaine d'année d'utilisation, le Plan Comptable Bancaire (PCB) de l'Union Monétaire Ouest Africaine (UMOA) devrait faire l'objet d'une révision pour tenir compte des mutations régionales et internationales. Au niveau régional, on note, entre autres : l'accroissement du nombre de groupes bancaires panafricains et internationaux, la diversification des produits offerts par les établissements de crédit. Au niveau international, il y a eu par exemple : la crise financière, l'évolution des normes comptables internationales, l'évolution des règles prudentielles dans le domaine bancaire.

Conscientes de cette nécessité, les autorités de régulation du secteur bancaire de l'UMOA ont entamé un chantier de réforme qui comprend, notamment, l'adoption :

1. le 24 janvier 2016, du nouveau dispositif prudentiel applicable aux établissements de crédit de l'UMOA, par décision N°13/24/06/2016/CM/UMOA du Conseil des Ministres ;
2. le 15 novembre 2016, du Plan Comptable Bancaire révisé (PCBR) applicable aux établissements de crédit de l'UMOA, par décision N°357-11-2016 de la Banque Centrale.

Ces deux nouvelles réglementations sont en vigueur depuis le 1er janvier 2018.

A l'instar du Droit comptable commun (Système Comptable OHADA) révisé et entré en vigueur à la même date, le PCBR présente de nombreuses convergences vers les normes internationales. En ce qui concerne les nouvelles règles prudentielles, elles sont tirées des accords de Bâle 2 et 3.

Face à ces évolutions comptables et prudentielles, notre ouvrage a pour objectif principal de proposer un guide aux professionnels de l'audit légal des établissements de crédit de l'UMOA.

La **première partie** de l'ouvrage expose l'organisation générale de l'espace UMOA et plus particulièrement les rôles et pouvoirs des autorités de régulation du secteur bancaire. Elle présente ensuite l'analyse du paysage bancaire, les textes législatifs et réglementaires applicables aux établissements de crédit, le mode de gouvernance prescrit à ces établissements ainsi que les exigences minimales en matière de contrôle interne et de maîtrise des risques. Ces nouvelles exigences étant en vigueur à compter du 2 juillet 2018, nous avons proposé notamment les questionnaires présentés en **annexes 3, 4, 5 et 6** permettant d'analyser leur niveau de mise en application et de conclure sur l'environnement général du contrôle interne de chaque établissement.

La **deuxième partie** de cet ouvrage est dédiée aux analyses du PCBR et du nouveau dispositif prudentiel. Ainsi, il ressort de l'analyse du PCBR les principaux constats ci-après :

- Inspiré du cadre conceptuel des normes comptables internationales, le cadre conceptuel du PCBR est une innovation par rapport à l'ancien PCB qui n'en disposait pas.
- Comparativement à l'ancien PCB, le PCBR impose la présentation d'états financiers plus synthétiques et donnant plus de lisibilité sur la situation financière et les performances. Le nouveau format d'états financiers présente aussi vingt-sept (27) notes annexes avec des tableaux standards requérant une organisation comptable et informatique plus contraignante. Dans l'ancien référentiel, les notes annexes pouvaient être établies sous forme descriptive sans exigence particulière de format de présentation.
- Les règles de classification et d'évaluation des éléments de l'actif (notamment les titres détenus en portefeuille et les créances sur la clientèle représentant près de 90% des emplois des établissements) convergent vers les normes internationales et sont plus complexes.
- Le cadre comptable comprenant la liste et le contenu des comptes a été révisé.
- Les changements comptables doivent être traités selon la méthode rétrospective avec imputation des impacts de la révision sur les capitaux propres dès l'ouverture, à l'image des dispositions de l'IFRS 1.

Les principaux résultats de l'analyse du nouveau dispositif prudentiel sont :

- Les exigences minimales en fonds propres ont été renforcées notamment par l'intégration, en plus du risque de crédit qui existait auparavant, des risques de marché et opérationnel. (Accord de Bâle 2)
- Les critères de catégorisation et de pondération des expositions pris en compte pour la détermination des fonds propres ont été revus et affinés.
- Certaines exigences en matière de communication, tirées de l'accord de Bâle 3, ont été définies pour les établissements de crédit.

Au fur et à mesure des analyses, les risques et impacts sur la mission de commissaire aux comptes ont été mis en évidence. Il s'agit, entre autres :

- du risque d'anomalies significatives lié à la correcte présentation des états financiers sous le nouveau format ;
- du risque d'anomalies significatives lié à la classification et à l'évaluation des titres détenus en portefeuille et des engagements à la clientèle ;
- du risque d'anomalies significatives lié à l'absence ou la mise à jour incorrecte des systèmes d'information des établissements de crédit ;
- du risque d'anomalies significatives relatif au personnel de ces établissements : formation, compétences, etc.

En raison du caractère plus contraignant des nouvelles règles comptables et prudentielles, il existe également des risques diffus au niveau des états financiers pris dans leur ensemble.

La **troisième partie** du livre traite de l'évaluation des risques d'anomalies significatives et propose une démarche d'audit des établissements de crédit. Elle comprend notamment :

- des exemples de programmes de travail sur les principaux cycles : moyens de paiement, engagements et crédits de la clientèle, dépôts de la clientèle, opérations financières, capitaux propres et assimilés et provisions pour risques et charges ;
- des réponses aux risques diffus ;
- des réponses aux risques de fraude ;
- des diligences nécessaires au premier exercice d'application du PCBR et du nouveau dispositif prudentiel.

A travers les trois parties qui composent ce livre, les commissaires aux comptes, et plus généralement les professionnels, auront des indications leur permettant de :

- comprendre l'environnement de contrôle des établissements de crédit ;
- établir ou actualiser leur note de planification : identification et évaluation des risques, définition de programmes de travail, etc. ;
- disposer de quelques outils directement exploitables dans le dossier d'audit ;
- contrôler les états financiers, y compris les notes annexes ;
- conclure sur les résultats des procédures d'audit et formuler une opinion appropriée sur les états financiers des établissements de crédit de l'UMOA.

En **annexe 20**, un tableau synthétique des différentes étapes de la mission d'audit légal, avec des références aux normes ISA et aux articles de l'Acte uniforme de l'OHADA relatif au droit des sociétés commerciales et du groupement d'intérêt économique, est proposé. Ce tableau présente également des liens vers les paragraphes du livre lorsqu'il y en a d'applicables.

<u>Mots clés</u> : comptabilité bancaire, audit bancaire, contrôle interne, règles prudentielles, IAS/IFRS, ISA, vérifications spécifiques, règles UMOA, règles OHADA, démarche et outils de contrôles.

INTRODUCTION

Depuis environ une vingtaine d'années, l'Union Monétaire Ouest Africaine (UMOA) adopte, pour la première fois, avec effet à partir du 1er janvier 2018, un nouveau référentiel comptable et un nouveau dispositif prudentiel pour les établissements de crédit. Cette réforme dans le secteur bancaire de l'UMOA coïncide avec la révision du Droit comptable commun de l'espace de l'Organisation pour l'Harmonisation en Afrique du Droit des Affaires (OHADA). Le référentiel commun de cet espace dénommé « Système Comptable OHADA » (SYSCOHADA) est utilisé par les entités établies dans les dix-sept (17) pays membres de l'OHADA, y compris les huit (08) pays de l'UMOA.

Les nouvelles réglementations comptables et prudentielle applicables aux établissements de crédit de l'UMOA constituent respectivement des convergences vers les normes internationales IFRS et les accords de Bâle 2 et 3. Leur entrée en vigueur implique de nouvelles obligations aussi bien pour les établissements de crédit que pour les professionnels comptables. Ces derniers, experts-comptables ou commissaires aux comptes, intervenant dans l'élaboration ou le contrôle des états financiers, il apparait pertinent de s'intéresser, par exemple, aux impacts de ces réformes sur leurs missions.

Cet exemple est, d'abord, tiré de notre intérêt pour les métiers de la finance et de notre expérience dans l'audit des établissements de crédit. L'idée d'une telle étude a été, ensuite, renforcée par l'observation de nombreuses actions de vulgarisation, de formations et autres actions de promotion portant notamment sur le SYSCOHADA révisé ou sur les nouvelles réglementations applicables au secteur bancaire de l'UMOA. Cependant, nous n'avons pas retrouvé d'étude détaillée ou visant spécifiquement la mission de commissaire aux comptes auprès des établissements de crédit de l'UMOA. Nous avons alors décidé de réaliser nos recherches sur ce sujet.

Le thème de ce livre est intitulé : « ***Le commissariat aux comptes aux évolutions de la réglementation bancaire*** » dans l'UMOA.

Conformément à la loi cadre portant réglementation bancaire de l'UMOA, le terme « établissements de crédit » revêt un sens plus large que le terme « banques ». En effet, les établissements de crédit regroupent les banques et les établissements financiers[1]. Pour des besoins de simplification dans le présent ouvrage, nous utiliserons le terme « établissements » pour désigner les deux types d'entités.

Conformément à l'article 3 de la décision N°357-11-2016 en date du 15 novembre 2016 instituant le Plan Comptable Bancaire Révisé (PCBR), la comptabilité des établissements est organisée et tenue conformément aux dispositions de ce plan et de ses instructions d'application. Avant cette décision de la Banque Centrale, le Conseil des Ministres de l'UMOA, réuni le

---

[1] D'après la Banque Centrale des Etats de l'Afrique de l'Ouest (BCEAO), on dénombre au 31 décembre 2017, 144 établissements de crédit agréés, dont 126 banques et 18 établissements financiers. (www.bceao.int, 25 août 2018).

24 janvier 2016, a institué le nouveau dispositif prudentiel applicable aux établissements, par décision N°13/24/06/2016/CM/UMOA. Les deux décisions ont pour date d'entrée en vigueur le 1er janvier 2018.

Le PCB révisé étant adopté en remplacement d'un ancien référentiel, quelles sont les principales évolutions et innovations qu'il a apportées ? De même, quelles sont les nouvelles exigences du nouveau dispositif prudentiel ? En outre, comment les professionnels comptables, et plus spécifiquement les commissaires aux comptes doivent-ils intégrer ces évolutions dans leur démarche d'audit ?

Pour répondre à ces interrogations, nous avons réalisé des entretiens et pris connaissance des décisions précitées, y compris leurs annexes, et de tout autre document relatif aux nouvelles réglementations comptable et prudentielle des établissements. Les recherches ont été ensuite effectuées sur plusieurs auteurs et sources documentaires, afin d'affiner nos analyses.

Les **objectifs poursuivis** dans cet ouvrage sont :

- d'analyser les principaux changements entre le PCB et le PCB révisé, y compris les convergences vers les normes internationales ;
- d'analyser le nouveau dispositif prudentiel présentant des transpositions de plusieurs exigences des accords de Bâle 2 et 3 ;
- d'identifier, d'évaluer et/ou d'actualiser les risques pour la mission de commissaire aux comptes ;
- de proposer une démarche avec des diligences et quelques outils nécessaires à la couverture de ces risques.

En raison de l'étendue du sujet, nos analyses et commentaires sont limités aux comptes sociaux des établissements. Certaines questions concernant les comptes consolidés ou les compagnies financières placées sous une supervision consolidée pourraient ne pas être approfondies.

Cet ouvrage s'articule en trois parties :

- la **première partie** traite du cadre institutionnel de l'étude, du paysage bancaire, de l'environnement des établissements, de l'organisation générale de ces établissements et des textes législatifs et réglementaires applicables ;
- la **deuxième partie** expose l'analyse des nouvelles réglementations comptable et prudentielle applicables aux établissements ;
- la **troisième partie** présente la démarche de l'audit des établissements de l'UMOA à travers l'approche par les risques et la proposition d'exemples de diligences et de quelques outils adaptés aux changements identifiés dans les première et deuxième parties. Elle traite aussi des diligences liées à la première application et des travaux spécifiques au commissariat aux comptes des établissements de l'UMOA.

PREMIERE PARTIE

LES ETABLISSEMENTS DE CREDIT DE L'UMOA : UN SECTEUR TRES REGLEMENTE, EN PLEINE CROISSANCE AVEC UNE ORGANISATION INTERNE SPECIFIQUE

PREMIERE PARTIE
LES ETABLISSEMENTS DE CREDIT DE L'UMOA : UN SECTEUR TRES REGLEMENTE, EN PLEINE CROISSANCE AVEC UNE ORGANISATION INTERNE SPECIFIQUE

Créée à l'origine par un traité signé le 12 mai 1962[2], par les représentants de sept (07) Etats membres, l'Union Monétaire Ouest Africaine (UMOA) est actuellement composée de huit (08) Etats à savoir : le Bénin, le Burkina Faso, la Côte d'Ivoire, la Guinée-Bissau, le Mali, le Niger, le Sénégal et le Togo. L'histoire des Etats membres de l'Union est marquée par l'entrée du Togo et de la Guinée-Bissau respectivement en 1963 et 1977 et le retrait en 1973 de la Mauritanie.

Conformément aux dispositions de ce traité, notamment en ses articles 5 et 25, l'Union dispose essentiellement de quatre (04) organes et de deux (02) Institutions. Les organes sont : la Conférence des Chefs d'Etat et de Gouvernement, le Conseil des Ministres, la Commission Bancaire et le Conseil Régional de l'Epargne Publique et des Marchés Financiers (CREPMF). Les institutions comprennent : la Banque Centrale des Etats de l'Afrique de l'Ouest (BCEAO), ci-après dénommée « Banque Centrale », et la Banque Ouest Africaine de Développement (BOAD). Compte tenu du thème de ce livre, il sera présenté brièvement au chapitre I de cette partie, consacré au cadre institutionnel de l'étude, les trois (03) premiers organes (section 1) et l'institution d'émission des signes monétaires (section 2).

Le chapitre II de cette partie est destiné à exposer les conditions d'agrément des établissements dans l'UMOA, le paysage bancaire de cette zone, les principales activités exercées par ces établissements, les principaux textes légaux et règlementaires applicables (section 1), la gouvernance et l'organisation du contrôle interne des établissements de l'UMOA (section 2).

[2] Nous avons observé que ce traité a fait l'objet de plusieurs amendements depuis sa signature et son entrée en vigueur en 1962. La dernière version exploitée dans le cadre de cet ouvrage date du 20 janvier 2007.

Chapitre 1 : Les autorités de régulation et de contrôle de l'UMOA

Section 1 : Les organes de l'UMOA

1.1. La Conférence des Chefs d'Etats et de Gouvernement

Composée des Chefs d'Etat et de Gouvernement des pays membres cités ci-dessus, la Conférence constitue l'**autorité suprême de l'Union Monétaire**. Elle dispose notamment de compétences pour décider de l'entrée d'un Etat membre ou de la fixation du siège des Institutions. La Conférence est également compétente pour entériner les décisions proposées par le Conseil des Ministres.

La Conférence siège pendant chaque année civile dans l'un des pays membres et dans l'ordre alphabétique de leur désignation. Elle se réunit au moins une fois par an.

1.2. Le Conseil des Ministres

Avec un nombre minimum de deux (02) réunions par an, le Conseil des Ministres assure la **Direction de l'Union Monétaire**. Il est composé de deux (02) représentants (Ministres) par Etat membre, soit au total seize (16) représentants pour l'ensemble des Etats membres actuels. Néanmoins, les seules voix délibératives sont celles des Ministres en charge des Finances. De même, la Présidence du Conseil est assurée pour une durée de deux (02) ans par un Ministre chargé des Finances élu par ses pairs, à tour de rôle de chaque Etat. Les principales missions assignées au Conseil des Ministres sont :

- le suivi de la mise en œuvre des décisions et orientations de la Conférence des Chefs d'Etat et de Gouvernement ;
- **la définition de l'environnement règlementaire de l'activité financière et bancaire ;**
- la définition des orientations destinées à conforter l'intégration monétaire et financière ;
- la définition de la politique de change ;
- l'approbation des accords de la Banque Centrale ;
- l'arrêt des projets de conventions et résolutions à soumettre à la Conférence des Chefs d'Etats.

1.3. La Commission Bancaire

La Commission Bancaire de l'UMOA est notamment chargée de l'**organisation et** du **contrôle des établissements de la zone**. Elle est dotée d'une convention spécifique signée le 6 avril 2007, par les Ministres chargés des Finances des Etats membres.

Conformément aux dispositions des articles 2 et 3 de l'annexe de la Convention régissant la Commission Bancaire de l'UMOA, cet organe comprend :

1. le Gouverneur de la Banque Centrale qui en assure la Présidence ;
2. un représentant désigné ou nommé par chaque Etat membre ;

3. un représentant de l'Etat assurant la garantie et la convertibilité de la monnaie commune ;
4. des membres disposant de compétences en matière bancaire nommés par le Conseil des Ministres. Ces membres forment le même nombre que celui des Etats cités aux points 2 et 3, soit neuf (09) personnes au total.

La Commission Bancaire se réunit aussi souvent que nécessaire, sans que cela ne soit inférieur à deux (02) fois par an. La Banque Centrale assure le secrétariat et prend en charge les frais de fonctionnement de la Commission Bancaire. Ce secrétariat est dirigé par un Secrétaire Général assisté par un Adjoint, désignés par le Gouverneur de la Banque Centrale parmi les cadres de l'Institution.

Les **principales attributions** de la Commission Bancaire comprennent :
- la délivrance d'avis de conformité sur l'agrément ou le retrait d'agrément des établissements et des Systèmes Financiers Décentralisés (SFD) ;
- **le contrôle sur pièces et sur place des établissements** et des SFD ;
- la prise de mesures administratives et de sanctions disciplinaires à l'encontre des établissements et des SFD ;
- **l'approbation de la nomination des commissaires aux comptes des établissements** et des SFD ;
- la nomination d'administrateur provisoire ou de liquidateur d'établissements;
- **l'élaboration de circulaires d'application de la règlementation bancaire** et des SFD.

La Commission Bancaire établit chaque année un rapport[3].

Section 2 : L'Institut d'émission et ses principaux organes

2.1. La Banque Centrale

La Banque Centrale est un établissement public international doté de la personnalité juridique et de l'autonomie financière. Ses statuts définissent notamment ses objectifs, ses attributions, sa gouvernance et ses règles de fonctionnement.

Les principaux objectifs de la Banque Centrale décrits à l'article 8 de ses statuts sont : assurer la stabilité des prix à travers la mise en œuvre d'une politique monétaire et, soutenir les politiques économiques de l'Union sans préjudice du premier objectif. D'après l'article 9 de ses statuts, la Banque Centrale a pour principales attributions dans l'Union : de mettre en œuvre la politique monétaire, **veiller sur la stabilité du système bancaire et financier**, d'assurer la supervision et la sécurité des systèmes de paiement, d'émettre les signes monétaires, de mettre en œuvre la politique de change et, de gérer les réserves de change.

[3] Ce rapport rend compte notamment de l'environnement des entités placées sous son contrôle et des principales activités qu'elle a menées.

Conformément à son organigramme[4], la Banque Centrale dispose d'un siège et de huit (08) Directions Nationales réparties dans les Etats membres. La gouvernance de la Banque Centrale est assurée par : un Gouverneur assisté de Vice-Gouverneurs, le Comité de Politique Monétaire, le Conseil d'Administration, un Conseil National de Crédit par Etat membre.

2.2. Le Comité de Politique Monétaire

Le Comité de Politique Monétaire est l'organe chargé de la **définition de la politique monétaire au sein de l'UMOA** et de ses instruments dans l'UMOA.
Ce comité comprend : le Gouverneur de la Banque Centrale, qui en assure la Présidence, les Vice-Gouverneurs, un membre proposé par chacun des Gouvernements des Etats membres, un membre nommé par l'Etat assurant la garantie de la convertibilité de la monnaie commune, quatre (04) autres membres ressortissants des Etats membres de l'UMOA, nommés intuitu personae par le Conseil des Ministres.

Le Comité de Politique Monétaire se réunit au moins une fois par trimestre et chacun de ses membres dispose d'un droit de vote et d'une voix exprimée[5].

Chapitre 2 : Les établissements de crédit de l'UMOA : paysage, textes applicables, mode de gouvernance et organisation interne

Section 1 : Paysage et textes applicables aux établissements de crédit de l'UMOA

1.1. Conditions d'exercice de l'activité d'établissement de crédit

1.1.1. Les différentes formes d'établissements et la nature de leurs opérations

D'après les dispositions des articles 2, 3 et 4 de la loi cadre portant règlementation bancaire, les établissements de crédit sont agréés en qualité de banque ou d'établissement financier à caractère bancaire :

- Les banques sont habilitées à effectuer les opérations ci-après : « *la réception de fonds du public, les opérations de crédit, ainsi que la mise à disposition de la clientèle et la gestion des moyens de paiements.* »
- « *Les établissements financiers à caractère bancaire sont habilités à effectuer les opérations de banque pour lesquelles ils sont agréés* ». Conformément à l'article 3 de l'instruction N°011-12/2010/RB du 13 décembre 2010 relative au classement, aux opérations et à la forme juridique des établissements financiers à caractère bancaire, les cinq (05) catégories d'établissements financiers à caractère bancaire sont : les établissements financiers de prêts, les établissements financiers de

[4] L'organigramme de la BCEAO est disponible à l'adresse web suivante : https://www.bceao.int/sites/default/files/inline-files/organigramme5juillet.pdf

[5] Les règles de fonctionnement du Comité de Politique Monétaire ont été détaillées dans son règlement intérieur.

crédit-bail ou de location avec option d'achat, les établissements financiers d'affacturage, les établissements financiers de cautionnement et les établissements financiers de paiement.

L'article 15 de la même loi précise que les demandes d'agrément sont adressées au Ministre chargé des Finances et déposées auprès de la Banque Centrale qui les instruit. Selon l'article 16, le prononcé de l'agrément est fait par arrêté de ce Ministre après avis conforme de la Commission Bancaire.

1.1.2. Les formes juridiques adoptées par les établissements

Les formes juridiques requises pour les banques et les établissements financiers à caractère bancaire sont définies respectivement aux articles 31 et 32 de la loi cadre portant règlementation bancaire. Nonobstant la possibilité offerte par ces articles de loi pour la constitution sous différentes formes dans des cas spécifiques, la forme juridique la plus répandue est la constitution sous forme de société anonyme.

1.1.3. Le capital social des établissements de crédit

1.1.3.1. Montant du capital social

A la faveur de l'avis N°01/2017/RB du 2 novembre 2007 et comme cela est prévu par l'article 34 de la loi cadre portant règlementation bancaire, le Conseil des Ministres de l'UMOA a fixé le capital social des banques et établissements financiers à des montants respectifs de FCFA 10 milliards et FCFA 3 milliards. Pour les établissements agréés avant cette date, après une première phase où ils devraient porter leur capital minimum à un montant de FCFA 5 milliards pour les banques et FCFA 1 milliard pour les établissements financiers au plus tard le 31 décembre 2010, une seconde phase avait été retenue avec une date buttoir fixée au 30 juin 2017.

1.1.3.2. Souscription et libération du capital social

Selon l'article 4 de l'instruction N°017-04/2011/RB du 21 avril 2011 établissant la liste des documents et informations constitutifs du dossier d'agrément en qualité d'établissement de crédit, « *préalablement à l'introduction de la demande d'agrément en qualité d'établissement de crédit, le capital social doit être intégralement souscrit et libéré, au moins à hauteur de vingt-cinq pour cent (25%), dans un compte ouvert dans les livres d'une banque installée dans l'Etat membre de l'UMOA dans lequel la société a été constituée* ». Ces fonds sont conservés en l'état jusqu'à l'obtention de l'avis de conformité du dossier d'agrément décidé par la Commission Bancaire.

La délivrance de l'agrément par le Ministre chargé des Finances est subordonnée à la libération du reliquat du capital par les souscripteurs initiaux.

1.1.4. Les conditions relatives aux dirigeants des établissements de crédit

La loi cadre portant règlementation bancaire définit notamment en ses articles 15, 25, 26 et 29 les conditions à respecter pour être dirigeants d'un établissement de crédit. Ces conditions d'exercice ont été précisées ou complétées par les circulaires du 4 janvier 2011 de la Commission Bancaire, à savoir : la circulaire N°002-2011/CB/C précisant les conditions d'exercice des fonctions d'administrateurs et de dirigeants au sein des établissements de l'UMOA et la circulaire N°005-2011/CB/C relative à la gouvernance des établissements de l'UMOA[6].

De façon générale, nous retenons que les dirigeants des établissements doivent respecter les conditions essentielles ci-après :

- conditions portant sur l'honorabilité et sur l'expérience des personnes appelées à diriger, administrer ou gérer l'établissement de crédit et ses organes ;
- conditions portant sur la nationalité qui doit être celle d'un Etat membre de l'UMOA. Il existe toutefois une procédure de dérogation individuelle délivrée par le Ministre chargé des Finances aux ressortissants de pays extérieurs à l'Union, après avis de la Commission Bancaire, suite à une sollicitation dans des conditions prévues par la loi ;
- conditions d'interdiction en cas de condamnation pour crime de droit commun. Cette interdiction est également valable pour toute condamnation pour tentative ou complicité dans la commission. Elle est aussi valable pour les condamnations à l'étranger.

1.1.5. Les autres conditions d'agrément des établissements de crédit

Outre les conditions relatives à la forme juridique, au capital social et aux dirigeants des sociétés sollicitant un agrément en qualité d'établissement de crédit, les autorités de régulations examinent notamment les aspects ci-après : (article 15 de la loi cadre portant règlementation bancaire)

- le programme d'activité de l'entreprise, les moyens techniques et financiers qu'elle prévoit de mettre en œuvre, ainsi que le plan de développement de son réseau ;
- l'aptitude de l'entreprise requérante à réaliser ses objectifs de développement, dans des conditions compatibles avec le bon fonctionnement du système bancaire et une protection suffisante de la clientèle.

Pour plus de précisions et de détails sur les conditions d'agrément, les documents servant de base à cet examen ainsi que la liste des autres informations à fournir, il convient de se référer à l'instruction N°017-04/2011/RB du 21 avril 2011 établissant la liste des documents et informations constitutifs du dossier d'agrément en qualité d'établissement de crédit, y compris ses deux (02) annexes.

[6] Il convient de noter que ces deux (02) circulaires ont été abrogés respectivement par les circulaires N°02-2017/CB/C relative aux conditions d'exercice des fonctions d'administrateurs et de dirigeants au sein des établissements de crédit et des compagnies financières de l'UMOA et N°01-2017/CB/C relative à la gouvernance des établissements de crédit et des compagnies financières de l'UMOA. Ces nouvelles circulaires adoptées par la Commission Bancaire le 27 septembre 2017 entrent en vigueur à compter du 2 juillet 2018.

1.1.6. Matérialisation de l'agrément

D'après les dispositions de l'article 16 de la loi cadre portant règlementation bancaire, la matérialisation de l'agrément d'un établissement de crédit est constatée par les faits ci-après :

- arrêté pris par le Ministre chargé des Finances du pays concerné ;
- inscription sur une liste tenue par la Commission Bancaire qui affecte un numéro à l'établissement de crédit ;
- publication de l'agrément au Journal Officiel à la diligence de la Commission Bancaire.

1.2. Paysage des établissements de crédit de l'UMOA

1.2.1. Evolution du paysage des établissements de crédit

En l'absence de la disponibilité de l'ensemble des informations au titre de l'exercice 2017, nous présentons le tableau synthétique ci-dessous sur la période 2014 à 2016.

***Tableau 1** : Evolution du paysage bancaire de l'UMOA entre 2014 et 2016*

UMOA	2 014	2 015	2016 (*)	Variation relative 2016/2015
Etablissements de crédit agréés	132	137	138	0,7%
Banques	118	122	123	0,8%
Etablissements financiers	14	15	15	0,0%
Etablissements de crédit en activité	121	130	135	3,8%
Holdings bancaires (**)	9	10	10	0,0%
Groupes bancaires en activité dans l'UMOA	26	28	27	-3,6%
Réseau bancaire				
Guichets (agences, bureaux et points de vente)	2 300	2 427	2 542	4,7%
Guichets Automatiques de Banque (GAB)	2 604	2 805	3 010	7,3%
Effectif du personnel du système bancaire	24 203	25 727	26 901	4,6%
Nombre de comptes de la clientèle	8 929 119	8 910 811	10 317 280	15,8%

(*) Données provisoires
(**) Ces entités ne sont pas agréées comme des établissements de crédit au sens de la règlementation bancaire.

Source : Extrait du rapport annuel 2016 de la Commission Bancaire de l'UMOA

Une consultation du site de la Banque Centrale, effectuée le 25 août 2018, nous a permis de constater que le nombre d'établissements agréés dans l'espace est passé de 138 au 31 décembre 2016, à 144 au 31 décembre 2017. La variation observée est due essentiellement à l'agrément de nouveaux établissements.

1.2.2. Analyse des chiffres clés du secteur

Les chiffres clés du secteur bancaire sur la période de trois (03) ans s'analysent sur la base du tableau présenté à la page suivante.

Tableau 2 : *Evolution entre 2014 et 2016 des indicateurs d'activité et ratios caractéristiques des établissements de crédit sur base sociale*

Montants en milliards de FCFA

UMOA	2 014	2 015	2016 (*)	Variation relative 2016/2015
Total bilan	23 653,3	28 232,1	32 658,3	15,7%
Crédits à la clientèle	12 846,1	14 972,7	16 847,2	12,5%
Autres emplois	6 863,5	8 623,3	10 756,1	24,7%
Dépôts et emprunts	15 889,6	18 906,7	20 688,5	9,4%
Fonds propres nets	1 739,5	1 934,8	2 265,3	17,1%
Autres ressources	1 210,5	1 366,0	1 546,8	13,2%
Produits net bancaire	1 353,5	1 519,7	1 643,1	8,1%
Résultat brut d'exploitation	525,7	591,3	666,9	12,8%
Résultat net	**172,7**	**218,8**	**423,7**	**93,6%**
Taux brut de dégradation du portefeuille Créances en souffrance brutes / Total Crédits bruts	15,1%	13,7%	13,5%	
Taux net de dégradation du portefeuille Créances en souffrance nettes / Total Crédits nets	6,5%	6,0%	5,2%	
Taux de provisionnement des créances en souffrance Provisions constituées / Créances en souffrance brutes	61,0%	60,1%	64,9%	
Marge globale Rendement des prêts - Cout des capitaux	6,7%	6,5%	6,8%	
Coefficient net d'exploitation (Frais généraux + Dotations aux amortissements) / Produit Net Bancaire	66,4%	66,9%	66,3%	

(*) Données provisoires

Source : Extrait du rapport annuel 2016 de la Commission Bancaire de l'UMOA

Ces données illustrent d'un marché en constante progression sur la période revue. Cette progression est notamment marquée par une nette amélioration du résultat net qui réalise une forte croissance de 93,6% entre 2015 et 2016.

1.3. Principales activités exercées par les établissements de l'UMOA

En l'absence de règles de spécialisation et du fait que les pays de l'UMOA sont pour l'essentiel en voie de développement, la plupart des établissements de cet espace ne sont pas spécialisés dans un métier ou concentrés sur un secteur d'activité économique spécifique. Ils exercent tous la totalité des métiers de la banque et financent l'essentiel des secteurs d'activité économique.

L'analyse des activités exercées est effectuée sur la base des situations financières agrégées des établissements de l'UMOA, dont un extrait est présenté en **annexe 1**.

1.3.1. Emplois

Avec des soldes de FCFA 19 710 milliards au 31 décembre 2015 et FCFA 27 603 milliards au 31 décembre 2016, les emplois sont en croissance de 19,7% entre 2014 et 2015 et de 17,0% entre 2015 et 2016.

***Figure 1* : Evolutions des emplois des établissements de crédits en millions de FCFA**

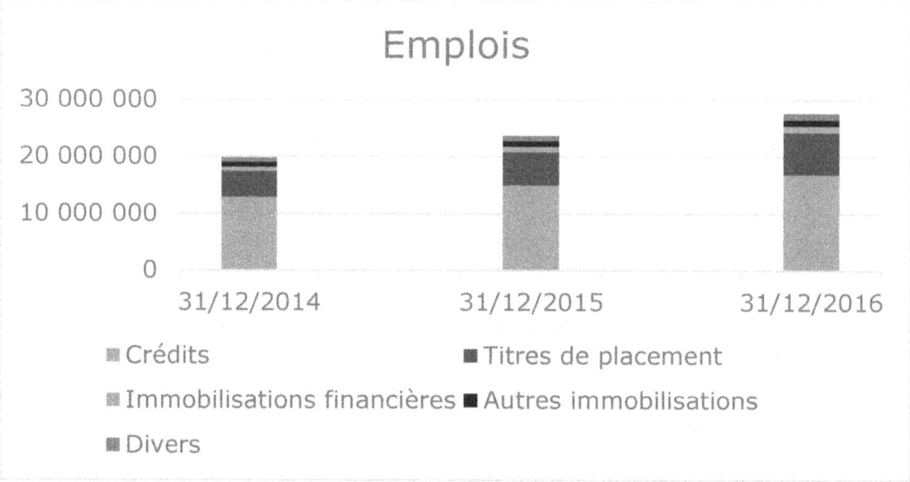

Source : Figure établie à partir de données contenues dans le rapport annuel 2016 de la Commission Bancaire

Les emplois sont dominés par les crédits à la clientèle qui y représentent 61% au 31 décembre 2016. Les crédits à la clientèle sont suivis par les titres de placement (27% du total des emplois au 31 décembre 2016) et les autres éléments de l'actif du bilan, à savoir les immobilisations financières, les autres immobilisations et divers, composant 12% du total des emplois et répartis équitablement entre eux.

1.3.2. Ressources

Le solde des ressources s'établit à un montant de FCFA 24 501 milliards au 31 décembre 2016, après des progressions de 17,9% entre 2014 et 2015 et, 10,3% entre 2015 et 2016.

***Figure 2* : Evolution des ressources des établissements de crédits en millions de FCFA**

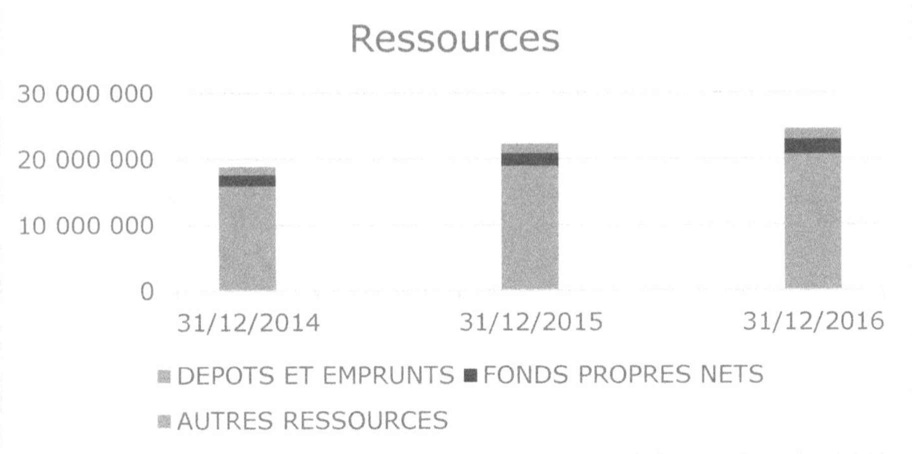

Source : Figure établie à partir de données contenues dans le rapport annuel 2016 de la Commission Bancaire

Les ressources des établissements de l'UMOA sont constituées à 84% de dépôts et emprunts, à 9% de fonds propres nets et, 6% d'autres formes de ressources.

1.3.3. Trésorerie

Sur la période en étude, la trésorerie des établissements de l'UMOA s'est dégradée en raison d'un décalage entre la croissance des emplois, plus élevée que celle des ressources.

***Figure 3* : Evolution de la trésorerie des établissements de crédits en millions de FCFA**

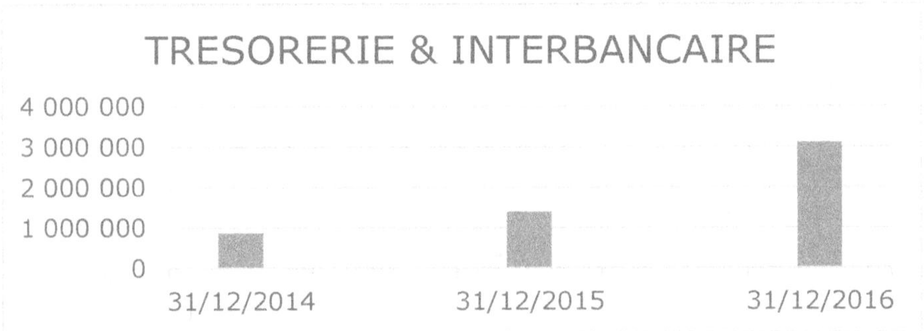

Source : Figure établie à partir de données contenues dans le rapport annuel 2016 de la Commission Bancaire

D'après les informations recueillies dans le rapport annuel 2016 de la Commission Bancaire, les déficits observés sur les places bancaires de tous les pays de l'Union se sont davantage accentués en 2016. Les plus importantes variations sont localisées en Côte d'Ivoire (575,0 milliards), au

Sénégal (311,0 milliards), au Mali (286,0 milliards) et au Bénin (181,0 milliards).

1.3.4. Résultats et indicateurs de gestion

Les évolutions des résultats et principaux indicateurs de gestion des établissements, à savoir le Produit Net Bancaire (PNB), le Résultat Brut d'Exploitation, le Résultat Net, le taux de dégradation du portefeuille, la marge d'intermédiation et le coefficient d'exploitation, ont été analysées dans le tableau 2, à la page 21 du présent livre.

> A la lumière de l'analyse ci-dessus, les postes de **crédits à la clientèle** et de **titres** constituent les emplois les plus significatifs des actifs des établissements de l'UMOA. Au passif, **les dépôts** et les **emprunts** sont les postes les plus significatifs. En outre, le volume important des mouvements en **trésorerie** est inhérent à l'activité bancaire. Ainsi, ces cinq (05) postes et leurs **charges et produits liés** méritent généralement une attention particulière lors de toute mission d'audit.

1.4. Principaux textes légaux et règlementaires applicables

En raison de son importance systémique, le secteur bancaire fait partie des activités les plus règlementées dans nos économies. Ainsi, les établissements sont soumis dans un premier temps aux textes de droit commun applicables à toute société établie dans un état membre de l'UMOA et, dans un second temps aux textes spécifiques à leur secteur d'activité. Sans pouvoir fournir une liste exhaustive de ces textes applicables, nous attirons l'attention sur les principaux textes cités en **annexe 2** dont une partie figure dans le recueil des textes légaux et réglementaires édité par la BCEAO en 2016.

Il convient de noter, par ailleurs, qu'en application des dispositions des articles 57 et 58 de la loi cadre portant règlementation bancaire :

- les établissements sont tenus de se conformer aux décisions que le Conseil des Ministres, la Banque Centrale et la Commission Bancaire prennent ;
- *« les décisions de la Commission Bancaire sont exécutoires de plein droit sur tout territoire d'un Etat membre »*.

> Conformément à la norme ISA 250, la prise de connaissance des textes législatifs et règlementaires applicables aux établissements revêt une importance pour la mission de commissaire aux comptes.

Section 2 : Gouvernance et organisation du contrôle interne des établissements de crédit de l'UMOA

2.1. Gouvernance des établissements de crédit de l'UMOA

Comme exposé en supra, les établissements sont tenus, à compter du 2 juillet 2018, de mettre en place un système de gouvernance répondant aux exigences prescrites par la circulaire N°01-2017/CB/C relative à la gouvernance des établissements et des compagnies financières de l'UMOA. Nous observons que les exigences de cette circulaire, bien que plus contraignantes, sont sans préjudice des dispositions de droit commun prévues par l'Acte uniforme de l'OHADA relatif au droit des sociétés commerciales et du groupement d'intérêt économique en vigueur dans l'ensemble des pays membres de l'UMOA. Le nouveau cadre de gouvernance des établissements de l'UMOA devra comprendre au minimum les organes suivants et satisfaire aux critères ci-après.

2.1.1. Le respect du principe de proportionnalité et des principes généraux de gouvernance

2.1.1.1. Principe de proportionnalité

Le principe de proportionnalité défini à l'article 4 de la circulaire requiert que l'établissement mette en place « *un dispositif de gouvernance conforme aux saines pratiques et adapté à sa taille, sa structure, la nature et la complexité de ses activités ainsi qu'à son profil de risque et, le cas échéant, à celui du groupe auquel il appartient.* »

En application de ce principe un établissement bancaire d'importance systémique régionale ou nationale aura une structure de gouvernance plus fournie qu'un autre établissement n'ayant pas d'importance systémique.

2.1.1.2. Principes généraux de gouvernance

Exposés à l'article 5 de la circulaire, les principes généraux exigent des établissements qu'ils mettent en place un cadre et des outils afin que leur dispositif de gouvernance permette notamment :

- la couverture de l'ensemble des risques encourus par l'établissement ;
- la définition et l'organisation de divers moyens nécessaires à l'atteinte d'une saine gouvernance ;
- la réponse aux besoins de l'établissement dans son ensemble et de chacune de ses unités organisationnelles et opérationnelles ;
- de s'assurer de l'intégrité et de l'engagement des intervenants.

Ces principes constituent, à notre avis, des exigences complémentaires applicables aux établissements comparativement aux sociétés non bancaires.

2.1.2. Un organe délibérant avec des comités spécialisés

Le titre III de la circulaire N°01-2017/CB/C est consacré à l'organe délibérant des établissements qui est généralement le Conseil d'Administration, puisque la plupart des établissements sont constitués sous forme de société anonyme. Ce titre comprend :

- les responsabilités générales et spécifiques de l'organe délibérant. Cet organe doit notamment définir et approuver « *la stratégie globale de l'établissement, son cadre général de gouvernance, sa culture d'entreprise ainsi que ses principes et ses valeurs. Il assume la responsabilité ultime de la solidité financière de l'établissement et de sa*

conformité aux dispositions légales et réglementaires régissant ses activités » [7];
- les obligations de cet organe, notamment son rôle de supervision de l'organe exécutif ;
- les possibilités de délégation de pouvoirs et compétences de l'organe délibérant ;
- la composition de l'organe délibérant : point notable requis par cette nouvelle circulaire : **le tiers des membres de l'organe délibérant doit être composé d'administrateurs indépendants** ; les critères de qualification d'un administrateur indépendant étant définis à l'article 11 de cette circulaire ;
- les compétences des membres de l'organe délibérant qui doivent avoir une bonne connaissance de l'économie et des marchés où opère l'établissement et, maîtriser les textes juridiques en vigueur régissant les activités de l'établissement ;
- les critères pour assurer la Présidence de l'organe délibérant ;
- les comités spécialisés devant être constitués en fonction de la taille de l'établissement ainsi que leurs responsabilités. Il s'agit notamment du comité d'audit, du comité de risques, du comité de nomination et du comité de rémunérations.

2.1.3. Un organe exécutif avec des fonctions de contrôle

Le titre IV de la circulaire N°01-2017/CB/C définit les exigences applicables à l'organe exécutif, que nous listons brièvement ci-après :

- ses membres doivent posséder les compétences professionnelles, l'honorabilité, l'expérience et les qualités personnelles nécessaires ;
- les responsabilités de l'organe exécutif et du Directeur Général, en particulier (articles 26 et 27) ;
- les fonctions de contrôle à mettre en place proportionnellement à la taille, la structure et le profil de risque de l'établissement. Ces fonctions[8] doivent comprendre au minimum l'audit interne et la gestion des risques. Les établissements d'importance systémique doivent disposer en plus, d'une fonction de conformité ;
- les positionnements hiérarchiques (avec la Direction Générale) et fonctionnels (avec l'organe délibérant) de ces fonctions ;

Les règles imposées aux organes délibérant et exécutif des établissements permettent de les distinguer notablement des organes des sociétés non bancaires.

---

[7] Article 6 de la circulaire N°01-2017/CB/C du 27 septembre 2017.

[8] Les rôles et responsabilités spécifiques de ces fonctions ont été définis dans les circulaires ci-après adoptées le 27 septembre 2017 et entrant en vigueur le 2 juillet 2018 : circulaire N°03-2017/CB/C relative au contrôle interne des établissements de crédit et des compagnies financières dans l'UMOA, circulaire N°04-2017/CB/C relative à la gestion des risques dans les établissements de crédit et les compagnies financières de l'UMOA et, circulaire N°05-2017/CB/C relative à la gestion de la conformité aux normes en vigueur par les établissements de crédit et les compagnies financières de l'UMOA.

2.1.4. Le respect du principe de transparence et de diffusion d'information

« Les organes de gouvernance doivent assurer la diffusion en temps opportun d'informations exactes sur tous les sujets significatifs concernant l'établissement, notamment son actionnariat et sa gouvernance ».

Ce principe énoncé à l'article 47 de la circulaire N°01-2017/CB/C est destiné, à notre avis, à garantir la transparence et la diffusion d'information, y compris les informations financières.

2.2. Organisation générale du contrôle interne

A partir du 2 juillet 2018, l'organisation du contrôle interne des banques et établissements financiers doit être conforme aux dispositions de la circulaire N°03-2017/CB/C adoptée le 27 septembre 2017. Cette circulaire détermine les exigences minimales du système de contrôle interne des établissements décrites ci-après.

2.2.1. Les acteurs et leurs responsabilités

Les acteurs et les responsabilités qui leur incombent sont définis aux articles 4, 5 et 6 de la circulaire. Il s'agit de :

- l'organe délibérant : le Conseil d'Administration de l'établissement est le responsable en dernier ressort de l'existence et du bon fonctionnement du système de contrôle interne. Dans ce cadre, il doit notamment :
    - surveiller la conception, la mise en œuvre et le pilotage du système de contrôle interne ;
    - approuver la structure organisationnelle et s'assurer que la Direction Générale surveille l'efficacité du système de contrôle interne ;
    - examiner au moins une fois par an l'efficacité de ce système et faire au moins une fois tous les cinq (05) ans une revue externe d'assurance qualité.
- l'organe exécutif : la Direction Générale est tenue de mettre en place un système de contrôle interne conforme aux meilleures pratiques. Dans ce cadre, il doit notamment :
    - élaborer des politiques et procédures de contrôle interne appropriées et surveiller l'adéquation et l'efficacité du système de contrôle interne ;
    - organiser les structures nécessaires à l'atteinte des objectifs du contrôle interne ;
    - s'assurer de la mise en œuvre des recommandations des contrôleurs internes et externes ;
    - rendre compte régulièrement au Conseil d'Administration de l'efficacité du système de contrôle interne.
- la fonction d'audit interne : voir paragraphe 2.2.3 de la présente section ;
- le personnel de l'établissement : l'ensemble des activités de contrôle doit être mis en œuvre par le personnel suivant les attributions en place et les informations nécessaires doivent être disponibles pour chacun des membres du personnel.

2.2.2. Les composantes du système de contrôle interne et leurs définitions

Les composantes du système de contrôle interne prévues au titre III de la circulaire susvisées ne présentent pas de différences significatives avec les composantes prévues par les bonnes pratiques et normes définies au niveau international[9]. Ces composantes comprennent :

- l'environnement de contrôle : il s'agit de façon générale de l'implication des organes de gouvernance, de la création d'une culture d'entreprise, de la promotion de l'intégrité et des valeurs éthiques, d'une définition claire des missions, etc.
- l'évaluation des risques : il s'agit d'identifier et d'évaluer tous les facteurs internes et externes qui pourraient compromettre la réalisation des objectifs de l'établissement, de mesurer le niveau de criticité des risques, de prendre des mesures pour les ramener à un niveau acceptable s'il y a lieu ou décider soit de les accepter, soit de se désengager, soit de les transférer, soit encore de réduire le niveau des activités concernées pour les risques non contrôlables;
- les activités de contrôle : ces activités, à mettre en place par l'établissement, doivent permettre de couvrir idéalement les risques identifiés précédemment.
- l'information et la communication : « *les canaux d'information et de communication établis au sein de l'établissement doivent permettre à tout membre du personnel de disposer des informations dont il a besoin pour effectuer les activités de contrôle qui lui sont assignées.* »
- la surveillance des activités de contrôle : cette surveillance doit être assurer par les quatre (04) différentes lignes de défense allant des unités opérationnelles (1er niveau), prenant par les fonctions de contrôles permanents (2ème niveau), passant par la fonction d'audit interne (3ème niveau) et, pour s'arrêter aux organes de contrôle externe (4ème niveau) ;
- la correction des déficiences de contrôle interne : il s'agit de la notification ou de la communication à bonne date et, de la prise de mesures destinées à corriger toute défaillance de contrôle interne identifiée.

2.2.3. La fonction d'audit interne

Cette fonction est présentée au point IV de la circulaire à travers la définition des aspects la concernant ci-après :

- Responsabilités : la fonction d'audit interne doit notamment :
  - disposer d'une charte, d'un mandat clair et indépendant des activités auditées, d'outils performants et en adéquation avec les risques identifiés ;
  - effectuer une évaluation périodique de toutes les autres fonctions de contrôle et des responsabilités et fonctions des personnes détenant des postes clés ;

[9] Il s'agit notamment du référentiel du Committee Of Sponsoring Organizations of the Treadway Commission (COSO).

- Compétences et conscience professionnelle : *« la fonction d'audit interne doit disposer collectivement d'une compétence suffisante pour pouvoir examiner tous les domaines d'activités de l'établissement »*. De plus, les *« auditeurs internes doivent effectuer leur travail avec diligence, objectivité et intégrité »*.
- L'existence, la diffusion et la révision suivant une périodicité de trois (03) ans d'une charte d'audit interne ;
- Le périmètre de la fonction d'audit interne s'étend à toutes les fonctions et entités, y compris celles externalisées ;
- Un plan d'audit interne doit être établi au moins annuellement à partir de la cartographie des risques.

Conformément à l'article 26 de la circulaire N°03-2017/CB/C, la fonction de l'audit interne élabore et fait approuver semestriellement par le Conseil d'Administration un rapport sur le contrôle interne transmis à la Commission Bancaire au plus tard à la fin du 2ème mois suivant le semestre.

2.3. Organisation de la fonction comptable

D'après l'article 50 de la loi cadre portant règlementation bancaire, *« les établissements de crédit doivent tenir à leur siège social, [...] une comptabilité particulière des opérations qu'ils traitent. »* Aux termes de l'article 58 de l'annexe à la décision N°357-11-2016 instituant le PCB révisé *« La tenue de la comptabilité au sein des établissements de crédit doit découler de l'application d'un manuel de procédures comptables expliquant le processus d'enregistrement des opérations. »*

Chaque établissement de crédit est alors tenu d'élaborer un manuel de procédures comptables, de définir le profil du responsable de la fonction comptable et des collaborateurs placés sous sa supervision, en fonction de sa taille et de la complexité de ses opérations.

La loi définit, par ailleurs, la date de clôture de l'exercice comptable qui est le 31 décembre de chaque année[10].

En résumé, l'exercice de l'activité d'établissement de crédit requiert l'obtention d'un agrément délivré par les autorités de supervision dans le respect de critères clairement définis par les textes légaux et règlementaires. Le secteur bancaire de l'UMOA est en pleine croissance depuis une douzaine d'années, en raison notamment de l'essor économique des pays membres de l'UMOA. Cette croissance, combinée avec les évolutions prudentielles et normatives au niveau international, a amené les autorités de régulation à réformer les principaux textes réglementaires applicables au secteur, notamment ceux relatifs à la gouvernance et au contrôle interne.

---

[10] Nous avons aussi noté qu'à partir de l'exercice 2018, les établissements de crédit sont tenus d'élaborer des états financiers semestriels en plus des états financiers annuels. (Instruction N°035-11-2016 du 15 novembre 2016 de la BCEAO, relative à l'établissement et à la publication des états financiers individuels et consolidés)

La définition et le renforcement des règles de gouvernance, du fonctionnement des organes délibérant et exécutif, des comités spécialisés, des fonctions de contrôle constituent un atout du secteur bancaire comparativement à d'autres secteurs moins réglementés. La mise en œuvre de ces règles est censée assainir l'environnement du contrôle interne et faciliter, ainsi, les travaux aux commissaires aux comptes. Ces derniers pourraient identifier davantage de contrôles pertinents pour l'audit. (ISA 315)

Afin de permettre aux commissaires aux comptes de matérialiser leur prise de connaissance et d'évaluer par la même occasion le niveau de mise en œuvre des nouveaux textes relatifs à la gouvernance et au contrôle interne, nous avons conçu les questionnaires présentés en **annexes 3, 4, 5** et **6**.

DEUXIEME PARTIE

ANALYSE DU PLAN COMPTABLE BANCAIRE REVISE ET DU NOUVEAU DISPOSITIF PRUDENTIEL APPLICABLES AUX ETABLISSEMENTS DE CREDIT DE L'UMOA

DEUXIEME PARTIE
ANALYSE DU PLAN COMPTABLE BANCAIRE REVISE ET DU NOUVEAU DISPOSITIF PRUDENTIEL APPLICABLES AUX ETABLISSEMENTS DE CREDIT DE L'UMOA

Dans cette partie nous analysons la nouvelle réglementation comptable (chapitre 1) et le nouveau dispositif prudentiel (chapitre 2). Tout au long du développement, nous tentons de mettre en évidence les risques et toute autre forme d'implication engendrés par ces nouvelles réglementations pour la mission des commissaires aux comptes des établissements de l'UMOA.

Chapitre 1 : Analyse du Plan Comptable Bancaire Révisé (PCBR)

Section 1 : Principales innovations du PCBR

1.1. La définition d'un cadre conceptuel dans le PCBR

1.1.1. La définition d'un cadre conceptuel dans le PCBR, une différence notable par rapport au précédent référentiel comptable

Avec la définition d'un cadre conceptuel, le PCBR présente à l'entame une différence significative avec le Plan Comptable Bancaire (PCB) en vigueur jusqu'au 31 décembre 2017 et qui n'en disposait pas. Ce précédent référentiel se limitait à la présentation de dispositions générales comprenant la définition de quelques concepts clés, ne dispensant pas ses utilisateurs d'interprétations diverses. Comme pour mettre fin à ces interprétations, **le cadre conceptuel du PCBR précise** désormais :

- les **concepts fondamentaux à la base de la préparation et de la présentation des états financiers** des établissements de crédit ;
- la **finalité de l'information financière** devant fournir des données sur la situation financière, sa variation et la performance de l'établissement à la clôture d'un exercice ;
- les **parties prenantes** qui comprennent notamment : les autorités de régulation[11], les investisseurs, les dirigeants, les déposants, les Etats et les organismes publics, les autres parties prenantes (fournisseurs, autres créanciers, agences de notation, etc.) ;
- les **hypothèses de base** devant présider à l'établissement de l'information financière. Il s'agit de la continuité de l'exploitation et de la comptabilité des engagements ;
- les **caractéristiques qualitatives requises de l'information financière** qui doit être : pertinente, fidèle, comparable, vérifiable et compréhensible ;
- les **principes comptables** qui comprennent : la permanence des méthodes, la transparence, la prudence, la spécialisation des

[11] Il s'agit des autorités définies au chapitre I de la première partie du présent ouvrage.

exercices, l'intangibilité du bilan d'ouverture, l'importance significative, la prééminence de la réalité économique sur l'apparence juridique ;

- la **définition**, l'**évaluation et** la **comptabilisation des éléments constitutifs des états financiers** : le bilan (comprenant les actifs, les passifs et les capitaux propres), le hors-bilan (comprenant les engagements donnés et reçus) et le compte de résultat (composé des charges et produits) ;

En outre, nous avons noté **une autre innovation du cadre conceptuel** portant sur l'**ajout de la convention de la juste valeur**[12] **à la convention de coût historique,** comme conventions d'évaluation.

> Au regard des innovations listées ci-dessus, le cadre conceptuel est censé faciliter le travail des personnes participant à l'élaboration et au contrôle de l'information financière. Les commissaires aux comptes se trouvent dans cette dernière catégorie.

1.1.2. Le cadre conceptuel du PCBR : une inspiration des normes comptables internationales[13]

Par la reprise de plusieurs concepts des normes internationales, **le cadre conceptuel du PCBR constitue une avancée considérable de la convergence vers le référentiel international**. Cette convergence peut s'illustrer par l'**existence d'éléments communs entre le cadre conceptuel du PCBR et le cadre conceptuel de l'information financière**, tels que :

- les parties prenantes ou utilisateurs de l'information financière sont quasi- identiques dans les deux cadres conceptuels, à l'exception des autorités de régulations mises en exergue par le PCBR ;
- il est transposé dans le PCBR l'hypothèse de base portant sur la continuité de l'exploitation. La seconde hypothèse de base relative à la comptabilité d'engagement contenu dans le PCBR est issue de l'objectif *OB17* du cadre conceptuel de l'information financière ;
- à l'exception de la caractéristique liée à la rapidité (*timeless*), le cadre conceptuel du PCBR comprend l'intégralité des caractéristiques qualitatives d'une information financière d'après le référentiel international ;
- les définitions des concepts d'actifs, de passifs, de capitaux propres, de produits et charges sont identiques.

Par ailleurs, l'intégration de notion de juste valeur dans le PCBR comme convention d'évaluation, tout en conservant le coût historique en tant que

---

[12] Avant l'adoption du PCB révisé, seule la convention du coût historique était d'application générale. En outre, la juste valeur fait l'objet d'une norme à part entière : IFRS 13.

[13] Suite à l'exposé-sondage effectué en 2015, l'IASB (International Accounting Standards Bord) a publié le 29 mars 2018 la version révisée de son cadre conceptuel. L'analyse comparative a été menée sur la base de l'ouvrage de Odile Barbe et Laurent Didelot, « Maitrisez les IFRS » et des éléments d'actualisation tirés de l'article relative à la normalisation internationale de la RFC N°522, juillet-août 2018, P. 42-46.

principale convention, constitue aussi une avancée notable inspirée des normes comptables internationales.

Toutefois, ces deux cadres conceptuels ne sont pas identiques et se différencient notamment comme suit :

- le PCBR liste un ensemble de principes comptables à respecter dans l'établissement de l'information financière. Il n'est pas défini de principes comptables dans le cadre conceptuel international ;
- les normes internationales ne traitent pas des engagements hors-bilan alors que cet état comptable a une importance significative dans le secteur bancaire. Les engagements reçus et donnés sont définis dans le cadre conceptuel du PCBR ;
- les concepts de capital et de maintien du capital ne sont pas abordés dans le PCBR alors qu'ils figurent dans le cadre conceptuel de l'information financière ;
- le cadre conceptuel du PCBR définit implicitement et à titre général les traitements à retenir pour certaines transactions[14] contrairement au cadre conceptuel de l'information financière qui ne comporte aucune disposition normative en matière d'évaluation ou d'informations à fournir.

Avant d'aborder plus en profondeur, les traitements prévus pour les principales opérations comptables, nous pouvons conclure provisoirement que la convergence du PCB vers les normes internationales est amorcée.

1.1.3. La définition d'un cadre conceptuel dans le PCB : une coïncidence avec la définition d'un cadre conceptuel dans le référentiel comptable de droit commun, SYSCOHADA révisé

Outre le PCBR entrant en vigueur à compter du 1er janvier 2018, le référentiel comptable de droit commun, le Système Comptable de l'Organisation pour l'Harmonisation en Afrique du Droit des Affaires (SYSCOHADA)[15], entre également en vigueur à compter de cette date. Il est défini dans ce dernier référentiel un cadre conceptuel présentant des similitudes et des divergences avec celui du PCBR.

Les **similitudes** que nous avons notamment **relevées** sont :

- les utilisateurs de l'information financière tels que définis par les deux cadres conceptuels ne présentent pas d'énormes divergences ;
- la continuité de l'exploitation est une hypothèse de base commune aux deux cadres conceptuels ;

---

[14] Cela est notamment le cas lorsque ce cadre définit les principes comptables comme :
- le principe de non compensation (compris dans celui de la transparence) et en donne des cas d'exception (article 22 de l'annexe à la décision N°357-11-2016 instituant le PCB révisé de l'UMOA),
- la prééminence de la réalité économique sur l'apparence juridique, en précisant les traitements à retenir pour les opérations telles que le location-financement (article 27 de la même annexe).

[15] Il a été institué par l'Acte uniforme relatif au droit comptable et à l'information financière de l'OHADA adopté par le Conseil des Ministres tenu le 26 janvier 2017 à Brazaville (Congo).

- le référentiel de droit commun traite les principes comptables en deux catégories, à savoir les postulats et les conventions. Sans faire un traitement à l'identique, les principes comptables énoncés dans le PCBR ne présentent pas de divergences avec les principaux postulats et conventions du SYSCOHADA ;
- le référentiel de droit commun reprend l'intégralité des qualités de l'information financière selon les normes internationales. Il en est de même du cadre conceptuel du PCBR, à l'exception de la rapidité (*timeless*).

Les **divergences relevées** se récapitulent notamment ci-dessous :

- la première divergence est évidente dans la mesure où le référentiel de droit commun a une portée plus large que celui des établissements de crédit : en ce sens, le premier comprend des définitions de termes et concepts[16] dont la précision n'est pas nécessaire dans le second ;
- le cadre conceptuel de droit commun fait état du postulat de l'entité en précisant que la comptabilité financière est fondée sur la séparation entre le patrimoine de l'entité et celui de ses propriétaires. Il n'est pas défini de concept pareil dans le PCBR.
- dans le référentiel de droit commun, la notion de flux de trésorerie est prise en compte dans les états financiers comprenant un tableau qui y est dédié. Cette notion n'est pas traitée dans le référentiel comptable des banques pour l'établissement des comptes individuels.
- A l'inverse, le référentiel bancaire traite des engagements hors bilan qui ne figurent pas dans le cadre conceptuel du SYSCOHADA.

Au niveau conceptuel, les principales divergences entre le PCBR et le référentiel de droit commun sont essentiellement liées aux spécificités du secteur bancaire, les deux référentiels présentant plusieurs convergences vers les normes internationales.

1.1.4. Conséquences du cadre conceptuel du PCBR sur certains traitements comptables

L'analyse du cadre conceptuel du PCBR, notamment sur les aspects convergents vers les normes internationales, permet de tirer des conclusions sur certaines transactions comptables traitées différemment dans l'ancien référentiel comptable. Il s'agit notamment des :

- **Frais d'établissement** : les charges immobilisées ne répondent plus à la définition d'un actif au sens du PCBR. Son entrée en vigueur entraine systématiquement l'imputation dans les capitaux propres de ces charges immobilisées enregistrées dans les exercices antérieurs et, leur comptabilisation dans les charges par nature à compter du 1er janvier 2018 ;
- **Charges à répartir sur plusieurs exercices** : conséquence identique à la précédente ;
- **Frais d'acquisition d'immobilisations** : conséquence identique à la précédente ;

[16] Il est par exemple précisé dans le SYSCOHADA révisé l'utilisation d'un système minimal de trésorerie pour les petites entreprises ou encore les obligations des Entités d'Intérêts Publics (EIP) au sens large.

- **Immobilisations mises en location** : le principe de prééminence de la réalité économique sur l'apparence juridique amène à sortir ce type de bien de l'actif du bilan, en contrepartie de la mise en place d'un crédit ;
- **Subventions d'investissement** : ne pouvant plus figurer dans les fonds propres, les soldes de ces subventions doivent être reclassés vers un compte de régularisation - passif ;
- **Fonds pour risques bancaires généraux** : ces fonds ne répondent pas à la définition d'un passif et méritent alors d'être imputés aux reports à nouveau. Ils ne doivent plus être comptabilisés à compter du 1er janvier 2018 ;
- **Indemnités de départ à la retraite** : il n'existait pas d'obligation d'enregistrer une provision correspondant à l'évaluation de ces indemnités. L'entrée en vigueur du PCBR amène désormais à enregistrer ces provisions.

Les auditeurs externes devront s'assurer :
- de la prise en compte effective de ces retraitements comptables dans les bilans d'ouverture des établissements ;
- que ces derniers ont pris des dispositions pour enregistrer, à compter du 1er janvier 2018, les opérations concernées conformément aux nouvelles règles.

1.2. Le nouveau format d'états financiers

Aux termes de l'article 46 de l'annexe à la décision N°357-11-2016 instituant le PCBR de l'UMOA, « *les états financiers individuels comprennent le bilan, le hors-bilan, le compte de résultat et les notes annexes* ». Sans un changement de ces composantes des états financiers, leurs contenus ont considérablement évolué entre le PCB et le PCBR.

Nous présentons dans le **tableau 3** ci-dessous les principaux éléments de comparaison des deux formats d'états financiers.

Selon cette analyse comparative, nous pouvons affirmer que le nouveau format des états financiers offre plus de lisibilité sur la situation financière et les performances de l'établissement, que l'ancien format. Cependant, le nouveau format est plus contraignant, puisqu'il requiert notamment la présentation de vingt-sept (27) notes annexes standards.

Ainsi la présentation incorrecte des états financiers pourrait constituer un risque d'anomalies significatives pour le commissaire aux comptes. Ce dernier devra mettre en œuvre des diligences pour s'assurer que les états financiers présentés par l'établissement de crédit correspondent bien au nouveau format requis par le PCBR, ainsi que l'exactitude des informations d'importance significative. Nous proposons alors en **annexe 7** un papier de documentation des contrôles relatifs aux états financiers.

Tableau 3 : Analyse comparative de l'évolution du format des états financiers

Eléments	Ancien PCB	PCB révisé
Bilan – actif	Les éléments de l'actif du bilan sont classés encore par ordre de liquidité décroissante. Cependant, dans le PCBR leur présentation est intégralement reprise et l'ordre de liquidité y est renforcé.	
	L'actif comprend 24 postes et sous-postes.	L'actif comprend 14 postes.
	Les postes de l'actif du bilan, qui font l'objet d'amortissements ou de provisions pour dépréciation, sont présentés pour leur valeur nette.	Pas de changement
Bilan – passif	Les éléments du passif du bilan sont encore classés par ordre d'exigibilité décroissante. Cependant, dans le PCBR leur présentation est intégralement reprise et l'ordre d'exigibilité est renforcé.	
	Le passif comprend 26 postes et sous-postes	Le passif comprend 16 postes
Hors-bilan	Le hors-bilan comprend 9 postes.	Le hors-bilan comprend 6 postes.
Compte de résultat	Le modèle de compte de résultat présente d'une part les produits (24 postes et sous-postes) et, d'autre part les charges (26 postes et sous-postes), sans une détermination des soldes intermédiaires de gestion.	Le modèle de compte de résultat présente les produits et les charges ainsi que les soldes intermédiaires de gestion pertinents pour l'activité bancaire. On note 20 postes au total, y compris les soldes de gestion.
Notes annexes	Un établissement doit choisir l'ordre et le mode de présentation des éléments de l'annexe qui lui paraissent les mieux adaptés pour fournir une information qui réponde à la notion d'image fidèle.	Le format des notes annexes est standardisé, ne laissant que peu de liberté dans leur présentation.
	Sans exigence d'un format, les notes annexes comprennent deux types d'informations : les informations sur le choix des méthodes utilisés et, les informations d'importance significative au titre du bilan, du hors bilan, du compte de résultat et, des éléments d'informations.	A travers 27 notes standardisées sous forme de tableaux à renseigner au minimum, les notes annexes comprennent trois types d'informations : les règles et méthodes comptables, les compléments relatifs au bilan, au hors bilan et au compte de résultat et, d'autres éléments d'informations.
Autres points de comparaison		
Traitement des intérêts courus ou échus, à recevoir ou à payer	Les intérêts courus, à recevoir ou à payer, sont regroupés respectivement dans les "autres actifs" ou les "autres passifs".	Les intérêts courus ou échus, à recevoir ou à payer, sont regroupés avec les postes d'actif ou de passif auxquels ils se rapportent.
Traitement des charges et produits taxables	Les charges et les produits sont respectivement enregistrés hors taxes déductibles et collectées.	Pas de changement
Traitement des charges refacturées et produits rétrocédés	Pas de précision	Les charges refacturées et les produits rétrocédés au franc le franc peuvent être présentés en déduction des produits et des charges auxquels ils se rapportent.

Source : Réalisé par nous-mêmes sur la base d'une revue croisée de l'ancien PCB et du PCBR.

1.3. Les autres innovations du PCB révisé

1.3.1 Les changements sur les attributs

Un attribut est une spécification ou critère d'identification rattaché à une opération ou groupe d'opérations et fournissant des informations permettant de compléter notamment des rubriques comptables.

L'une des innovations majeures du PCBR porte sur les changements opérés sur les attributs. Les principales évolutions figurant dans l'instruction N°024-11-2016 de la BCEAO relative à la définition des attributs sont :

- le nombre d'attributs est passé de vingt (20) à dix-huit (18), grâce à la suppression de cinq (05) attributs contre la création de trois (03) nouveaux attributs ;
- les définitions des rubriques d'attributs sont plus granulaires dans la nouvelle instruction que dans la précédente qu'elle abroge[17] ;

Les changements apportés sont principalement motivés par : les évolutions règlementaires, les besoins des statistiques monétaires, les besoins au titre de la balance des paiements et les besoins prudentiels ainsi que les besoins d'indicateurs de gestion dans les établissements.

> Le paramétrage incorrect des attributs peut constituer un risque d'anomalies significatives pour la mission du commissaire aux comptes. En effet, certains états exploités lors de l'audit ainsi que certaines notes annexes sont basés sur les informations statistiques extraites du système d'information suivant un ou plusieurs critères, constituant des attributs.

1.3.2. La refonte des états périodiques

La réforme du PCB est également caractérisée par la refonte des états périodiques et du processus de leurs déclarations. Cette refonte se traduit par les principales évolutions ci-après :

- le nouveau dispositif requiert la déclaration de vingt-huit (28) états périodiques contre trente-sept (37) dans l'ancien dispositif ;
- les vingt-huit (28) états du nouveau dispositif comprennent dix (10) nouveaux états et dix-huit (18) anciens états reconfigurés ;
- la situation comptable a connu une reconfiguration marquée par la distinction des soldes par zones géographiques (siège, succursales, toutes zones) puis par monnaie et résidence, l'intégration des créances et dettes rattachées aux comptes principaux concernés, des informations fournies sur les créances en souffrance (montants bruts et dépréciations), etc. ;
- l'état du résultat est présenté sous un nouveau format présentant une ségrégation des transactions ;
- il y a eu également une ségrégation entre les résidents et les non-résidents pour les autres états identifiant les contreparties.

Par ailleurs, le nouveau dispositif intègre une innovation majeure avec une déclaration sur une plateforme informatique[18] en ligne des états périodiques

---

[17] A titre d'exemple, nous pouvons citer l'attribut « agent économique » qui est passé de deux (02) rubriques (établissements de crédit et clientèle) à sept (07) rubriques (sociétés financières, sociétés non financières, administrations publiques, ménages, Institutions Sans But Lucratif au Service des Ménages, Institutions Financières Internationales ou Etrangères, Autres organismes).

[18] Il n'existait pas de plateforme auparavant et les déclarations étaient faites avec transmission de support physiques à l'autorité de régulation.

au plus tard le 30 avril pour les déclarations annuelles au 31 décembre et, le 31 octobre pour les déclarations semestrielles au 30 juin.

Au cours de leur mission, les commissaires aux comptes n'effectuent pas de travaux spécifiques sur les états déclarés aux autorités monétaires[19], sauf ceux ayant trait aux états financiers et aux ratios prudentiels[20]. Toutefois, étant donné que l'information financière sert de base à ces déclarations, ils sont tenus de prendre en compte les échéances de déclarations afin de finaliser leurs travaux dans les délais requis.

Section 2 : Analyse comparative entre le PCBR et le PCB

Le PCBR comprend notamment un cadre conceptuel, le format des états financiers, le cadre comptable, le plan et le contenu des comptes. Ces éléments sont complétés par un ensemble d'instructions[21] émises par la BCEAO définissant, entre autres, les règles et méthodes comptables.

Après l'analyse dans la précédente section du cadre conceptuel et du format des états financiers, nous vous proposons d'analyser premièrement, les évolutions des règles et méthodes comptables relatives d'une part, aux titres détenus par les établissements et, d'autre part, aux concours (directs et indirects) octroyés à la clientèle. Deuxièmement, nous analysons les changements de la liste et du contenu des comptes.

Ce choix relatif aux règles et méthodes comptables est principalement orienté par les raisons ci-après :

- selon les données présentées à l'**annexe 1**[22], les crédits à la clientèle et les titres détenus par les établissements représentent à eux deux réunis près de 90% des emplois de ces établissements ;
- la convergence vers les normes internationales complexifie particulièrement les règles d'évaluation de ces actifs ;
- les règles et méthodes comptables relatives aux autres postes significatifs des états financiers (dépôts reçus, emprunts et trésorerie) n'ont pas connu d'évolutions majeures.

[19] Exceptionnellement, il peut arriver des situations où les autorités de régulation ou les établissements de crédit mandent les commissaires aux comptes pour effectuer des travaux spécifiques sur ces états. Les professionnels comptables effectueront alors des diligences en se référant aux normes applicables aux services autres que la certification.

[20] L'analyse de ces ratios prudentiels est menée au chapitre 2 de la présente partie.

[21] La liste des instructions entrant en vigueur à compter du 1er janvier 2018 est présentée en **annexe 2**.

[22] L'analyse de ces données est exposée au paragraphe 1.3 du chapitre 2 de la première partie de cet ouvrage.

2.1. Analyse comparative des principales règles et méthodes comptables

2.1.1. Analyse comparative des règles et méthodes comptables relatives aux titres

Cette analyse est réalisée essentiellement à la lumière des instructions de la BCEAO N°2001-03 (ancien référentiel) et N°029-11-2016 (nouveau référentiel).

2.1.1.1. Définition et mode de rémunération des titres

Sont reconnus comme titres au sein de l'UMOA, les valeurs mobilières émises dans l'union ou à l'étranger, les bons et obligations du Trésor et autres titres de créances négociables émis dans un Etat membre ou à l'étranger et, d'une manière générale, toutes les créances, autres que les bons de caisse représentées par un titre négociable sur un marché.

Cette définition des titres au sein de l'UMOA n'a pas connu d'évolution entre les deux référentiels.

En fonction du mode de rémunération, on distingue deux (02) catégories de titres, à savoir : les titres à revenu fixe et les titres à revenu variable.

2.1.1.2. Classification comptable des titres

Deux principaux critères gouvernent la classification comptable des titres détenus par les établissements : l'intention qui a conduit à leur acquisition[23] et leur mode de rémunération. Les classifications comptables retenues sont, selon le référentiel, récapitulées dans le tableau présenté à la page suivante.

[23] Cette intention peut être une détention à des fins de transaction, à court terme, à moyen ou long terme.

Tableau 4 : Analyse comparative de la classification comptable des titres [24]

Ancien PCB			PCB révisé		
N°	Libellé	Classe et code comptables	N°	Libellé	Classe et code comptables
			1	Titres de transactions	Classe 3 (302)
1	Titres de placement	Classe 3 (30.)	2	Titres de placement	Classe 3 (303)
2	Titres d'investissement	Classe 4 (414)	3	Titres d'investissement	Classe 3 (304)
3	Parts dans les entreprises liées	Classe 4 (411)	4	Parts dans les entreprises liées	Classe 4 (411)
4	Titres de participations	Classe 4 (412)	5	Titres de participations	Classe 4 (412)
5	Titres immobilisés de l'activité de portefeuille	Classe 4 (413)	6	Titres de l'activité de portefeuille	Classe 3 (303)
			7	Autres titres détenus à long terme	Classe 4 (414)

Source : Réalisé par nous-mêmes sur la base d'une revue croisée de l'ancien PCB et du PCBR.

> Ce tableau permet de constater que la classification comptable des titres détenus par les établissements est modifiée et constitue un risque d'anomalies pour l'auditeur, notamment au cours du premier exercice d'application du PCBR.

Cette modification de la classification est également suivie d'une refonte des règles d'évaluation.

2.1.1.3. Evaluation des titres

A partir du 1er janvier 2018, les règles d'évaluation des titres détenus par les établissements sont récapitulées dans le **tableau 5** présenté à la page suivante.

2.1.1.4. Autres nouvelles dispositions

a. Fait générateur de la comptabilisation

D'après les dispositions de l'article 6 de l'instruction N°029-11-2016, l'enregistrement comptable des titres au bilan intervient le jour du transfert de propriété, qui correspond à la date de règlement ou de livraison.

[24] Les définitions des classifications de titres d'après le nouveau référentiel sont présentées en **annexe 8**.

***Tableau 5** : Synthèse des règles d'évaluation des titres*[25]

<table>
<tr><th rowspan="2">Titres</th><th colspan="2">Règles d'évaluation</th></tr>
<tr><th>Lors de l'acquisition</th><th>Lors de l'arrêté comptable</th></tr>
<tr><td>Titres de transactions</td><td>1. Comptabilisation au prix d'achat, intérêts courus inclus le cas échéant
2. Enregistrement des frais d'acquisition en charges</td><td>1. Evaluation au prix du marché
2. Enregistrement en résultat du solde global des différences résultant des variations des cours</td></tr>
<tr><td>Titres de placement</td><td>1. Comptabilisation au prix d'acquisition
2. Inscription des intérêts courus en créances rattachées
3. Enregistrement des frais d'acquisition en charges
4. Enregistrement de la prime ou de la décote puis étalement sur la durée de vie résiduelle</td><td>1. Etalement de la prime ou de la décote selon la méthode actuarielle ou la méthode linéaire sur la durée de vie résiduelle
2. Evaluation au prix du marché :
- comptabilisation des moins-values en dépréciation
- pas de comptabilisation des plus-values
3. Comptabilisation des intérêts courus en créances rattachées</td></tr>
<tr><td>Titres d'investissement</td><td>1. Comptabilisation au prix d'acquisition
2. Inscription des intérêts courus en créances rattachées
3. Enregistrement des frais d'acquisition en charges
4. Enregistrement de la prime ou de la décote puis étalement sur la durée de vie résiduelle</td><td>1. Amortissement de la prime ou reprise de la décote selon la méthode actuarielle ou la méthode linéaire sur la durée de vie résiduelle
2. Pas de comptabilisation des plus-values ou moins-values
3. Comptabilisation des intérêts courus en créances rattachées</td></tr>
<tr><td>Parts dans les entreprises liées</td><td rowspan="2">1. Comptabilisation au prix d'acquisition majoré des frais directement imputables</td><td rowspan="4">1. Evaluation à la valeur la plus basse entre le prix d'achat ou coût d'acquisition (VA) et la valeur d'utilité (VU), calculée par ligne de titres
2. VU < VA : comptabilisation des moins-values en dépréciation
3. VU > VA : aucune écriture et pas de compensation</td></tr>
<tr><td>Titres de participations</td></tr>
<tr><td>Titres de l'activité de portefeuille</td><td rowspan="2">1. Comptabilisation au prix d'acquisition
2. Enregistrement des frais d'acquisition en charges</td></tr>
<tr><td>Autres titres détenus à long terme</td></tr>
</table>

<u>Source</u> : Réalisé par nous-mêmes sur la base de l'instruction N°029-11-2016 de la BCEAO.

b. Règles applicables aux cessions des titres

De façon générale, les règles de comptabilisation des cessions des éléments de l'actif des établissements, y compris les titres, sont définies dans l'instruction N°030-11-2016 de la BCEAO. Ces règles concernent les cessions parfaites, les cessions fermes, les réméré s, etc.

Spécifiquement pour les titres, « *lorsqu'une sortie sur une fraction d'un ensemble de titres de même nature conférant les mêmes droits, doit être constatée, la valeur d'entrée de la fraction sortie est estimée au coût moyen pondéré ou en présumant que le premier élément sorti est le premier entré.* » (Article 7 de l'instruction N°029-11-2016)

[25] Les définitions des concepts ci-après sont présentés en **annexe 8** : prix de marché, prime, décote, valeur d'utilité, moins-values, plus-values.

c. Transfert de titres et impact sur les notes annexes

L'une des innovations majeures du nouveau référentiel comptable porte sur la définition de règles de transferts entre les catégories de titres listées au **tableau 5**. Ces règles, comprenant notamment des cas d'interdiction[26], sont clairement définies au chapitre 7 de l'instruction N°029-11-2016.

Dans tous les cas, « *les transferts intervenus doivent être documentés et dûment justifiés dans les notes annexes [...]* ». (Article 34 de l'instruction N°029-11-2016)

> Cette nouvelle exigence amènera les commissaires aux comptes, si des cas de transfert survenaient, à vérifier si les informations requises sont présentées dans les notes annexes. Ainsi le papier de documentation des contrôles relatifs aux états financiers proposé en **annexe 7** tient compte de cette exigence.

2.1.1.5. Convergence des nouvelles règles d'évaluation et de comptabilisation des titres vers les normes internationales

Sans y faire référence expressément, les règles de comptabilisation et d'évaluation des titres retenues dans le nouveau référentiel sont inspirées des normes internationales (IAS 39 / IFRS 9). Ainsi :

- lors de l'acquisition (évaluation initiale), certains titres sont enregistrés à la **juste valeur[27] hors coûts de transaction** (cas des titres de transaction) ; d'autres sont enregistrés à la **juste valeur majorée des coûts de transaction** (cas des parts dans les entreprises liées et titres de participations) ;

- lors d'un arrêté comptable (évaluation ultérieure), certains titres sont enregistrés selon la méthode du **coût amorti** quand l'établissement retient la méthode actuarielle (titres d'investissement) ; d'autres sont enregistrés à la **juste valeur avec impact sur le résultat** (titres de transaction).

Cependant, ces règles de comptabilisation et d'évaluation retenues ne sont pas des transpositions complètes des normes internationales.[28]

---

[26] Exemple de cas d'interdiction : selon les dispositions de l'article 31 de l'instruction N°029-11-2016, compte tenu des intentions à l'origine de l'acquisition des titres, les transferts à destination de la catégorie dénommée titres de transaction ne sont pas autorisés.

[27] Cette notion a été traitée dans le cadre conceptuel du PCB révisé (article 37 de l'annexe à la décision N°357-11-2016).

[28] Exemple : Aucune catégorie de titre n'entraine un impact sur les capitaux propres lors d'une évaluation ultérieure.

Il convient de noter que cette évolution des règles d'évaluation des titres détenus par les établissements ne sera pas sans impact sur les travaux des commissaires aux comptes. En effet, ces derniers devront s'assurer de la correcte évaluation des titres lors des interventions semestrielles et/ou annuelles.

2.1.2. Analyse comparative des règles et méthodes comptables relatives à l'octroi et à l'acquisition de concours financiers

Les opérations d'octroi ou d'acquisition de concours financiers sont généralement accompagnées des commissions reçues ainsi que de coûts marginaux. L'ancien référentiel comptable ne prévoyant aucun traitement spécifique pour ces commissions et coûts marginaux, les établissements les enregistraient dans les comptes de produits et de charges par nature au cours de l'exercice de leur engagement. Le nouveau référentiel préconise, à travers l'instruction N°028-11-2016, l'étalement des commissions reçues et coûts marginaux.

2.1.2.1. Composantes des commissions reçues et coûts marginaux

Les composantes des commissions reçues et coûts marginaux s'analysent dans le tableau ci-dessous :

<u>Tableau 6</u> : Composantes des commissions reçues et coûts marginaux

<table>
<tr><th>Eléments</th><th>Commissions reçues</th><th>Coûts marginaux</th></tr>
<tr><td>Champs d'application</td><td>Sommes reçues en rémunération des prestations de services</td><td>- Rémunérations spécifiques versées aux employés agissant comme agents de vente
- Honoraires et commissions versés aux intermédiaires
- Frais de conseils</td></tr>
<tr><td rowspan="2">Exclusion du champs d'application</td><td>- Commissions refacturées à l'identique de coûts marginaux supportés</td><td>- Coûts internes d'administration (salaires fixes du personnel octroyant le crédit, frais de siège, coût de financement du crédit octroyé)
- Coûts marginaux supportés et refacturés à l'identique</td></tr>
<tr><td colspan="2">- Commissions reçues et coûts marginaux constituant la rémunération ou les dépenses associées à la fourniture au client d'une prestation additionnelle en dehors les services indispensables à la mise en place et à la gestion de l'opération de financement
- Frais recouvrés auprès du client emprunteur pour le compte de tiers.</td></tr>
</table>

<u>Source</u> : Réalisé par nous-mêmes sur la base de l'instruction N°028-11-2016 de la BCEAO.

2.1.2.2. Règles d'évaluation et de comptabilisation des commissions reçues et coûts marginaux

Ces règles sont récapitulées dans le tableau ci-après :

<u>Tableau 7</u> : Règles d'évaluation et de comptabilisation des commissions reçues et des coûts marginaux

<table>
<tr><th colspan="3" rowspan="2">Situation</th><th rowspan="2">Evaluation et comptabilisation</th><th colspan="2">Présentation</th></tr>
<tr><th>Bilan</th><th>Résultat</th></tr>
<tr><td colspan="3">Mise en place du crédit</td><td>- Identification des commissions reçues et coûts marginaux
- Détermination du taux interne effectif sur la base des flux décaissés et encaissés
- Choix d'une méthode : méthode actuarielle, méthode alternative linéaire ou prorata temporis
- Etalement des commissions reçues et coûts marginaux sur la durée de vie du crédit</td><td rowspan="6">Intégration à l'encours du crédit des commissions et coûts marginaux</td><td rowspan="6">Intégration en produits nets d'intérêts dans le produit net bancaire</td></tr>
<tr><td colspan="3">Arrêté comptable</td><td>Enregistrement au compte de résultat de la fraction des commissions reçues et coûts marginaux courant depuis la mise en place ou le dernier arrêté comptable</td></tr>
<tr><td rowspan="3">Renégociation</td><td colspan="2">commerciale : indépendante de la situation du débiteur</td><td>Enregistrement au compte de résultat de la fraction restant à étaler des commissions reçues et coûts marginaux de transaction</td></tr>
<tr><td rowspan="2">Du fait de la situation financière du débiteur</td><td>Méthode actuarielle</td><td>Continuation de l'étalement des commissions reçues et coûts marginaux en fonction du nouvel échéancier et selon le taux effectif d'origine</td></tr>
<tr><td>Méthode alternative</td><td>Nouveau plan d'étalement des commissions reçues et coûts marginaux en fonction du nouvel échéancier résultant de la restructuration</td></tr>
<tr><td colspan="3">Cession d'un crédit</td><td>Enregistrement au compte de résultat de la fraction restant à étaler des commissions reçues et coûts marginaux de transaction</td></tr>
</table>

<u>Source</u> : Réalisé par nous-mêmes sur la base de l'instruction N°028-11-2016 de la BCEAO.

2.1.2.3. Conséquences sur l'information financière

Les établissements doivent indiquer dans l'annexe aux états financiers, la méthode utilisée pour la comptabilisation des commissions reçues et des coûts marginaux de transaction. (Article 13 de l'instruction N°028-11-2016). Il s'agit ainsi d'une **nouvelle exigence nécessitant des vérifications sur les notes annexes lors des travaux de commissariat aux comptes.**

2.1.2.4. L'évaluation et la comptabilisation des commissions reçues et coûts marginaux : une convergence vers les normes internationales

L'instauration par le PCBR de règles d'évaluation et de comptabilisation des commissions reçues et coûts marginaux est l'un des cas de convergence vers les normes comptables internationales, notamment la norme IFRS 9 prévoyant une évaluation des « Prêts et avances » au coût amorti avec la méthode du taux d'intérêt effectif.

En somme, ces nouvelles règles visant plus de pertinence et de fiabilité ne sont pas sans incidence sur la qualité de l'information financière contrôlée par les commissaires aux comptes. Ces derniers doivent notamment vérifier :

- l'exhaustivité, la correcte évaluation et comptabilisation des commissions reçues et coûts marginaux ;
- la correcte présentation des informations requises dans les notes annexes aux états financiers.

2.1.3. Analyse comparative des règles et méthodes comptables relatives aux engagements en souffrance

Les engagements des établissements comprennent aussi bien les crédits comptabilisés au bilan (essentiellement constitués de crédits amortissables et de concours en compte courant), que les engagements par signature inscrits hors-bilan. Les règles d'évaluation de ces engagements sont liées à leur classification comptable. Antérieurement définies dans l'instruction N°94-05 de la BCEAO, les règles applicables aux engagements à partir du 1er janvier 2018 figurent dans l'instruction N°026-11-2016.

2.1.3.1. Classification comptable des engagements

La classification comptable des engagements s'analyse en fonction des règles de déclassement. La classification comptable retenue est, selon le référentiel, récapitulée ci-après :

***Tableau 8* : Analyse comparative de la classification comptable des engagements**[29]

Ancien PCB			PCBR		
N°	Libellé	Classe et code comptables	N°	Libellé	Classe et code comptables
1	Créances saines	Classe 2 (20., 22., 25., 26.)	1	Créances saines (y compris les impayés inférieurs à 90 jours)	Classe 2 (20., 22., 25., 26.)
2	Créances impayées (impayés de 0 à 180 jours)	Classe 2 (291)			
3	Créances immobilisées	Classe 2 (291)	2	Créances restructurées	Classe 2 (291)
4	Créances douteuses ou litigieuses	Classe 2 (292)	3	Créances douteuses ou litigieuses	Classe 2 (292)
5	Engagements sains	Classe 9 (90., 91., etc.)	4	Engagements sains	Classe 9 (90., 91., etc.)
6	Engagements douteux	Classe 9 (99)	5	Engagements douteux	Classe 9 (99.)

Source : Réalisé par nous-mêmes sur la base du PCBR.

L'analyse du tableau ci-dessus permet de constater les principales évolutions apportées par le PCBR telles que :

- la notion de « créances impayées » est supprimée contre une incorporation dans les « créances saines » des créances présentant des

[29] Pour des besoins de simplification, nous nous sommes limités à la classification de la clientèle des établissements. Des définitions sommaires des règles de classifications de créances sont présentées dans le tableau 9 à la page suivante.

impayés de moins de 90 jours. Désormais les créances de plus de 90 jours sont déclassées en « créances douteuses et litigieuses ». Ce délai était de 180 jours dans l'ancien référentiel ;

- la notion de « créances immobilisées » est remplacée par celle de « créances restructurées », avec une définition plus précise.

2.1.3.2. Evaluation des engagements

Les règles d'évaluation des engagements des établissements s'analysent dans le tableau ci-dessous :

***Tableau 9* : Règles de classification et de dépréciation des engagements**

<table>
<tr><th colspan="3">Classification comptable</th><th>Règles de classification</th><th>Règles de dépréciation</th></tr>
<tr><td colspan="3">Créances saines</td><td>Créances dont l'échéancier de remboursement est respecté et, ne présentant aucun motif d'inquiétude, ou aucun impayé ou, présentant un impayé ou plusieurs impayés de moins de 90 jours</td><td>Pas de dépréciation</td></tr>
<tr><td rowspan="3">Créances en souffrance</td><td colspan="2">Créances restructurées</td><td>Créances ayant fait l'objet de mesures de renégociation suite à des difficultés probables ou certaines rencontrées par la contrepartie</td><td>Dépréciation facultative</td></tr>
<tr><td rowspan="2">Créances douteuses et litigieuses (CDL)</td><td>Toutes créances hors comptes ordinaires débiteurs</td><td>- Créances restructurées ayant connu d'impayé d'au moins 30 jours ou ayant fait l'objet, à nouveau de mesures de renégociation dans une période de 3 ans à compter de la première échéance issue de la restructuration ;
- Créances présentant une échéance restée impayée depuis plus de 90 jours* ;
- Créances présentant un motif sérieux d'inquiétude indépendamment de l'existence de tout impayé.</td><td rowspan="2">- Risques directs sur les Etats de l'UMOA, organismes publics hors administration centrale des Etats de l'UMOA : dépréciation facultative ;
- Risques privés non couverts par une garantie prévue par le dispositif prudentiel : 20% de dépréciation des encours à la date du transfert en CDL, 50% après 3 mois et 100% après 9 mois ;
- Risques privés couverts par une garantie éligible suivant le dispositif prudentiel : dépréciation facultative les deux (02) premières années, 50% de l'encours non couvert la 3ème année et 100% à la 4ème année</td></tr>
<tr><td>Comptes ordinaires débiteurs</td><td>- Contrepartie présentant un dépassement de sa limite depuis plus de 90 jours*;
- Contrepartie ayant tiré des montants sans autorisation de découvert depuis plus de 90 jours*;
- Tout compte ordinaire débiteur au titre duquel le montant cumulé des mouvements créditeurs ne couvre pas les intérêts débiteurs sur une période de 90 jours*.</td></tr>
<tr><td colspan="3">Engagements sains</td><td>Engagements par signature ne présentant aucun motif d'inquiétude.</td><td>Pas dépréciation</td></tr>
<tr><td colspan="3">Engagements douteux</td><td>Engagements par signature pouvant présenter un risque probable ou certain de défaillance lors de sa réalisation</td><td>Mêmes règles que les CDL.</td></tr>
</table>

(*) : *Délais de 90 jours portés à 180 jours pour certaines catégories d'agents économiques : Etats, Organismes publics et PME/PMI.*

Source : Réalisé par nous-mêmes sur la base de l'instruction N°026-11-2016 de la BCEAO.

2.1.3.3. Autres nouvelles dispositions

En plus des changements opérés sur les règles d'évaluation, le nouveau dispositif de déclassement et de dépréciation des engagements en souffrance comprend plusieurs nouvelles dispositions dont nous citons ici les plus importantes.

a. Clarification de la notion d'« effet de contagion »

Notion déjà appliquée par les professionnels bien que l'ancien référentiel ne l'ait pas stipulé, l'«effet de contagion » est clairement défini dans le PCBR[30].

b. Constatation des décotes sur crédits restructurés

Lors de la restructuration, les décotes[31] liées aux crédits restructurés sont enregistrées en coût du risque, et amorties sur la durée résiduelle du crédit restructuré.

c. Reclassement des créances restructurées

« Les créances restructurées peuvent être à nouveau inscrites dans les créances saines au bout d'une période d'un an à compter de la première échéance issue des termes de la restructuration, si cette créance ou aucune autre exposition de la contrepartie n'a enregistré d'échéance impayée pendant cette période »[32]. Elles sont alors classées dans une sous-catégorie spécifique pendant une période de deux ans. *« Durant la période de trois ans à compter de la première échéance issue des termes de la restructuration, toute nouvelle concession ou tout retard de plus de trente jours sur la créance restructurée [...] entraîne le transfert de l'ensemble des concours concernés dans les créances douteuses ou litigieuses »*[33].

d. Reclassement des créances douteuses ou litigieuses

De même, *« les créances douteuses ou litigieuses peuvent être à nouveau inscrites dans les créances saines lorsque les paiements ont repris de manière régulière sur une période d'un an »*[34]. Elles sont alors classées dans une sous-catégorie spécifique pendant une période de deux ans. *« Durant cette période de deux ans, tout retard de paiement de plus de trente jours, ou toute concession sur la créance ou toute autre exposition de la contrepartie, entraîne le reclassement de la créance dans les créances douteuses ou litigieuses »*[35].

e. Pertes sur les créances irrécouvrables

Alors que les anciennes règles ne prévoyaient aucun traitement pour les créances irrécouvrables, ce type de créances est clairement défini dans les nouvelles dispositions ainsi que les traitements comptables consistant essentiellement à les enregistrer dans les pertes, contre une reprise des provisions constituées antérieurement.

---

[30] A l'exception des créances résultant de l'escompte commercial et de la clientèle du détail, « *le reclassement d'une créance d'une contrepartie donnée en créances douteuses ou litigieuses entraîne un reclassement identique de la totalité des encours et des engagements hors bilan relatifs à cette contrepartie.* » (Article 11 de l'instruction N°026-11-2016)

[31] Montant égal à l'écart entre les actualisations, sur la base du taux d'intérêt effectif d'origine, des flux contractuels initialement attendus et des flux attendus issus de la restructuration.

[32] Article 7 de l'instruction N°026-11-2016.

[33] Suite du même article.

[34] Article 10 de l'instruction N°026-11-2016.

[35] Suite du même article.

2.1.3.4. Convergence des règles d'évaluation et de comptabilisation des engagements vers les normes internationales

Les nouvelles règles d'évaluation et de dépréciation des créances en souffrance présentent plusieurs convergences avec les règles internationales éditées notamment par l'accord de Bâle 2 et les IFRS. Il s'agit par exemple de :

- la prise en compte du défaut de paiement dès la survenance d'échéances impayées à partir de 90 jours ;
- le reclassement en créances douteuses ou litigieuses de crédits indépendamment de la survenance d'impayés mais sur la base de l'appréciation de la situation économique du débiteur.

Toutefois, cette convergence n'est pas complète[36].

> Comme rappelé à l'introduction de la présente section, les créances sur la clientèle forment un poste clé dans l'actif des établissements[37]. Les évolutions des règles de comptabilisation et d'évaluation constituent un risque d'anomalies significatives pour la mission de commissariat aux comptes.

2.2. Analyse comparative par classe et par compte

Cette analyse vise à indiquer, de façon synoptique, à tout professionnel comptable, les principales évolutions survenues dans la liste et le contenu des comptes du Plan Comptable Bancaire de l'UMOA. Elle met également en évidence l'impact de l'évolution des règles d'évaluation et de comptabilisation identifiées dans le précédent paragraphe sur ces liste et contenu des comptes.

2.2.1. Analyse comparative des comptes de la classe 1

Les principales évolutions notées entre le PCB et le PCBR sur les comptes de trésorerie et d'opérations avec les établissements et assimilés ont fait l'objet d'une analyse en **annexe 9.1**. Ces évolutions comprennent notamment :

- la suppression du Trésor Public. Ne pouvant tenir dans ses livres de compte au profit des établissements, conformément à l'instruction N°024-11-2016 relative à la définition des attributs, le Trésor Public est désormais considéré comme faisant partie de l'Administration Publique ;
- la création de comptes pour les Systèmes Financiers Décentralisés (SFD). Au regard de la nature des activités de ces entités, elles pourraient ouvrir dans leurs livres des comptes au profit des établissements. Cette création

---

[36] On remarque notamment que le modèle de dépréciation intégrant le concept de dépréciation collective des créances saines sur la base de l'historique des pertes enregistrées par groupe homogène (IAS 39) n'est pas intégré au nouveau dispositif de classification et de dépréciation des établissements de crédit de l'UMOA. Ce dispositif n'intègre pas non plus la notion de pertes attendues de la norme IFRS 9.

[37] D'après les données présentées à l'**annexe 1**, les créances sur la clientèle représentent en moyenne 65% des emplois des établissements de crédit de l'UMOA.

est également en droite ligne avec les changements opérés sur les attributs, conformément à l'instruction susvisée.

2.2.2. Analyse comparative des comptes de la classe 2

Les comptes de la classe 2 – opérations avec la clientèle - sont profondément impactés par les évolutions notées au niveau des règles et méthodes comptables relatives aux engagements présentées *en supra*. Comme récapitulé dans l'**annexe 9.2**, il s'agit essentiellement de la création de plusieurs comptes destinés à recueillir : les impayés de moins de 90 jours ; les créances restructurées revenues à meilleure fortune ; les créances douteuses et litigieuses revenues à meilleure fortune ; les commissions reçues et coûts marginaux ; etc.

2.2.3. Analyse comparative des comptes de la classe 3

La structure des comptes d'opérations sur titres et d'opérations diverses est modifiée pour tenir compte des nouvelles règles de classification des titres traitées *en supra*. En outre, d'autres modifications telles que la suppression des comptes de stocks sont apportées au PCB. La synthèse de l'ensemble des changements notés sur cette classe comptable est présentée en **annexe 9.3**.

2.2.4. Analyse comparative des comptes de la classe 4

L'**annexe 9.4** récapitule les changements opérés sur les comptes de valeurs immobilisées. Ces changements portent notamment sur :

- la prise en considération des évolutions relatives aux règles de classification des titres détenus par les établissements ;
- la modification des intitulés et des contenus de plusieurs comptes.

2.2.5. Analyse comparative des comptes de la classe 5

Les comptes de provisions, fonds propres et assimilés n'ont pas connu de modifications significatives. Toutefois, les changements mineurs notés sont présentés en **annexe 9.5**.

2.2.6. Analyse comparative des comptes de la classe 6

Les changements opérés sur les comptes de charges, récapitulés en **annexe 9.6** sont essentiellement en lien avec les changements intervenus sur les comptes du bilan, classes 1 à 5.

2.2.7. Analyse comparative des comptes de la classe 7

Il en est de même pour les comptes de produits dont les changements sont récapitulés en **annexe 9.7**.

2.2.8. Analyse comparative des comptes de la classe 9

Les principaux changements opérés sur les comptes de hors bilan portent sur des créations de comptes présentées en **annexe 9.8**.

Pour les commissaires aux comptes, l'une des utilités de cette analyse comparative serait d'anticiper sur les mises à jour nécessaires dans les Plans Comptables des établissements dont ils auditent les comptes.

Section 3 : Analyse critique du PCB révisé dans le contexte de la révision du droit comptable de l'OHADA

Parallèlement au PCBR, le droit comptable de l'OHADA[38] a fait l'objet d'une révision adoptée le 26 janvier 2017 et entrée en vigueur à compter du 1er janvier 2018. Le PCBR étant spécifique au secteur bancaire, le droit comptable OHADA constitue le référentiel de droit commun applicable notamment à toutes les sociétés opérant dans cet espace juridique. Conformément à l'article 4 de la décision N°357-11-2016 instituant le PCBR de l'UMOA, « *les dispositions comptables de droit commun sont applicables aux établissements de crédit lorsqu'elles ne sont pas en opposition avec celles du PCB et de ses instructions d'application* ». Cet article justifie l'analyse que nous menons ici.

3.1. Analyse des cadres conceptuels du PCBR et du SYSCOHADA

Largement inspirés du cadre conceptuel des normes internationales, les cadres conceptuels du PCBR et du système comptable de l'OHADA (SYSCOHADA) ont fait l'objet d'une analyse présentée au point 1.1.3 du présent chapitre.

3.2. Analyse des règles et méthodes comptables

L'article visé ci-avant indique clairement qu'à l'exception des cas d'opposition entre les deux (02) référentiels, les établissements de crédit doivent se référer aux dispositions du référentiel de droit commun pour certains traitements comptables non prévus par le référentiel spécifique au secteur bancaire. Il en est particulièrement le cas de l'évaluation et de la comptabilisation des engagements de départ à retraite et des immobilisations pour lesquels aucune instruction n'est édictée par la BCEAO, lors de la rédaction du présent livre.

3.3. Convergence vers les IFRS

Comme démontré dans les deux précédentes sections du présent chapitre, le PCBR comporte plusieurs dispositions montrant sa convergence vers les normes internationales. Il en est de même pour le référentiel de droit commun SYSCOHADA. En effet, « *le titre IV de l'AUDCIF*[39] *s'est attaché à enrichir, avec dix-neuf nouveaux chapitres, la section « Opérations et*

---

[38] L'OHADA est l'Organisation pour l'Harmonisation en Afrique du Droit des Affaires constituée actuellement de 17 pays (y compris les 8 pays de l'UMOA dans lesquels s'applique le PCBR) : Bénin, Burkina-Faso, Cameroun, Comores, Congo, Côte d'Ivoire, Gabon, Guinée Bissau, Guinée Conakry, Guinée Equatoriale, Mali, Niger, République Centrafricaine, République Démocratique du Congo, Sénégal, Tchad et Togo.

[39] Acte Uniforme relatif au Droit Comptable et à l'Information Financière (AUDCIF)

problèmes spécifiques » du précédent Acte Uniforme qui en comptait déjà vingt. [...] Sans exposer plus précisément les traitements comptables adoptés, on notera une forte influence du référentiel international, en particulier IAS 38 – immobilisations incorporelles, IFRS 15 – produits des activités ordinaires tirées des contrats conclus avec les clients, IFRS 6 – prospection et évaluation des ressources minérales, [...] »[40]

En outre, l'AUDCIF fait obligation en son article 73-1 aux entités inscrites à une bourse des valeurs ou faisant appel public à l'épargne de produire, en plus des états financiers établis selon le SYSCOHADA, des états financiers individuels en normes IFRS. Cette obligation est également valable pour leurs comptes consolidés selon l'article 75 du même Acte Uniforme.

Ces dispositions démontrent la convergence vers les IFRS instituée dans l'espace OHADA. Soumis à ces dispositions, les établissements de l'UMOA sont alors dans l'obligation d'appliquer, en plus du PCBR, le « full IFRS » lorsqu'ils sont inscrits sur une bourse de valeurs mobilières.

> D'après l'article 73-1 susvisé, les commissaires aux comptes doivent donner leur opinion sur les comptes établis en IFRS.

3.4. Analyse des mesures transitoires

3.4.1. Le référentiel de droit commun opte pour un étalement sur 5 ans des impacts de la révision

Conformément à la section 1 du chapitre 41 du SYSCOHADA révisé, le référentiel comptable de droit commun traite le changement de réglementation comptable comme un changement de méthode comptable induisant ce qui suit :

- la mention d'une information dans les notes annexes ;
- le traitement rétrospectif par imputation exceptionnelle et par dérogation de l'impact des changements de méthode dans un compte (actif ou passif, selon le cas). Ce compte doit être rapporté au résultat du premier exercice d'application de la révision, ou étalé sur une durée maximale de 5 ans.

3.4.2. Le PCBR opte pour un impact sur les capitaux propres dès le premier exercice de son application

L'instruction N°023-11-2016 de la BCEAO, consacrée aux modalités de première application du PCBR de l'UMOA, établit notamment la date de la transition au 1er janvier 2017 et impose aux établissements d'établir des bilans et hors-bilan aux 1er janvier 2017 et 2018. Ces comptes pro-forma doivent intégrer l'impact des changements entre le PCB et PCBR directement dans les capitaux propres (reports à nouveau).

---

[40] Stéphane Klutsch, La réforme du droit comptable OHADA, RFC N°515, Décembre 2017, P. 60-61.

Nous pouvons conclure de ces différents choix que l'homogénéité de l'information financière qui serait recherchée dans l'espace UMOA ne tendra vers son effectivité qu'après 5 ans de transition.

Nous notons par ailleurs que les interventions des commissaires aux comptes dans le cadre des travaux de vérification de ces comptes pro-forma peuvent intervenir au plus tard entre la clôture de l'exercice 2018 et l'arrêté des comptes de cet exercice.

Chapitre 2 : Analyse du nouveau dispositif prudentiel

Cette analyse a principalement pour intérêt de mettre en évidence le lien étroit entre la règlementation prudentielle et le référentiel comptable. Elle vise également à apprécier la nécessité pour les commissaires aux comptes de tenir compte de la règlementation prudentielle dans leurs travaux.

Par ailleurs, cette analyse est basée notamment sur le nouveau dispositif prudentiel des établissements (décision N°13/24/06/2016/CM/UMOA du Conseil des Ministres et son annexe).

Section 1 : Premier Pilier

1.1. Définition des fonds propres

1.1.1. Définition générale

D'après les articles 112-2 et 934-1 du Plan Comptable Général (PCG) français[41], les fonds propres comprennent les capitaux propres et les autres fonds propres. Selon Dov Ogien, « *les fonds propres permettent de financer une société lors de sa création. En cours de vie, ils constituent une garantie vis-à-vis des tiers, permettent d'absorber des pertes inattendues et de garantir la solvabilité de la société.* »[42]

Dans cet ouvrage, nous nous intéressons aux fonds propres des établissements de l'UMOA tels qu'ils sont définis par les autorités de régulation dans le dispositif prudentiel en vigueur depuis le 1er janvier 2018.

1.1.2. Composantes des fonds propres effectifs

Les fonds propres effectifs définis dans la règlementation prudentielle de l'UMOA comprennent les composantes ci-après :

[41] Autorité des Normes Comptables (ANC), Recueil des normes comptables françaises – comptes annuels, Règlement N°2014-03 relatif au Plan général comptable, version en vigueur au 1er janvier 2017.

[42] Dov Ogien, Comptabilité et Audit Bancaire, Editions Dunod, octobre 2016, P. 392.

- les **fonds propres de base (T1)**[43] qui sont composés :
  - des **fonds propres de base durs (CET1)**[44] : composante représentant les fonds propres de meilleure qualité et permettant la continuité de l'exploitation de l'établissement ;
  - des **fonds propres de base additionnels (AT1)**[45] : composante représentant des fonds propres de qualité moindre que les fonds propres durs, mais suffisamment stables pour absorber des pertes et permettre la continuité d'exploitation de l'établissement ;
- les **fonds propres complémentaires (T2)** : composante des fonds propres effectifs de qualité moindre que les fonds propres de base additionnels, mais disposant d'une capacité d'absorption des pertes, en cas de liquidation.

***Figure 4* : Composantes des Fonds Propres Effectifs**

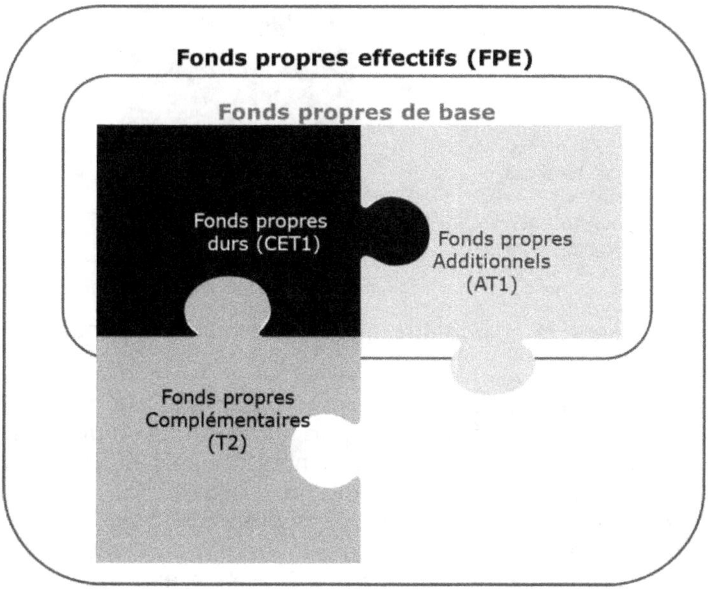

Source : Réalisé par nous-mêmes sur la base du paragraphe 12 du nouveau dispositif prudentiel.

1.1.3. Composantes des fonds propres sur une base sociale

Les composantes des fonds propres présentées dans ce paragraphe ne concernent que les établissements soumis à une surveillance prudentielle individuelle.

---

43 T1 : Tier One

44 CET1 : Common Equity Tier One

45 Autres éléments de T1 « Tier one »

1.1.3.1. Composantes du CET1

a. Composantes brutes

Les composantes des fonds propres de base durs sont récapitulées dans la figure ci-dessous.

***Figure 5* : Composantes du CET1**

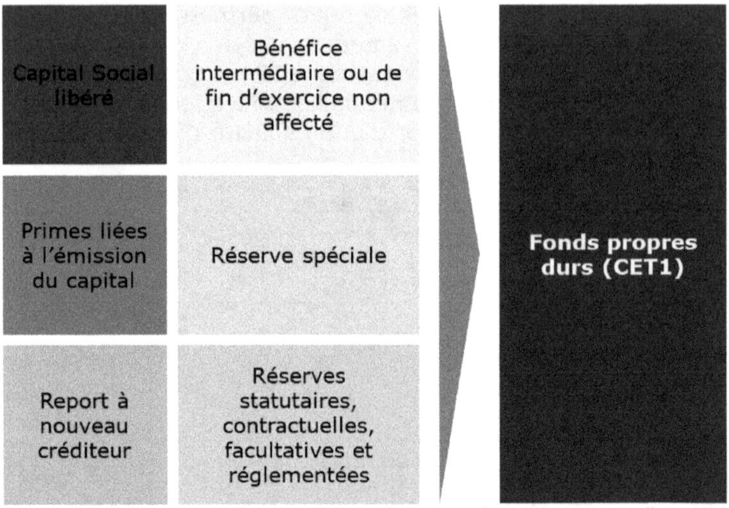

Source : Réalisé par nous-mêmes sur la base du paragraphe 15 du nouveau dispositif prudentiel.

Les principaux critères et conditions applicables aux éléments cités ci-dessus sont :

- la **réserve spéciale** est constituée après imputation, le cas échéant, du report à nouveau déficitaire, par l'application d'un taux de prélèvement de 15% sur les bénéfices nets annuels et, cesse d'être obligatoire à la réunion des deux conditions ci-après :
  - le respect des ratios liés aux fonds propres[46] ;
  - la réserve atteint le cinquième du montant du capital social ;
- le **bénéfice intermédiaire ou de fin d'exercice** est intégré dans le CET1 après le respect des deux (02) conditions suivantes :
  - les états financiers annuels ou intermédiaires ont reçu **une opinion favorable des commissaires aux comptes** ;
  - toutes les charges prévisibles, y compris fiscales, sont rattachées à la période, ainsi que l'estimation maximale des dividendes à payer.

b. Eléments à déduire

- **Eléments à déduire entièrement**

Les éléments ci-après sont à déduire entièrement du CET1 : le report à nouveau débiteur, la perte de l'exercice en cours, les immobilisations incorporelles, l'impôt différé actif, les participations croisées (dans les

[46] Voir paragraphe 1.2 ci-dessous.

banques, les compagnies d'assurance et les entités financières), la part excédant certaines participations, les immobilisations hors exploitation et les prêts aux principaux actionnaires, dirigeants et personnel.

❖ **Eléments à déduire avec un seuil**

Il s'agit essentiellement des participations non significatives.

1.1.3.2. Composantes du AT1

a. Définition des composantes

Les composantes des fonds propres de base additionnels sont récapitulées dans la figure ci-dessous.

***Figure 6* : Composantes du AT1**

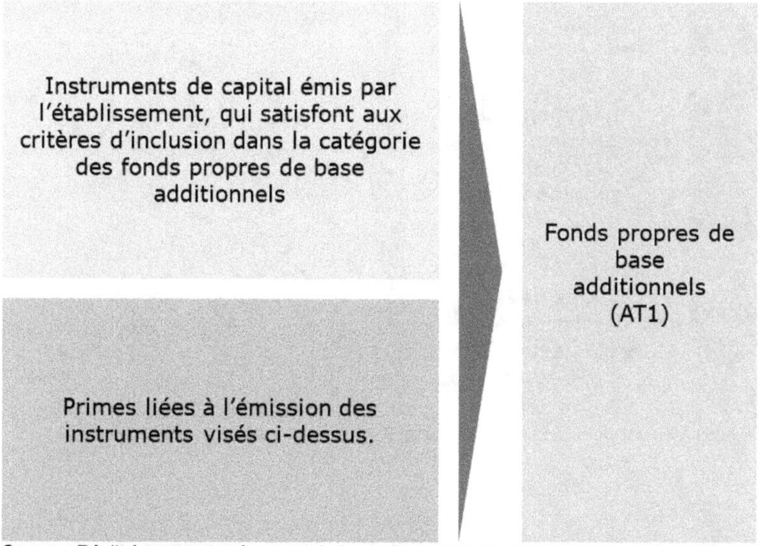

Source : Réalisé par nous-mêmes sur la base du paragraphe 34 du nouveau dispositif prudentiel.

b. Critères d'inclusion

Les principaux critères permettant d'admettre des instruments dans les fonds propres de base additionnels s'analysent comme suit :

- les instruments sont émis et libérés ;
- ils ne sont pas financés par l'établissement ;
- ils ne sont pas acquis par l'établissement, ni par l'une de ses filiales ou sœurs ;
- ils sont d'un rang inférieur aux créances de toute nature ;
- ils ne sont pas adossés à des sûretés, ni garantis de la part des filiales ou sœurs, ou encore la maison mère ou toute entité affiliée ;
- il n'est pas possible de rehausser leur rang ;
- les instruments sont perpétuels ;
- les distributions aux détenteurs de ces instruments sont obligatoires, annulables, sans préjudice ni contrainte ;
- les instruments peuvent comporter une option de rachat ou remboursement discrétionnaire minimum après 5 ans avec autorisation

préalable de la Commission Bancaire, substitution à des fonds propres, et respect des ratios après remboursement.

1.1.3.3. Composantes du T2

a. Définition des composantes

Les composantes des fonds propres complémentaires sont récapitulées dans la figure ci-dessous.

***Figure 7* : Composantes du T2**

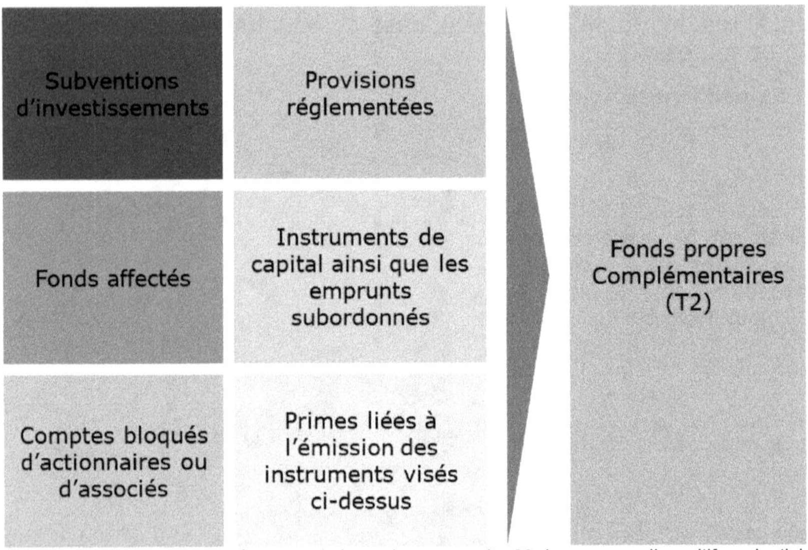

Source : Réalisé par nous-mêmes sur la base du paragraphe 39 du nouveau dispositif prudentiel des établissements.

b. Critères d'inclusion

Les principaux critères permettant d'admettre des instruments dans les fonds propres complémentaires s'analysent comme suit :

- les instruments sont émis et libérés ;
- ils ne sont pas financés par l'établissement ;
- ils ne sont pas acquis par l'établissement, ni par l'une de ses filiales ou sœurs ;
- ils sont d'un rang inférieur aux créances de toute nature ;
- ils ne sont pas adossés à des sûretés, ni garantis par l'établissement, l'une de ses filiales ou sœurs, la maison mère ou toute entité affiliée ;
- il n'existe pas de possibilité de rehausser le rang de ces instruments ;
- les instruments ont une durée initiale minimum de 5 ans (application d'une décote de 20 % sur les cinq dernières années) ;
- les instruments peuvent comporter une option de rachat ou remboursement. Toutefois, cette option ne peut être exercée de façon discrétionnaire qu'après 5 ans avec autorisation préalable de la Commission Bancaire.

En règle générale, il convient de noter que l'inclusion de nouveaux éléments dans les fonds propres effectifs doit être soumise à l'autorisation préalable de la Commission Bancaire accompagnée des documents justificatifs y afférents.

1.1.4. Notion de non viabilité de l'établissement

La notion de non viabilité de l'établissement est une notion importante à appréhender puisqu'elle conduit la Commission Bancaire à déclencher la conversion d'instruments de catégorie AT1 et T1 en actions. Les critères pris en considération par la Commission Bancaire pour apprécier la non-viabilité d'un établissement s'analysent comme suit :

- actifs insuffisants pour protéger les déposants et les créanciers ;
- perte de confiance des déposants ou autres créanciers et du grand public ;
- fonds propres réglementaires de l'établissement atteignant un niveau pouvant influer négativement sur les déposants et les créanciers ;
- incapacité à rembourser le passif exigible ;
- non-conformité à une injonction de la Commission Bancaire ;
- mise en œuvre d'un plan de redressement n'ayant pas permis de résoudre les difficultés financières de l'établissement ;
- existence de fait causant un préjudice important aux intérêts des déposants et des créanciers, ou aux propriétaires d'actifs administrés par l'établissement ;
- impossibilité de l'établissement de recapitaliser de son propre chef en émettant des actions ordinaires ou d'autres formes de fonds propres réglementaires ;
- sollicitation par l'établissement d'un soutien exceptionnel des pouvoirs publics.

> Ces critères de non-viabilité appellent une attention particulière des commissaires aux comptes et peuvent faire l'objet d'un traitement à l'image des sujets liés à la continuité de l'exploitation. (ISA 570)

1.2. Exigences minimales de fonds propres

Les exigences réglementaires de fonds propres sont constituées par : les fonds propres minimums et les coussins de fonds propres (à savoir le coussin de conservation, le coussin contracyclique et le coussin systémique).

1.2.1. Fonds propres minimum

Les exigences de fonds propres sont mesurées à l'aide des ratios de solvabilité qui sont déterminés de la manière suivante :

$$\text{Ratio de solvabilité} = \frac{\textit{Fonds propres}}{\text{APR de crédit} + [12{,}5 \times \text{risque opérationnel}] + [12{,}5 \times \text{risque de marché}]}$$

Avec : APR de crédit = Actif Pondéré en fonction du Risque de crédit

Les valeurs minimum à respecter sont :

- ❖ Ratio avec fonds propres CET1 => 5%
- ❖ Ratio avec fonds propres T1 => 6%
- ❖ Ratio avec fonds propres effectifs FPE => 9 %

1.2.2. Coussins de fonds propres

1.2.2.1. Coussin de conservation

Il s'agit d'une charge additionnelle de fonds propres exigée des établissements par la Commission Bancaire en dehors des périodes de tension afin de leur permettre d'absorber les pertes éventuelles pendant les périodes de tension. Venant s'ajouter à l'exigence de 5% sur les fonds propres CET1, ce coussin est fixé à 2,5% des risques pondérés de l'établissement.

Lorsque l'exigence minimale totale sur les fonds propres CET1 de 7,5% n'est pas respectée, l'établissement doit prendre des dispositions pour reconstituer ses fonds propres en réduisant notamment les distributions discrétionnaires (dividendes, rachat d'actions et prime de rémunération) prélevées sur les bénéfices. Les ratios minimums de conservations des fonds propres qu'un établissement doit respecter, selon le niveau où se situe le ratio des fonds propres de base durs (CET1), se présentent comme ci-après :

***Tableau 10* : Normes minimales de conservation des fonds propres**

Ratio CET1 En %	% de conservation des bénéfices
]5,000 – 5,625]	100 %
]5,625 – 6.250]	80 %
]6.250 – 6,875]	60 %
]6,875 – 7,500]	40 %
> 7,500	0 %

Source : Extrait du paragraphe 96 du nouveau dispositif prudentiel des établissements.

1.2.2.2. Coussin contracyclique

Ce coussin est activé sur une décision de la Banque Centrale en fonction de l'estimation des risques eu égard à une croissance excessive des crédits.

Lorsque ce coussin est activé, le ratio de solvabilité doit être majoré de **2,5 %** (maximum) sur base CET1.

1.2.2.3. Coussin systémique

Ce coussin concerne uniquement les établissements bancaires d'importance systémique régionale[47]. La liste des établissements concernés est publiée par la Banque Centrale. Il en est de même pour le niveau et les modalités de la surcharge des fonds propres pour ces établissements qui sont décidés et publiés par la Banque Centrale.

[47] D'après le dispositif prudentiel applicable aux établissements de crédit de l'UMOA, un établissement bancaire d'importance systémique régionale est *« un établissement dont la défaillance, en raison de sa taille, de sa complexité, du volume de ses activités ou de son interconnexion systémique, pourrait mettre en péril le système financier et l'activité économique de l'UMOA. »*

1.3. Exigences de fonds propres au titre du risque de crédit

1.3.1. Catégorisation des expositions

Les établissements sont tenus de répartir leurs expositions du bilan ainsi que leurs engagements hors bilan dans les onze (11) catégories ci-après :

(1) Souverains ;
(2) Organismes publics hors administration centrale ;
(3) Banques multilatérales de développement ;
(4) Institutions financières ;
(5) Entreprises ;
(6) Clientèle de détail ;
(7) Prêts garantis par l'immobilier résidentiel ;
(8) Prêts garantis par l'immobilier commercial ;
(9) Créances en souffrance ;
(10) Créances à risque élevé ;
(11) Autres actifs.

Cette classification est liée à la fois à la nature économique et/ou juridique de la contrepartie mais aussi à son statut ainsi qu'aux opérations réalisées.

1.3.2. Pondération des expositions

1.3.2.1. Expositions sur les souverains

D'après le dispositif prudentiel applicable, les contreparties considérées comme souveraines sont : les Etats de l'UMOA et leurs démembrements (trésor public, ministères et services centraux), les Etats tiers (hors UMOA) et les banques centrales. Les pondérations des expositions souveraines dépendent d'un coefficient forfaitaire ou d'une notation attribuée par les Organismes Externes d'Evaluation du Crédit (OEEC)[48], ou à partir de la classification consensuelle établie par les Organismes de Crédit à l'Exportation (OCE)[49].

Les différents coefficients de pondération applicables en fonction des notes attribuées sont récapitulés en **annexe 10.1**.

1.3.2.2. Expositions sur les organismes publics hors administration centrale

Il s'agit essentiellement des administrations locales et régionales. Les taux de pondérations applicables aux expositions sur ces contreparties en fonction des notes attribuées sont présentés en **annexe 10.2**.

1.3.2.3. Expositions sur les banques multilatérales de développement

Ces expositions concernent des institutions supranationales créées par des Etats souverains qui en sont les actionnaires. Les coefficients de pondérations qui leur sont applicables sont présentés en **annexe 10.3**.

---

[48] Il s'agit notamment de : Standard & Poor's (S&P), Moody's Investors Service, Fitch Rating Services, Dominion Bond Rating Service (DBRS).

[49] Cette classification peut être consultée sur le site de l'OCDE (http : //www.oecd.org), page « Arrangement sur les crédits à l'exportation » de la Direction des Echanges.

1.3.2.4. Expositions sur les institutions financières

Les institutions financières comprennent : les entreprises du secteur bancaire, les services financiers de la poste, les Caisses nationales d'épargne et les autres institutions financières internationales. Les taux de pondération qui leur sont applicables sont récapitulés en **annexe 10.4**.

1.3.2.5. Expositions sur les entreprises et sur la clientèle de détail

La **figure 8** ci-après résume le raisonnement à suivre pour classer une exposition dans la catégorie des entreprises ou celle de la clientèle de détail. Elle présente également le taux de pondération applicable selon la catégorie.

1.3.2.6. Expositions sur les prêts garantis par l'immobilier résidentiel ou par l'immobilier commercial.

La **figure 9** ci-après résume le raisonnement à suivre pour classer une exposition dans la catégorie des prêts garantis par l'immobilier résidentiel ou par l'immobilier commercial. Elle présente également le taux de pondération applicable selon la catégorie.

1.3.2.7. Expositions sur les créances en souffrance

Il s'agit des créances définies au **tableau 9** du présent ouvrage. Les règles de pondérations applicables sur les encours non couverts par des garanties éligibles ou des provisions pour dépréciation sont récapitulées dans la **figure 10** ci-dessous.

***Figure 8* : Catégorisation et pondération des expositions sur la clientèle de détail et les entreprises**

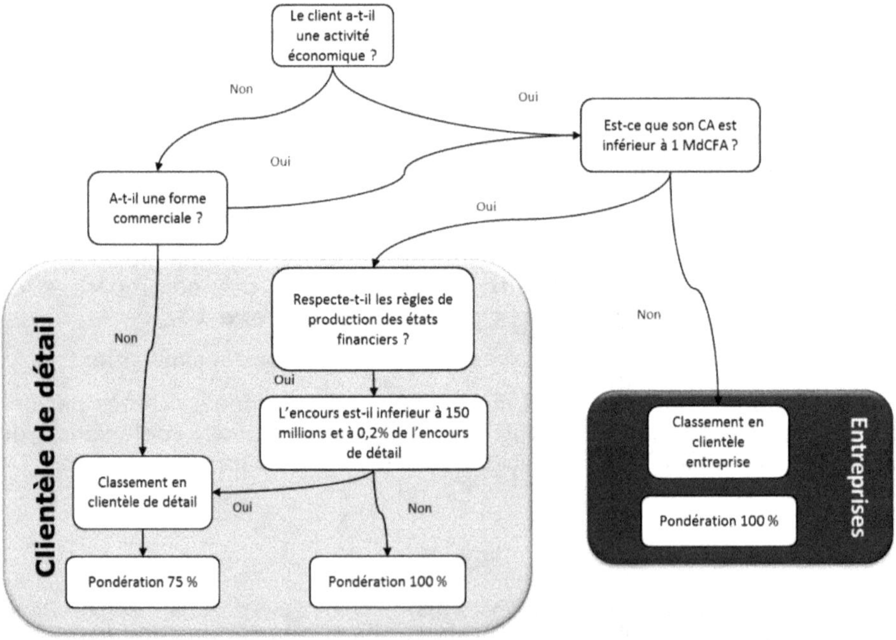

Source : Réalisé par nous-mêmes sur la base des paragraphes 135 et suivants du nouveau dispositif prudentiel.

***Figure 9* : Catégorisation et pondération des expositions sur prêts garantis par un immobilier résidentiel ou commercial**

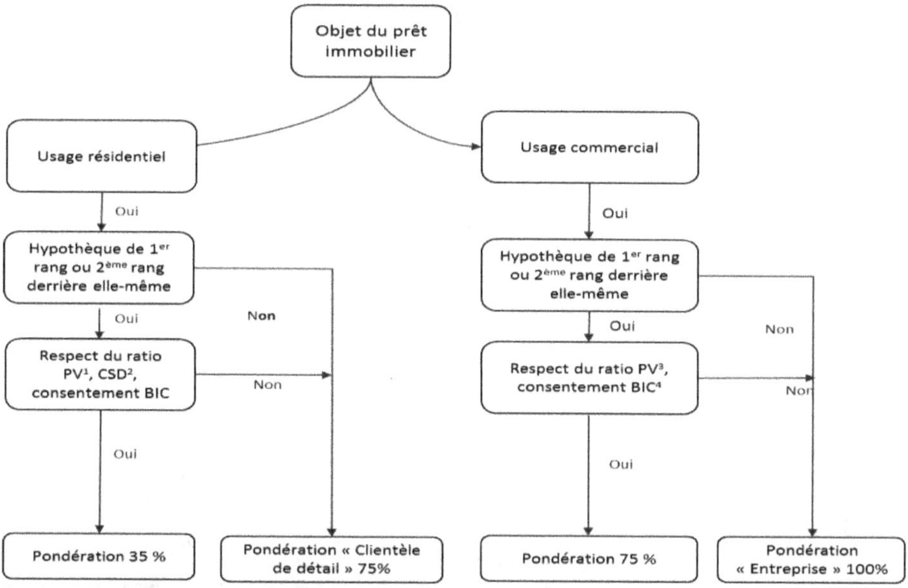

Source : Réalisé par nous-mêmes sur la base des paragraphes 142 et suivants du nouveau dispositif prudentiel.

1. Le ratio prêt/valeur correspond au rapport entre l'encours de la créance hypothécaire et la valeur du bien immobilier résidentiel apporté en garantie.
2. Le ratio de couverture du service de la dette correspond au rapport entre la somme des paiements à effectuer (capital et intérêts inclus) au cours d'une année au titre de l'ensemble des dettes d'une contrepartie et le revenu annuel net d'impôts de cette contrepartie.
3. Le ratio prêt/valeur correspond au rapport entre l'encours de la créance hypothécaire et la valeur du bien immobilier commercial apporté en garantie.
4. BIC = Bureau d'Information sur le Crédit.

Figure 10 ***: Pondérations applicables aux créances en souffrance***

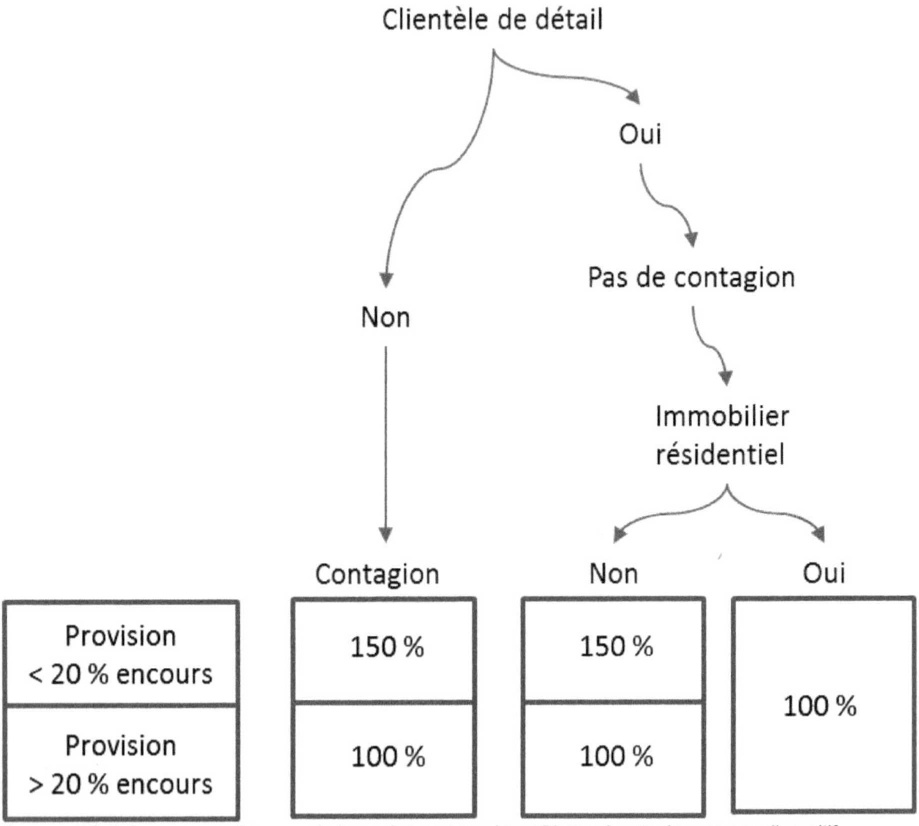

Source : Réalisé par nous-mêmes sur la base des paragraphes 152 et suivants du nouveau dispositif prudentiel.

1.3.2.8. Expositions sur les créances à risque élevé

Une pondération minimale de 150% est appliquée aux créances jugées à risque élevé par la Banque Centrale ou la Commission Bancaire.

1.3.2.9. Autres actifs

Les autres actifs comprennent : les valeurs en caisse et assimilés, les valeurs à l'encaissement à crédit immédiat, les immobilisations et autres participations, tous les éléments de l'actif non listés ci-dessus. Les taux de pondération qui leur sont applicables sont récapitulés en **annexe 10.5**.

1.3.2.10. Hors-bilan

Les taux de pondération sont appliqués aux éléments du hors-bilan après une catégorisation par facteur de conversion en équivalent crédit (FCEC). Cette catégorisation et les taux applicables sont récapitulés en **annexe 10.6**.

La nouvelle classification des expositions et la définition de critères de pondération plus affinés requièrent une reconfiguration et une migration des systèmes d'information. Ces changements dans les systèmes d'information créent des risques d'anomalies significatives au niveau des états financiers.

1.4. Exigences de fonds propres au titre du risque opérationnel

1.4.1. Définition du risque opérationnel

Dans le dispositif prudentiel de l'UMOA, le risque opérationnel se définit comme *« le risque de pertes résultant de carences ou de défaillances attribuables à des processus, des personnes, des systèmes internes ou à des évènements externes. »*

1.4.2. Mode de calcul

1.4.2.1. Approches possibles

Deux (02) approches de calcul sont retenues : l'approche indicateur de base et l'approche standard. Cependant, cette dernière approche est soumise à l'autorisation préalable de la Commission Bancaire sur la base du respect d'un ensemble de critères définis dans le dispositif prudentiel[50].

1.4.2.2. Calcul selon l'approche indicateur de base

L'exigence minimale de fonds propres au titre du risque opérationnel est égale à un coefficient fixe (nommé alpha) de la moyenne des produits bruts annuels positifs des trois dernières années de l'établissement, avec l'exclusion de ce calcul des produits bruts annuels négatifs ou nuls. La formule mathématique est la suivante :

$$K = \frac{\sum(\mathrm{PB}_{1...n} \times \alpha)}{\mathrm{n}}$$

avec :

K = exigence minimale de fonds propres selon l'approche indicateur de base ;

$\mathrm{PB}_{1...n}$ = produit annuel brut positif des trois dernières années ;

n = nombre d'années, sur les trois (03) dernières, pour lesquelles le produit annuel brut est positif ;

α = 15%.

1.5. Exigences de fonds propres au titre du risque de marché

1.5.1. Définition du risque de marché

Dans le dispositif prudentiel de l'UMOA, le risque de marché se définit comme *« le risque de pertes sur les positions de bilan et hors-bilan liées à la variation des prix de marché. »* Ainsi défini, le risque de marché

[50] Par mesure de simplification, nous nous limitons à l'exposé dans cet ouvrage de l'approche indicateur de base, la plus répandue.

comprend les catégories de risques ci-après : le risque de taux d'intérêt, le risque de position sur titre de propriété, le risque de change et le risque sur produits de base.

1.5.2. Règles de calcul de l'exigence de fonds propres

Les principes généraux appliqués lors du calcul de l'exigence de fonds propres au titre du risque de marché sont notamment :

- l'établissement est tenu d'utiliser l'approche standard ;
- les exigences de fonds propres au titre du risque de marché de l'établissement correspondent à la somme des exigences de fonds propres au titre des différentes catégories de risque de marché ;
- l'exigence de fonds propres est exprimée en fonction de deux éléments calculés séparément (risque spécifique et risque général de marché) pour les risques de taux d'intérêt et de position sur titres de propriété ;
- dans le cas où l'établissement respecte un certain nombre de critère défini dans le dispositif prudentiel, il peut être exonéré du calcul des exigences de fonds propres au titre du risque de marché.

> Les exigences minimales de fonds propres sont de nature à exercer une pression supplémentaire sur le management des établissements pour la réalisation de résultat bénéficiaire. Ce risque est accru par l'interdiction de distribution discrétionnaire (dividendes, bonus, etc.) en cas de non-conformité aux ratios[51]. Il convient alors que les commissaires aux comptes intègrent l'existence de cette pression supplémentaire dans leur stratégie d'audit. (ISA 240)

1.6. Division des risques

1.6.1. Généralités

La division de risques est une norme qui s'applique aux montants nets des provisions des expositions appartenant au même client ou un groupe de clients donnés. La notion de groupe s'apprécie en se fondant sur les critères ci-après :

- l'existence d'un lien de contrôle direct ou indirect entre les contreparties concernées ;
- l'existence d'une interdépendance économique entre les contreparties identifiées. Cette interdépendance est notamment évaluée au moyen des critères ci-dessous :
    - au moins 50 % des recettes ou dépenses brutes de l'un des clients correspondent à des transactions effectuées avec l'autre ;
    - un client garantit en totalité ou en partie l'exposition d'un autre client et le garant en cas d'exercice de la garantie peut être en risque de défaut.

---

[51] Mesure prévue au paragraphe 3 du nouveau dispositif prudentiel applicable aux établissements de crédit.

- L'interdépendance est aussi évaluée sur la base des critères suivants s'il existe entre deux ou plusieurs personnes physiques ou morales :
    - les personnes sont apparentées au premier rang ;
    - chacune des personnes est une collectivité territoriale ou un établissement public et l'une dépend financièrement de l'autre.

1.6.2. Modalités de calcul et d'application

La norme est :

- le rapport entre le total des actifs pondérés en fonction des risques sur un client ou un groupe de clients ne devant pas dépasser 25 % des fonds propres de base (T1) ;
- individuellement (client ou groupe de clients) les actifs pondérés ne doivent pas dépasser 10 % des fonds propres de base.

Pour le calcul de l'exposition on tient compte des techniques d'atténuation du risque de crédit (ARC) et pour le hors-bilan des facteurs de conversion en équivalent crédit (FCEC).

1.6.3. Exclusion du champ de la norme

La norme de division n'est pas applicable aux actifs ci-après : risques souverains, aux institutions financières internationales et aux BMD pondérées, aux risques couverts par une garantie par un instrument émis par un souverain, les risques interbancaires en intra-journalières.

1.7. Ratio de levier

Ce ratio a été instauré pour permettre la maitrise du total bilan par rapport aux fonds propres de l'établissement. Il est calculé comme suit :

$$\text{Ratio de levier} = \frac{Fonds\ propres\ Tier\ 1}{\text{Exposition totale}}$$

où : Fonds propres Tier 1 = Fonds propres de base T1 exposé au paragraphe **1.1** de la présente section.
Exposition totale = l'exposition totale (bilan et hors-bilan).

L'établissement est tenu de respecter en permanence la norme minimale du ratio de levier de 3%. Toutefois, les autorités de régulation peuvent relever ou abaisser cette exigence en fonction des caractéristiques de l'établissement.

1.8. Autres règlementations applicables aux opérations

Au titre des autres éléments de la règlementation applicable aux opérations, il faut comprendre l'existence d'autres ratios que nous récapitulons dans le tableau ci-dessous.

***Tableau 11* : Autres ratios règlementaires**

N°	Libellé	Définition	Modalités de détermination[1]	Normes
1	Règlementation des participations dans les entités commerciales	Plafonnement des activités industrielles, commerciales, agricoles ou de services.	Montant des participations dans le capital de l'entreprise (A)	Maximum 25%
			Montant A rapporté aux fonds propres de base T1	Maximum 15%
			Somme des participations dans les entités commerciales rapportée aux fonds propres effectifs	Maximum 60%
2	Règlementation des immobilisations hors exploitation	Plafonnement des acquisitions d'immobilisations ne servant pas à l'exploitation (hors dation en paiement réalisé il y a moins de 2 ans)	Somme des immobilisations hors exploitation rapportée aux fonds propres de base T1	Maximum 15%
3	Limitation du total des immobilisations et des participations par rapport aux fonds propres	L'ensemble des actifs immobilisés de l'établissement doit être financé sur des ressources propres	Total des immobilisations rapporté aux fonds propres effectifs nets des participations dans les établissements	Maximum 100%
4	Règlementation des prêts aux principaux actionnaires, aux dirigeants, au personnel et aux commissaires aux comptes	Le montant global des concours pouvant être consenti aux dirigeants, aux organes de contrôle et au personnel est limité à 20% de ses fonds propres effectifs.	Montant global des concours accordés aux dirigeants, organes de contrôle et au personnel rapporté au fonds propres effectifs	Maximum 20%

1 : les différents concepts de fonds propres ont été exposés au paragraphe 1.1 de la présente section.

Source : Réalisé par nous-mêmes sur la base du titre IX du nouveau dispositif prudentiel.

Ces ratios existaient pour l'essentiel avant l'entrée en vigueur du nouveau dispositif. Toutefois, leurs définitions et modalités de calcul ont été affinées.

Section 2 : Deuxième et Troisième Piliers

2.1. Deuxième Pilier

Le Pilier 2 porte sur le processus de surveillance prudentielle et comprend quatre (04) principes clés. Le respect de ces principes s'apprécie aussi bien au niveau de l'établissement (Processus Interne d'Evaluation de l'Adéquation de ses Fonds Propres (PIEAFP)) qu'au niveau de la Commission Bancaire (Processus de Surveillance Prudentielle et d'Evaluation des Risques (PSPER)). Ce dispositif est largement inspiré de l'accord de Bâle 2.

2.1.1. Principes clés

Les quatre (04) principes clés s'énumèrent comme suit :

- **Principe 1** : l'établissement doit disposer d'un processus permettant d'évaluer, d'une part, l'adéquation globale de ses fonds propres internes par rapport à son profil de risque et, d'autre part, les stratégies qu'il a adoptées en vue de maintenir son niveau de fonds propres.
- **Principe 2** : la Commission Bancaire procède à l'évaluation des stratégies et processus suivis par l'établissement en vue de garantir l'adéquation entre ses fonds propres internes et ses risques. Elle prend des mesures prudentielles appropriées si ces stratégies et processus ne sont pas satisfaisants.
- **Principe 3** : la Commission Bancaire attend de l'établissement qu'il maintienne des fonds propres supérieurs aux ratios réglementaires. Elle peut imposer à l'établissement un seuil de fonds propres supérieur au niveau réglementaire.
- **Principe 4** : la Commission Bancaire intervient suffisamment tôt pour éviter que les fonds propres de l'établissement ne deviennent inférieurs aux niveaux minimaux requis. Elle ordonne à bref délai des mesures correctrices si le niveau de fonds propres n'est pas maintenu ou rétabli.

2.1.2. Processus Interne d'Evaluation de l'Adéquation des Fonds Propres (PIEAFP)

Le PIEAFP devant être défini et mis en œuvre par l'établissement s'articule autour des éléments suivants (détail des éléments fournis en **annexe 11**) :

- Dispositif de gouvernance des risques et des fonds propres robustes
- Dispositif de contrôle interne solide
- Evaluation saine de l'adéquation des fonds propres
- Planification efficace des fonds propres
- Évaluation exhaustive des risques
- Réalisation de simulations de crise
- Surveillance et notification

Un rapport de PIEAFP doit être élaboré par l'établissement et communiqué à l'organe délibérant et la Commission Bancaire[52].

2.2. Troisième Pilier

Le Pilier 3 est relatif aux exigences de publication d'informations[53] et comprend essentiellement : cinq (05) principes, des exigences de communications financières et de rapport pilier 3.

---

[52] Le contenu et les modalités d'établissement d'un tel rapport sont définis dans une instruction de la BCEAO.

[53] Les autorités de l'UMOA ont tiré l'essentiel de ces exigences du dispositif publié par la Banque de Règlements Internationaux (BRI) en janvier 2015 « Exigences de Communication financière au titre du troisième Pilier – version révisée ».

2.2.1. *Cinq (05) principes directeurs*

Les principes directeurs de la communication financière censés assurer la transparence et la qualité des informations communiquées sont :

- **Principe de clarté** : L'établissement est tenu de publier des informations claires et compréhensibles sur des supports facilement accessibles aux utilisateurs.
- **Principe d'exhaustivité** : Les informations communiquées doivent décrire les principales activités et tous les grands risques de l'établissement. Elles doivent fournir suffisamment d' éléments qualitatifs et quantitatifs sur les procédures et processus mis en place par l'établissement pour identifier, mesurer et gérer ces risques.
- **Principe de pertinence** : Les informations doivent permettre aux utilisateurs de percevoir les risques présents et potentiels de l'établissement, ainsi que la façon dont ils sont gérés. Les informations sans valeur ajoutée, ne présentant plus d'intérêt pour les utilisateurs, doivent être supprimées.
- **Principe de cohérence** : L'établissement doit publier des informations cohérentes dans le temps, afin de permettre aux utilisateurs de comprendre l'évolution du profil de risque de l'établissement.
- **Principe de comparabilité** : L'établissement doit s'assurer que le niveau de détail et le format de présentation des informations permettent aux utilisateurs d'effectuer des comparaisons utiles entre les établissements et les juridictions en terme d'activités, de mesures prudentielles, de risques et de gestion des risques.

2.2.2. *Exigences de communication financière*

La communication financière de l'établissement doit couvrir notamment les volets suivants :

- Dispositif de gestion des risques[54] ;
- Définition des fonds propres[55] ;
- Exigences de fonds propres[56] et de liquidité[57] ;
- Ratio de levier[58] ;
- Politique de rémunération.

2.2.3. *Le rapport Pilier 3*

Selon le paragraphe 557 du dispositif prudentiel applicable aux établissements de l'UMOA, *« l'établissement est tenu de communiquer un rapport pilier 3 [...]. Ce rapport peut constituer une annexe ou une partie distincte du rapport financier de l'établissement »*.

La fréquence de publication de ce rapport est d'au moins une fois par an.

---

[54] Il s'agit du dispositif faisant l'objet de la circulaire N°04-2017 de la Commission Bancaire entrant en vigueur à partir du 2 juillet 2018.

[55] Tels que présentés au paragraphe 1.1. du présent chapitre.

[56] Telles que présentés au paragraphe 1.2. du présent chapitre.

[57] Telles que exposées au paragraphe 3.1. du présent chapitre.

[58] Tels que présentés au paragraphe 1.7. du présent chapitre.

Cette nouvelle exigence amènera les commissaires aux comptes à exercer leur esprit critique si le rapport pilier 3 fait partie intégrante du rapport de gestion. L'exercice de cet esprit critique est basé notamment sur la connaissance de l'établissement, de son environnement et des éléments collectés lors de l'audit. (ISA 720)

Section 3 : Exigences minimales de liquidité et dispositions transitoires

3.1. Exigences minimales de liquidité

Les exigences de liquidité prévues dans le dispositif prudentiel entrant en vigueur au 1er janvier 2018 sont de deux (02) ordres : le ratio de liquidité à court terme (RLCT) et le ratio de liquidité à long terme (RLLT).

Leurs définitions, modalité de calcul et normes à respecter sont présentées dans le tableau ci-après.

Tableau 12 : Les ratios de liquidité

N°	Libellé	Définition	Modalités de détermination	Normes
1	Ratio de liquidité à court terme (RLCT)	Permettre la conservation des coussins de liquidité suffisants pour faire face à tout déséquilibre éventuel entre les entrées et les sorties de trésorerie découlant d'une situation de crise de liquidité qui durerait 30 jours calendaires	$\frac{\textit{Encours d'actifs liquides de haute qualité}}{\textit{sorties nettes de trésorerie}}$	Minimum 100%
2	Ratio de liquidité à long terme (RLLT)	S'assurer que l'établissement maintient un profil de financement stable par rapport à la composition de ses actifs et de ses engagements hors bilan	$\frac{\textit{Montant du financement stable disponible}}{\textit{Montant du financement stable exigé}}$	Minimum 100%

Source : Réalisé par nous-mêmes sur la base des paragraphes 581 et suivants du nouveau dispositif prudentiel.

3.2. Dispositions transitoires

Concernant principalement le pilier 1, les dispositions transitoires visent la mise en application progressive du nouveau dispositif prudentiel qui est plus contraignant que celui en vigueur jusqu'au 31 décembre 2017. Il s'agit essentiellement des seuils des exigences à respecter à compter du 1er janvier 2018 jusqu'au 31 décembre 2022.

Le tableau en **annexe 12** présente, par exemple, les seuils règlementaires à respecter de façon graduelle.

En somme, l'entrée en vigueur du PCB révisé et du nouveau dispositif prudentiel impacte significativement la mission des commissaires aux comptes aussi bien en termes de risques que d'orientation de la démarche d'audit. Cette entrée en vigueur requiert alors une actualisation des risques ainsi qu'une adaptation de la démarche d'audit.

TROISIEME PARTIE

PROPOSITION D'UNE DEMARCHE D'EVALUATION DES RISQUES ET DES DILIGENCES SPECIFIQUES POUR LES COMMISSAIRES AUX COMPTES DES ETABLISSEMENTS DE CREDIT DE L'UMOA

TROISIEME PARTIE
PROPOSITION D'UNE DEMARCHE D'EVALUATION DES RISQUES ET DES DILIGENCES SPECIFIQUES POUR LES COMMISSAIRES AUX COMPTES DES ETABLISSEMENTS DE CREDITS DE L'UMOA

Dans la première partie de ce livre, la description sommaire de l'environnement général des établissements de l'UMOA a, entre autres, mis en évidence plusieurs spécificités du secteur bancaire. En outre, l'analyse, en deuxième partie, des nouvelles réglementations comptable et prudentielle en vigueur depuis le 1er janvier 2018 nous a permis d'identifier notamment plusieurs nouveaux risques d'anomalies significatives pour l'audit des établissements de l'UMOA.

Cette partie traite essentiellement de l'actualisation des risques préexistants et de l'évaluation des nouveaux risques ainsi que des diligences à mettre en œuvre pour y répondre sur les principaux cycles, après une synthèse des spécificités de l'audit légal des établissements de l'UMOA (chapitre 1). Nous présenterons, enfin, les travaux spécifiques au premier exercice ainsi que les travaux requis pour la finalisation d'une intervention annuelle (chapitre 2).

Chapitre 1 : Évaluation des risques et approche méthodologique de la mission des commissaires aux comptes

Section 1 : La mission d'audit légal, le statut du commissaire aux comptes des établissements de crédit de l'UMOA et les spécificités de son risque d'audit

1.1. La mission d'audit légal des établissements de crédit de l'UMOA

1.1.1. Le commissariat aux comptes des établissements de l'UMOA est soumis aux exigences du droit OHADA

Comme exposé en supra, les huit (08) pays de l'UMOA sont aussi partie au traité de l'OHADA réunissant dix-sept (17) pays. Ainsi, les Actes Uniformes de l'OHADA[59], notamment ceux relatifs au droit comptable et au droit des sociétés, sont d'application dans l'UMOA.

La mission du commissaire aux comptes des sociétés anonymes constituées dans l'espace OHADA est définie par l'AUDSCGIE (Acte uniforme relatif au droit des sociétés commerciales et du groupement d'intérêt économique) dans ses articles 710 à 724. Les établissements de l'UMOA étant, pour la

[59] L'OHADA compte à son actif neuf (09) Actes Uniformes listés parmi les textes applicables aux établissements de crédit de l'UMOA, en annexe 2 du présent ouvrage.

plupart, constitués sous forme de société anonyme, elles sont assujetties aux dispositions de ces articles.

Les principales missions du commissaire aux comptes d'après ces dispositions de droit commun sont :

- l'expression d'une opinion sur les états financiers ;
- la vérification des valeurs et documents comptables et le contrôle de leur conformité aux règles en vigueur ;
- la vérification de la sincérité et la concordance avec les états financiers des données dans le rapport de gestion et dans les documents sur la situation financière et les états financiers adressés aux actionnaires ;
- la vérification du respect de l'égalité entre les actionnaires ;
- la révélation de faits délictueux.

1.1.2. Le commissariat aux comptes des établissements de l'UMOA présente des spécificités

En raison des spécificités liées au secteur bancaire, le commissaire aux comptes des établissements de l'UMOA a une mission plus étendue. Cette mission comprend notamment, en plus des diligences listées ci-dessus :

- l'examen de *« l'organisation interne, le fonctionnement des organes sociaux, l'exercice du contrôle interne, la qualité du système d'information et comptable, la gestion et la qualité des risques, ainsi que le respect de la règlementation prudentielle »* (Article 6 de la circulaire N°04-2011/CB/C de la Commission Bancaire) ;

- la revue et l'évaluation des cinquante (50) plus gros risques (article 8 de la même circulaire) ;

- l'obligation de communication avec la Commission Bancaire et d'effectuer des rencontres avec cette dernière (articles 9 et 10 de la même circulaire).

1.2. Statut et conditions spécifiques de l'exercice de la mission de commissaire aux comptes des établissements de crédit de l'UMOA

1.2.1. Statut des commissaires aux comptes

Conformément aux dispositions de l'article 695 de l'AUDSCGIE de l'OHADA, les fonctions de commissaire aux comptes sont exercées uniquement par les experts-comptables inscrits au tableau de l'ordre de l'Etat partie du siège de la société. Cette exigence n'est pas différente pour le commissaire aux comptes des établissements de l'UMOA.

Tandis que la durée du mandat des commissaires aux comptes des sociétés anonymes de l'OHADA est de six (06) ans, elle est fixée à trois (03) ans pour les établissements de l'UMOA. Cette durée concerne les nominations en cours de vie sociale réalisées par l'Assemblée Générale Ordinaire.

La durée du mandat du (des) premier(s) commissaire(s) aux comptes nommé(s) dans les statuts ou par l'Assemblée Générale Constitutive, est de deux (02) ans pour toutes les sociétés anonymes de l'OHADA. Il en est de même des établissements disposant d'un agrément bancaire dans l'UMOA.

En outre, les établissements de l'UMOA nomment obligatoirement (02) commissaires aux comptes titulaires et deux (02) suppléants selon la circulaire N°04-2011/CB/C de la Commission Bancaire.

Au moment de la rédaction de cet ouvrage, la rotation de mandat n'est pas encore prévue dans l'espace OHADA, ni par les autorités de régulation du secteur bancaire de l'UMOA.

1.2.2. Approbation de la nomination

Spécifique au secteur bancaire, l'approbation de la désignation de commissaire aux comptes est prévue par la circulaire précitée. Elle oblige les établissements à soumettre à une procédure d'approbation des autorités de régulation toute nomination d'auditeur légal en transmettant un ensemble de documents listés à l'article 3 de cette circulaire.

1.2.3. Code d'éthique et de déontologie

Les commissaires aux comptes des établissements sont soumis au Code d'éthique et de déontologie des professionnels de la comptabilité et de l'audit institué sur le territoire des Etats membres de l'OHADA, par le Règlement N°01/2017/CM/OHADA en date du 8 juin 2017. Ce code est inspiré du Code d'éthique de l'IFAC et des dispositions de l'AUDSGIE.

1.2.4. Normes applicables

Le Règlement précité a également institué un « *Guide pratique d'application des normes professionnelles : audit et commissariat aux comptes – Espace OHADA* ». Elaboré par la Commission de Normalisation Comptable (CNC) de l'OHADA, le Guide présente, entre autres, les diligences requises par les **normes ISA** et les **Actes Uniformes**[60].

Il convient, en particulier, que les commissaires aux comptes des établissements bancaires se réfèrent, dans l'exercice de leur fonction, aux textes légaux et réglementaires spécifiques au secteur bancaire.

1.3. Risque d'audit des établissements de l'UMOA : facteurs d'aggravation et d'atténuation

Comme développé tout au long des première et deuxième parties du présent ouvrage, le secteur bancaire présente des caractéristiques qui le différencient profondément des autres formes d'industries. Ces caractéristiques peuvent avoir pour effet de renforcer ou d'atténuer le risque d'audit. Elles sont analysées dans le tableau ci-après.

---

[60] Nous avons présenté en annexe N°20 la synthèse de la démarche d'audit légal avec les références aux normes ISA et aux articles de l'Acte Uniforme relatif au droit des sociétés commerciales et du groupement d'intérêt économique.

***Tableau 13 : Facteurs d'aggravation et d'atténuation du risque d'audit*[61]**

Nature	Facteurs d'atténuation	Facteurs d'aggravation
Facteurs préexistants	- Existence d'une fonction de contrôle interne réglementée - Supervision permanente et contrôle périodique de la Commission Bancaire - Réconciliation de soldes entre établissements - Transmission de relevés de comptes à la clientèle et services de consultation de soldes à distance par les clients	- Importance des engagements, souvent souscrits, sans transfert de fonds - Diversité des nouveaux produits, souvent complexes, proposés à la clientèle - Nécessité de fiabilité des systèmes d'information gérant un volume important de transactions et automatisation des traitements - Concurrence accrue entre établissements
Facteurs issus de l'entrée en vigueur du PCBR, du nouveau dispositif prudentiel et de l'adoption récente de textes réglementaires	- Définition et renforcement de la fonction de contrôle, y compris le fonctionnement des organes sociaux, les fonctions de contrôle comme la maitrise des risques et la conformité - Définition d'un cadre conceptuel comprenant des concepts et clarification de certaines règles ambigües	- Complexité des nouvelles règles et méthodes comptables inspirées des normes internationales et requérant un niveau élevé de technicité - Renforcement des exigences en fonds propres et multitude de paramètres à prendre en considération pour la détermination des expositions aux risques

1.4. Composantes du risque d'audit

1.4.1. Composantes du risque d'audit

« *Le risque d'audit est le risque que l'auditeur exprime une opinion différente de celle qu'il aurait émise s'il avait identifié toutes les anomalies significatives dans les comptes.* » (NEP 200, § 9)

Le risque d'audit comprend deux composantes à savoir : le risque d'anomalies significatives dans les comptes et le risque de non-détection de ces anomalies par l'auditeur. Le risque d'anomalies significatives, propre à l'entité, existe indépendamment de l'audit des comptes et se subdivise en risque inhérent et risque lié au contrôle.

1.4.2. Démarche du commissaire aux comptes

Au regard de l'applicabilité des facteurs d'atténuation et d'aggravation du risque d'audit, tout commissaire aux comptes d'un établissement intègre dans sa démarche l'évaluation du risque inhérent et du risque lié au contrôle. Il définit ensuite les tests nécessaires à mettre en œuvre et permettant de réduire le risque d'anomalies significatives à un niveau suffisamment faible.

---

[61] Les facteurs préexistants sont inspirés essentiellement des travaux de Dov Ogien dans son ouvrage « comptabilité et audit bancaires », 5ème Edition, Editions Dunod, Octobre 2016 (P. 450 et suivants) et du Mémento Audit 2018- 2019, Editions Francis LEFEBVRE, Septembre 2017 (P. 1432 et suivants).

Le commissaire déploie une approche par les risques et conçoit des procédures d'audit (voir Figures en **annexe 13**). Ce déploiement et cette conception doivent être faits conformément aux normes **ISA 315** et **330**.

1.5. Risques d'anomalies significatives diffus et adaptation de l'approche d'audit

1.5.1. Définition

« Les risques d'anomalies significatives au niveau des comptes pris dans leur ensemble sont les risques affectant les comptes de manière diffuse, c'est-à-dire dont les effets pourraient affecter de nombreux postes des états financiers. » Note d'information CNCC N°XV « Le commissaire aux comptes et l'approche d'audit par les risques » - Décembre 2016 (§3.41)

1.5.2. Facteurs de risques préexistants

Selon la Note d'information précitée, les risques d'anomalies significatives diffus peuvent retrouver leur source dans différents facteurs, notamment ceux relatifs au contrôle interne jugé insuffisant. Parmi ces facteurs, ceux applicables aux établissements, à notre avis, sont :

- absence de contrôle sur les liens et déversements des flux entre les différents systèmes informatiques concourant à l'élaboration des comptes ;
- insuffisance dans la formalisation des autorisations ou approbations des opérations par la direction, compte tenu de la nature et de la complexité des opérations ;
- manque de contrôle par la direction dans le processus de préparation des comptes à la clôture de l'exercice.

1.5.3. Facteurs de risques issus des changements récents dans les règlementations

Pour le cas d'un établissement de l'UMOA, les risques diffus peuvent s'aggraver notamment si :

- l'établissement ne procède pas aux mises à jour requises dans son système d'information pour se conformer à la révision des règlementations comptable et prudentielle ;
- le personnel impliqué dans le processus d'élaboration des comptes n'est pas suffisamment formé aux nouvelles exigences comptables et prudentielles ou, manque de technicité pour s'y adapter.

Par ailleurs, le renforcement des règles prudentielles crée une pression supplémentaire sur le Management quant au respect des ratios. Le risque de manipulation des états financiers en vue de respecter les ratios trouve alors tout son sens dans le contexte actuel. (**ISA 240**, §31)

1.5.4. Adaptation de l'approche d'audit

Pour répondre à ces risques d'anomalies significatives sur les comptes pris dans leur ensemble, le commissaire aux comptes adaptera son approche comme suit[62] :

---

[62] Inspiré de la NEP 240, §20.

- affectation à la mission de collaborateurs expérimentés dans le secteur bancaire et ayant suivi des formations sur le PCBR et le nouveau dispositif prudentiel ;
- recours aux services d'un expert en système d'information ;
- renforcement de la supervision des travaux, y compris les niveaux de revue de la note de planification et des travaux ;
- mise en œuvre des diligences avec une attention particulière sur les comptes impactés par les principaux changements de règles et méthodes comptables.

Section 2 : Risques d'anomalies significatives sur les assertions d'audit

Sans avoir la prétention d'être exhaustifs, les facteurs de risques identifiés ci-dessous sont issus des normes, des ouvrages[63], de notre expérience en matière d'audit ainsi que des changements opérés dans les règlementations comptable et prudentielle analysés dans la première et la deuxième parties de ce livre.
En fonction de sa connaissance de l'environnement, des activités et du contrôle interne de l'établissement, le commissaire aux comptes devra réaliser une adaptation des facteurs de risques listés ci-après dans le respect des normes internationales.

2.1. Prise en compte des risques de fraude et de détournement

2.1.1. Définition

La prise en considération du risque de fraude est prévue par la norme ISA 240. Les fraudes retenues en audit sont : « *les actes intentionnels portant atteinte à l'image fidèle des comptes et de nature à induire en erreur l'utilisation de ces comptes ; le détournement d'actifs.* » (NEP 240 §3)
Le risque de fraude ou de détournement impactant les états financiers s'apprécie sur la base des facteurs suivants.

2.1.2. Facteurs de risques préexistants

Les facteurs de risques de fraude préexistants sont :
- le risque de contournement des contrôles par la direction de l'établissement – **Note 1.** Ce risque est diffus et concerne l'ensemble des états financiers ;
- conformément au paragraphe 26 de la norme **ISA 240**, l'auditeur doit évaluer les catégories de produits sur lesquelles il existe un risque de fraude ainsi que les assertions d'audit concernées – **Note 2.** Pour le cas des établissements de l'UMOA, ce risque concerne principalement, à notre avis, la réalité, l'évaluation et le respect du principe de séparation des exercices dans la comptabilisation des produits d'intérêts et assimilés, des produits de commissions, des revenus sur titres ;

---

[63] Pour certains facteurs préexistants exposés ci-dessous, nous nous sommes notamment inspirés des travaux de Dov Ogien dans son ouvrage « comptabilité et audit bancaires », 5ème Edition, Editions Dunod, Octobre 2016 (P. 450 et suivantes) et du Mémento Audit 2018- 2019, Editions Francis LEFEBVRE, Septembre 2017 (P. 1432 et suivantes).

- en fonction de leur importance et des contrôles en place, les fonds disponibles sur certains comptes de la clientèle de l'établissement (comptes peu mouvementés ou dormants, comptes de personnes âgées ou handicapées, etc.) pourraient être détournés – Note 3. Ce risque est lié aux dépôts de la clientèle et impacte les assertions d'exhaustivité, d'existence, d'évaluation et d'imputation ainsi que les droits et obligations ;
- il y a également un risque d'omission, d'interprétation ou de présentation erronée des engagements par signature donnés ou reçus par l'établissement – Note 4. Ce risque affecte uniquement l'exhaustivité, l'évaluation et l'imputation ainsi que les droits et obligations liés aux engagements hors bilan.

2.1.3. Facteurs de risques issus des changements récents dans les règlementations

Les facteurs suivants sont de nature à aggraver le risque de fraude dans les états financiers ou au niveau des produits bancaires :
- les ratios prudentiels nouvellement définis ou affinés par le dispositif prudentiel[64] sont plus contraignants et sont de nature à exercer une pression supplémentaire sur les établissements. Ces derniers chercheront à obtenir des fonds propres plus élevés ou à présenter un résultat et une situation financière plus optimistes que la réalité[65] – Note 5. Ce risque est diffus et impacte l'ensemble des états financiers. Le risque de surévaluation des produits est pris en compte dans la Note 2 et devrait mériter, à notre avis, une attention particulière ;
- l'obligation de publication d'information financière, issue du troisième Pilier de l'accord de Bâle 2 transposé dans le nouveau dispositif prudentiel, entraine le même risque que celui relevé précédemment – Note 6 ;
- les nouvelles règles et méthodes de comptabilisation[66], plus complexes que les règles antérieures, peuvent donner lieu à des choix et donc à des subjectivités. L'évaluation et l'enregistrement des estimations comptables ci-après pourraient être incorrectes ou non exhaustives – Note 7 :
  - Commissions reçues et coûts marginaux ;
  - Décotes sur les créances restructurées ;
  - Dépréciation / coût du risque sur engagements de la clientèle ;
  - Décotes et dépréciations sur titres ;
  - Provisions, y compris engagements de départ à la retraite ;
  - Autres comptes de régularisations.

2.2. Prise en compte des risques liés à l'environnement législatif et réglementaire

Prévue par la norme **ISA 250**, la prise en considération de l'environnement législatif et réglementaire s'applique à l'audit de tout établissement. Il s'agit pour l'auditeur de s'assurer que l'établissement a pris les dispositions

---

[64] Ces ratios sont traités au chapitre 2 de la deuxième partie du présent ouvrage.

[65] Ce risque sera accru en cas de non-conformité à certains ratios entrainant interdiction de distribution discrétionnaire (dividendes, primes, etc.) selon le paragraphe 3 du nouveau dispositif prudentiel applicable aux établissements de crédit à compter du 1er janvier 2018.

[66] Une analyse des principales règles et méthodes comptables a été faite à la section 2 du chapitre 1 de la deuxième partie du présent ouvrage.

nécessaires pour se conformer aux textes ayant une incidence sur les états financiers annuels[67] et, de tirer les conséquences nécessaires sur sa stratégie. Pour cela, une attention particulière doit être portée sur les textes ayant une incidence directe.

En outre, les nouvelles obligations qui incombent aux commissaires aux comptes à travers les changements dans les règlementations comptable et prudentielle doivent faire partie intégrante de leur démarche.

2.2.1. Facteurs de risques préexistants

Il est démontré dans la première partie du présent livre que les établissements appartiennent à un secteur très règlementé. Cette appartenance amène l'auditeur à intégrer les facteurs de risques ci-après dans sa stratégie :

- l'absence de prise en compte dans le système d'information des nombreux textes législatifs et règlementaires ayant une incidence significative directe (règlementations comptable, prudentielle, fiscale, sociale, etc.) ou indirecte (règlementations des transferts, des changes, etc.) sur les états financiers - **Note 8.** A notre avis, ce risque impacte de façon diffuse les états financiers ;
- en cas de non-respect des textes, les incidences financières de ce non-respect (notamment provisions pour amendes ou litiges) pourraient ne pas être correctement traduites dans les comptes de l'établissement - **Note 9.** Ce risque concerne l'exhaustivité et l'évaluation des provisions.

2.2.2. Facteurs de risques issus des changements récents dans les règlementations

- Les innovations et changements apportés par le PCBR[68] peuvent être incompris et mal traduits dans les comptes des établissements - **Note 10.** Les changements dans les principes, règles et méthodes comptables concernent notamment :

- le plan comptable implémenté dans le système d'information (Risque diffus) ;
- le format des états financiers, y compris les nouvelles informations à inscrire obligatoirement en notes annexes (Risque diffus) ;
- les attributs à mettre à jour dans le système d'information (Risque diffus) ;
- l'annulation des actifs sans valeur (frais d'établissement, charges à répartir sur plusieurs exercices, etc.). Ce risque concerne essentiellement l'évaluation et imputation des immobilisations ;
- les retraitements relatifs aux locations financements. Ce risque concerne essentiellement l'exhaustivité, l'évaluation et l'imputation des immobilisations ;

---

[67] Nous avons présenté en annexe 2 une liste des principaux textes législatifs et règlementaires applicables aux établissements de l'UMOA.

[68] Le chapitre 1 de la deuxième partie de cet ouvrage est consacré à l'analyse de ces innovations et changements.

- l'annulation des provisions pour fonds pour risques bancaires généraux. Ce risque concerne essentiellement l'évaluation et l'imputation des capitaux propres ;
- l'obligation de constatation des engagements de départ à la retraite. Ce risque concerne essentiellement l'exhaustivité, l'évaluation et imputation des provisions ;
- les règles de classification et d'évaluation des titres. Ce risque concerne essentiellement l'exhaustivité, l'évaluation et imputation des titres ;
- les règles de classification et d'évaluation des engagements sur la clientèle. Ce risque concerne essentiellement l'exhaustivité, l'évaluation et l'imputation des créances sur la clientèle ;
- la constatation et l'étalement des commissions reçues et coûts marginaux. Ce risque concerne essentiellement l'exhaustivité, l'évaluation et imputation ainsi que la séparation des exercices des créances sur la clientèle et de leurs produits de commissions liés ;
- les règles de comptabilisation des opérations en devises. Ce risque concerne essentiellement l'exhaustivité, l'évaluation et imputation de toute opération en devises ;

- Les contraintes imposées par le nouveau dispositif prudentiel peuvent être insoutenables pour certains établissements et non respectées. Il y aurait alors des risques de sanctions, de non-viabilité[69], voire de retrait d'agrément - **Note 11**. A notre avis, ces risques peuvent avoir une incidence significative mais diffuse sur la qualité de l'information financière.

2.3. Prise en compte du risque lié aux ressources humaines

2.3.1. Définition

Le risque lié au facteur humain peut être dû à : l'inadéquation des effectifs ; le manque de ressources mises en œuvre face à la complexité des opérations.

2.3.2. Facteurs de risques préexistants

Les facteurs de risques préexistants identifiés sont :

- l'inadéquation des effectifs impliqués directement ou indirectement dans l'établissement des comptes - **Note 12** (risque diffus) ;

- la dépendance à des prestataires externes pour des processus ayant un impact sur les comptes - **Note 13** (risque diffus).

2.3.3. Facteurs de risques issus des changements récents dans les règlementations

- L'entrée en vigueur du nouveau référentiel comptable peut soulever des problèmes d'insuffisances des compétences techniques des équipes de l'établissement. Ces insuffisances peuvent impacter d'une part, la capacité des équipes à mener à bien le projet de convergence vers le PCBR et le nouveau dispositif prudentiel et, d'autre part, leur capacité à traiter les opérations conformément à ces nouveaux textes - **Note 14** (risque diffus);

[69] Cette notion a été traitée au paragraphe 1.1.3 de la section 1 du chapitre 2 de la deuxième partie du présent livre.

- Le commissaire aux comptes vérifiera également si des formations sur les nouveaux textes ont été dispensées aux équipes de l'établissement, notamment celles impliquées directement ou indirectement dans l'élaboration des comptes - **Note 15** (risque diffus).

Ces risques à adapter selon la connaissance générale de l'établissement et de son organisation interne sont par nature diffus.

2.4. Prise en compte du risque pays

2.4.1. Définition

Le risque pays est lié à la probabilité de défaillance de contrepartie privée ou publique dont l'activité dépend de la conjoncture économique d'un Etat ou d'un espace économique. Les conséquences comptables liées à cette défaillance pourraient ne pas être traitées ou incorrectement traitées.

2.4.2. Facteurs de risques préexistants

Le commissaire aux comptes doit se préoccuper du risque pays s'il existe une forte exposition de l'établissement dans un espace économique pouvant affecter ses emplois ou ses ressources - **Note 16**. Les principaux emplois concernés sont : les créances interbancaires, les créances sur la clientèle et les créances représentées par des titres. L'établissement pourrait également se retrouver en manque de liquidité si ses principales ressources (dettes interbancaires, emprunts et dépôts reçus) proviennent d'un seul pays.

2.4.3. Facteurs de risques issus des changements récents dans les règlementations

Nous n'avons pas identifié de nouveau facteur d'aggravation.

2.5. Prise en compte des risques liés aux opérations avec la clientèle

2.5.1. Facteurs de risques préexistants

- Très prépondérant dans l'espace UMOA[70], le risque de contrepartie défini comme la probabilité de défaillance des clients bénéficiaires de concours bancaires entraine des provisions pour dépréciation de créances (engagements directs) ou des provisions pour risques et charges (engagements indirects). L'expérience a montré que les déclassements des engagements et les constatations de provisions ne sont pas systématiques – **Note 17.** Ce risque peut également concerner certaines catégories de titres ;

- Risque de fraude ou de détournement sur certains comptes de la clientèle – cf. **Note 3** ci-dessus ;

- En raison de la volumétrie des opérations traitées, la performance des procédures de contrôle interne est déterminante pour la bonne exécution des ordres des clients. Ainsi, l'efficacité du contrôle interne devrait

---

[70] Pour illustrer ce propos, on peut se référer au taux de dégradation brut du portefeuille des établissements de crédit qui s'établit à 13,5% à fin 2016 – Commission Bancaire de l'UMOA, Rapport annuel 2016, P. 47. Il est recommandé de maintenir ce taux à 5%.

permettre de couvrir les risques d'erreurs liés aux opérations de dépôts et de retraits d'argent sur les comptes de la clientèle – **Note 18**. Cette efficacité, affectant l'ensemble des assertions d'audit sur les dépôts reçus de la clientèle, sera appréciée par le commissaire aux comptes s'il l'estime pertinent pour l'audit des états financiers de l'établissement.

2.5.2. Facteurs de risques issus des changements récents dans les règlementations

Les créances sur la clientèle constituent l'un des postes les plus affectés par les changements dans les règlementations comptable et prudentielle – Cf. **Note 10** ci-dessus.

2.6. Prise en compte du risque de marché et du risque de contrepartie interbancaire

2.6.1. Définition

Le risque de marché résulte de la fluctuation de cours ayant un impact sur les comptes. Le risque de contrepartie interbancaire peut survenir en cas de défaillance d'un autre établissement en relation avec l'établissement audité. Ce dernier risque étant relativement rare.

2.6.2. Facteurs de risques préexistants

- L'évolution des cours des titres côtés, des devises et des autres instruments financiers pourraient ne pas être prise en considération ou traitée avec erreur lors des travaux d'inventaire en fin de période – **Note 19**. Cette erreur affectera donc l'évaluation des rubriques comptables concernées.

2.6.3. Facteurs de risques issus des changements récents dans les règlementations

Les effets publics et titres constituent des actifs prépondérants dans les bilans des établissements financiers. Comme exposé au paragraphe 2.1.1. du chapitre 2 de la deuxième partie du présent livre, les règles de classification et d'évaluation de ces titres font partie des principales évolutions de la règlementation comptable – Cf. **Note 10**.

2.7. Prise en compte des risques financiers

2.7.1. Définition

Les risques financiers comprennent : le risque de liquidité (difficultés de l'établissement à faire face aux retraits des épargnants), le risque de change (perte potentielle résultant de l'évolution des cours des devises) et le risque de taux (perte potentielle résultant de l'évolution défavorable des cours).

2.7.2. Facteurs de risques préexistants

- Les ratios de liquidité étant calculés sur la base de données comptables, le risque à couvrir par le commissaire est de nature diffuse à l'instar du risque relevé en **Note 1**.

- Les risques de change et de taux sont applicables aux titres et devises, à l'instar des facteurs relevés à la **Note 19**.

2.7.3. Facteurs de risques issus des changements récents dans les règlementations

Nous n'avons pas identifié de facteurs outre que ceux précités.

2.8. Prise en compte du risque informatique

2.8.1. Définition

Les risques informatiques peuvent découler de toute défaillance du système d'information pouvant avoir un impact sur les comptes de l'établissement.

2.8.2. Facteurs de risques préexistants

- Il peut exister des défaillances pouvant résulter d'un défaut de déversement ou d'un déversement incorrect entre les applicatifs métiers (ou les modules opérationnels) et l'applicatif comptable - **Note 20**. Ce risque affecte les états financiers pris dans leur ensemble ;

- Il pourrait subvenir des erreurs sur une information comptable issue de la télétransmission de données provenant de sources externes - **Note 21**. Ce risque est également diffus ;

- L'activité bancaire est souvent caractérisée par un long processus informatique et complexe, rendant difficile la reconstitution de la piste d'audit - **Note 22**. Il s'agit aussi d'un risque diffus.

2.8.3. Facteurs de risques issus des changements récents dans les règlementations

- Il peut être observé une absence de modifications des paramètres des systèmes pour les mettre en conformité avec le PCBR et le nouveau dispositif prudentiel - **Note 23**. Une telle absence impactera l'ensemble des postes concernés par les points listés à la **Note 10** ci-dessus.

- L'un des scénarios les plus sérieux serait que les évolutions techniques requises par les nouvelles dispositions soient mal maitrisées et donc mal mises en œuvre dans les systèmes d'information - **Note 24**. En fonction de l'importance des changements non maîtrisés, ce risque pourrait être diffus ou limité à certains postes touchés par ces changements.

2.9. Prise en compte du risque d'erreur lié à la première application

Le risque d'erreur général apparait comme évident au titre du premier exercice d'application du PCBR et du nouveau dispositif prudentiel. Il s'agit d'un risque diffus que le commissaire aux comptes intégrera lors de la planification des interventions au titre de l'exercice 2018 - **Note 25**.

2.10. Prise en compte du risque opérationnel et autres risques

2.10.1. Risque opérationnel

2.10.1.1. Définition

Ce risque revêt plusieurs aspects à savoir : le risque de pertes directes ou indirectes dues à une inadéquation ou à une défaillance des procédures de l'établissement, de son personnel (erreur, malveillance et fraude), des systèmes internes (panne de l'informatique, ...) ou à des risques externes (inondation, incendie, ...).

2.10.1.2. Facteurs de risques préexistants

Pour un établissement bancaire, à l'exception des facteurs déjà identifiés ci-dessus, le risque opérationnel pertinent pour l'audit des comptes peut se manifester comme suit :

- l'implémentation des conditions de banque dans le système d'information peut être incorrecte - **Note 26**. Une telle situation impactera la correcte évaluation, la séparation des exercices et l'exhaustivité des produits et charges liés aux opérations avec la clientèle ;

- les ordres des clients de l'établissement, y compris la prise en compte de leurs réclamations, peuvent être mal exécutés - **Note 27**. Ces erreurs peuvent impacter les comptes des clients de l'établissement (en termes d'évaluation et d'imputation puis de droits et obligations) ainsi que les produits / charges liés ;

- au regard du volume important des fonds disponibles en espèces, les établissements peuvent s'exposer à des risques de pertes, détournements, vols ou cambriolage, en particulier lors des opérations de transfert de fonds - **Note 28**. Ce risque affecte l'existence et l'évaluation des valeurs en caisse ;

- l'importance des comptes de correspondants et de confrères méritent une attention particulière en termes d'exhaustivité, de réalité et de correcte évaluation des opérations effectuées avec ces tiers - **Note 29**.

2.10.1.3. Facteurs de risques issus des changements récents dans les règlementations

Cf. **Note 23**.

2.10.2. Autres facteurs de risques

Les autres facteurs de risques applicables au secteur bancaire peuvent être de nature juridique, à savoir : il peut y avoir des imprécisions juridiques de certains contrats ou des manques de formalisme dans l'exécution de certains actes. Ces imprécisions peuvent affecter les comptes - **Note 30**. A notre avis, il s'agit d'un risque diffus mais, en fonction des particularités de l'établissement, il peut être circonscrit à la rubrique comptable des créances sur la clientèle, l'expérience ayant montré que les contrats les plus importants (en nombre et en montant) sont signé dans ce cadre.

L'**annexe 14** présente de façon synthétique le tableau d'analyse des rubriques des états financiers par cycle, risques et assertions d'audit applicables. Cette analyse est générale et devra être adaptée aux spécificités de chaque établissement de crédit.

Section 3 : Principaux cycles de contrôle et approche d'audit

Conformément à la démarche générale de l'audit, après l'identification et l'évaluation des risques, l'auditeur conçoit et met en œuvre des procédures destinées à répondre à ces risques. Nous vous proposons dans cette section des exemples de procédures[71] destinées à répondre aux risques sur les principaux cycles ci-après :

- Moyens de paiement ;
- Crédits et engagements ;
- Dépôts de la clientèle ;
- Opérations financières ;
- Capitaux propres et assimilés et provisions pour risques et charges.

Ces procédures sont essentiellement tirées d'une part, de notre expérience et de notre analyse des changements présentés à la deuxième partie du présent livre et d'autre part, dans une moindre mesure, des travaux de Dov Ogien présentés dans son ouvrage « comptabilité et audit bancaires », 5ème Edition, Editions Dunod, Octobre 2016 et du Mémento Audit 2018-2019, Editions Francis LEFEBVRE, Septembre 2017.

Les diligences proposées sont des exemples détaillés des tests de procédures (contrôle interne) et des tests substantifs (contrôle des comptes). Il est à noter que les tailles d'échantillon seront déterminées par chaque professionnel en fonction de la nature des procédures (selon la fréquence et l'efficacité des contrôles clés pour les tests de procédures, selon le seuil de signification pour les tests substantifs) et de l'estimation du niveau de risque.

Les tableaux peuvent être complétés notamment par trois colonnes comprenant :

- des liens avec les travaux effectués,
- les noms de la / des personne(s) ayant réalisé ces travaux,
- les conclusions issues de ces travaux.

A l'issue de la présentation des procédures proposées pour chaque cycle, nous exposons des exemples de questionnaires sur le contrôle interne et des diligences destinées à couvrir les risques diffus identifiés au niveau des états financiers.

3.1. Moyens de paiement

Ce cycle est constitué des principales rubriques comptables des états financiers ci-après :

- à l'actif du bilan :
    - valeurs en caisse,
    - créances sur la banque centrale et les caisses et chèques postaux (CCP),
    - créances interbancaires et assimilées,
- au passif du bilan :
    - dettes envers la banque centrale et les caisses et chèques postaux (CCP),
    - dettes interbancaires et assimilées,
- des engagements donnés et reçus dans le cadre d'opérations interbancaires,

[71] Ces procédures devront être adaptées au cas individuel de chaque établissement de crédit.

- des produits et charges liés à ces postes du bilan et du hors-bilan.

Ces postes ne sont pas significativement impactés par les évolutions au niveau des règles et méthodes comptables. Toutefois, ils constituent pour l'essentiel des comptes de trésorerie et d'opérations avec les établissements et assimilés pour lesquels les évolutions entre l'ancien et le nouveau référentiel comptable, en termes de liste et de contenu des comptes, ont été présentées en **annexe 9.1**.

Les exemples de programmes de travail relatifs à ce cycle sont présentés en **annexe 15.1**.

Par ailleurs, ce cycle est concerné par des informations à donner dans les notes annexes aux états financiers annuels pour lesquelles nous avons proposé une feuille de travail relative à leur contrôle présentée en **annexe 7**.

3.2. Crédits et engagements

Constitué des principales rubriques comptables des états financiers ci-après, ce cycle fait partie des cycles les plus affectés par la révision du Plan Comptable Bancaire[72] :

- à l'actif du bilan :
  - créances sur la clientèle (crédits amortissables, comptes ordinaires débiteurs, portefeuilles d'effets commerciaux, etc.)[73],
  - comptes de régularisation de créances sur la clientèle (commissions reçues et coûts marginaux, décotes sur créances restructurées)[74],
- des engagements donnés et reçus dans le cadre d'opérations avec la clientèle,
- des produits et charges liés à ces postes du bilan et du hors-bilan.

Au sujet de la liste et du contenu des comptes, les évolutions entre l'ancien et le nouveau référentiel comptable relatives aux comptes de la clientèle (classe 2) ont été présentées en **annexe 9.2**.

Les exemples de programmes de travail relatifs à ce cycle sont présentés en **annexe 15.2**. Les procédures nouvelles ou modifiées suite aux changements de règlementation sont mises **en couleur**.

En outre, les crédits et engagements de la clientèle sont concernés par les informations à donner dans les notes annexes aux états financiers annuels pour lesquelles nous avons proposé une feuille de travail relative à leur contrôle présentée en **annexe 7**.

---

[72] L'analyse des évolutions de règles et méthodes comptables relatives aux créances sur la clientèle est exposée aux paragraphes 2.2.2 et 2.2.3 de la section 2 du chapitre 1 de la deuxième partie du présent ouvrage.

[73] Les règles de classification et de dépréciation des créances en souffrance ont été entièrement modifiées dans le nouveau référentiel comptable.

[74] Ces comptes et les règles liés à leurs traitements comptables ont été créés avec l'avènement du nouveau référentiel.

3.3. Dépôts de la clientèle

Le cycle « dépôts de la clientèle » est constitué des principales rubriques comptables des états financiers ci-après :

- dettes envers la clientèle (comptes ordinaires créditeurs, comptes d'épargne, comptes de dépôts à terme, comptes d'attente, etc.) présentées au passif du bilan,
- des charges liées à ces postes du bilan et du hors-bilan.

Ce cycle n'est pas significativement impacté par les changements de règles et méthodes comptables. Il n'est également pas concerné par les évolutions entre l'ancien et le nouveau référentiel comptable relatives à la liste et au contenu des comptes dont l'analyse des comptes de la clientèle (classe 2) a été récapitulée en **annexe 9.2**.

Les exemples de programmes de travail relatifs à ce cycle sont présentés en **annexe 15.3**.

En outre, les dépôts de la clientèle sont concernés par les informations à donner dans les notes annexes aux états financiers annuels pour lesquelles nous avons proposé une feuille de travail relative à leur contrôle présentée en **annexe 7**.

3.4. Opérations financières

Constitué des principales rubriques comptables des états financiers ci-après, le cycle « opérations financières » fait partie des cycles plus affectés par la révision du Plan Comptable Bancaire[75] :

- à l'actif du bilan :
  - effets publics et valeurs assimilées,
  - obligations et autres titres à revenu fixe,
  - actions et autres titres à revenu variable,
  - participation et autres titres détenus à long terme,
  - part dans les entreprises liées,
  - comptes de régularisation liés à ces postes (décotes ou primes, coupons courus, etc.)[76],
- des engagements donnés et reçus dans le cadre d'opérations sur titres,
- des produits et charges liés à ces postes du bilan et du hors-bilan.

Au sujet de la liste et du contenu des comptes, les évolutions entre l'ancien et le nouveau référentiel comptable relatives aux comptes de titres (pouvant appartenir à la classe 3 ou à la classe 4) ont été présentées en **annexes 9.3** et **9.4**.

---

[75] L'analyse des évolutions de règles et méthodes comptables relatives aux titres détenus par les établissements de crédit est exposée au paragraphe 2.2.1 de la section 2 du chapitre 1 de la deuxième partie du présent ouvrage.

[76] Ces comptes et les règles liés à leurs traitements comptables ont été créés avec l'avènement du nouveau référentiel.

Les exemples de programmes de travail relatifs à ce cycle sont présentés en **annexe 15.4**. Les procédures nouvelles ou modifiées suite aux changements de règlementation sont mises **en couleur**.

En outre, le cycle « opérations financières » est concerné par les informations à donner dans les notes annexes aux états financiers annuels pour lesquelles nous avons proposé une feuille de travail relative à leur contrôle présentée en **annexe 7**.

3.5. Capitaux propres et assimilés et provisions pour risques et charges

Ce cycle est constitué des principales rubriques comptables du passif des états financiers ci-après :

- provisions pour risques et charges (engagements de départ à la retraite, provisions pour litiges, etc.),
- emprunts et titres subordonnés,
- capitaux propres et ressources assimilés,
- charges liées à ces postes du bilan.

Les principaux changements enregistrés sur ce cycle sont au nombre de deux (02), à savoir :

- l'annulation des fonds pour risques bancaires généraux ;
- l'obligation d'évaluation et de comptabilisation des engagements de départs à la retraite.

En outre, les évolutions entre l'ancien et le nouveau référentiel comptable relatives à la liste et au contenu des comptes du présent cycle (classe 5) sont analysées en **annexe 9.5**.

Les exemples de programmes de travail relatifs à ce cycle sont présentés en **annexe 15.5**. Les procédures nouvelles ou modifiées suite aux changements de règlementation sont mises **en couleur**.

En outre, les capitaux propres et assimilés ainsi que les provisions sont concernés par les informations à donner dans les notes annexes aux états financiers annuels pour lesquelles nous avons proposé une feuille de travail relative à leur contrôle présentée en **annexe 7**.

3.6. Questionnaires d'audit sur le contrôle interne et réponses aux risques diffus

3.6.1. Questionnaires d'audit sur le contrôle interne

D'après le référentiel COSO, « *le contrôle interne est un processus mis en œuvre par le conseil d'administration, les dirigeants et le personnel d'une organisation, destiné à fournir l'assurance raisonnable quant à la réalisation d'objectifs liés aux opérations, au reporting et à la conformité* »[77].

---

[77] Extrait du § 27875 du Mémento Audit 2018-2019, Editions Francis Lefebvre, septembre 2017.

Selon l'Autorité des marchés financiers (en France), le contrôle interne comprend un ensemble de moyens, de comportements, de procédures et d'actions adaptés aux caractéristiques propres de chaque société visant :

- la conformité aux lois et règlements,
- l'application des instructions et des orientations fixées par la direction générale,
- le bon fonctionnement des processus internes de la société, notamment ceux concourant à la sauvegarde de ses actifs,
- la fiabilité de l'information financière.

Comme exposé au paragraphe 2.2 de la section 2 du chapitre 2 de la première partie de ce livre, les établissements de l'UMOA doivent adopter une organisation de contrôle interne conforme à la circulaire N°03-2017/CB/C adoptée le 27 septembre 2017 et entrant en vigueur à compter du 02 juillet 2018. Ils doivent également mettre œuvre une organisation interne leur permettant de se conformer aux circulaires ci-après, entrant en vigueur à la même date :

- circulaire N°01-2017/CB/C relative à la gouvernance des établissements de crédit et des compagnies financières de l'UMOA,
- circulaire N°04-2017/CB/C relative à la gestion des risques dans les établissements de crédit et les compagnies financières de l'UMOA,
- circulaire N°05-2017/CB/C relative à la gestion de la conformité aux normes en vigueur par les établissements de crédit et les compagnies financières de l'UMOA.

A notre avis, les commissaires aux comptes peuvent désormais analyser l'organisation générale du contrôle interne des établissements de crédit en évaluant le niveau de mise en œuvre de ces circulaires. C'est la raison pour laquelle, nous proposons les questionnaires présentés en **annexes 3, 4, 5** et **6**.

D'autres travaux sur le contrôle interne pertinent pour l'audit des états financiers, d'après nos analyses, sont illustrés à travers les exemples de tests de procédures **TP 1** à **26** présentés dans les annexes **15.1** à **15.5**.

3.6.2. Réponses aux risques diffus

Afin de répondre aux risques diffus sur les états financiers identifiés dans la section 2 du présent chapitre, nous vous proposons, en complément des procédures décrites au paragraphe 1.5.4 de la section 1 du présent chapitre, les travaux listés dans l'**annexe 16**.

Le tableau de cette annexe peut être complété notamment par trois colonnes comprenant :

- des liens avec les travaux effectués,
- les noms de la / des personne(s) ayant réalisé ces travaux,
- les conclusions issues de ces travaux.

Chapitre 2 : Travaux spécifiques et finalisation de la mission de commissariat aux comptes

Le passage au PCB révisé et au nouveau dispositif prudentiel couplé avec le changement du référentiel de droit commun (SYSCOHADA) constitue une véritable mutation pour les établissements. Nous avons démontré précédemment que cette mutation accroit les risques d'anomalies significatives pour les commissaires aux comptes, en raison de la complexité des nouvelles règles et méthodes comptables convergeant vers les normes internationales. Cet accroissement est également dû d'une part, à l'environnement des établissements financiers (faible développement des marchés financiers, difficultés à obtenir certaines informations ou statistiques nécessaires aux analyses économiques, etc.) et, d'autre part, à leur faible niveau de préparation.

L'accroissement des risques ayant pour corollaire une augmentation significative des travaux à réaliser par les commissaires aux comptes[78], nous développons dans la section 1 de ce chapitre, les adaptations ainsi que le complément de procédures à mettre en œuvre au titre du premier exercice. La section 2 présente, ensuite, les diligences spécifiques nécessaires pour couvrir le risque de fraude et quelques outils et techniques de contrôle que nous proposons aux professionnels. Enfin, la section 3 est consacrée aux travaux de finalisation spécifiques à l'audit légal des établissements de l'UMOA.

Section 1 : Diligences spécifiques au titre du premier exercice de l'entrée en vigueur du PCB révisé et du nouveau dispositif prudentiel

1.1. Diligences spécifiques liées à l'entrée en vigueur du PCB révisé

1.1.1. Au titre de la revue de la transition

Le commissaire aux comptes prend connaissance des travaux menés par l'établissement en vue du passage du PCB vers le PCB révisé. Cette prise de connaissance s'effectuant à l'aide d'entretiens et de revue de la documentation permet d'analyser la réalisation des tâches minimales ci-après :

- existence, composition et compétences de l'équipe projet ;
- identification des divergences entre PCB et PCB révisé applicables à l'établissement ;

[78] Nous analysons les changements de réglementations comptable et prudentielle chez les établissements de crédit de l'UMOA, à l'image du passage vers les IFRS opéré dans l'espace de l'Union Européenne, à partir du 1er janvier 2005, pour les comptes consolidés des sociétés dont les titres sont admis en négociation sur un marché réglementé d'un Etat membre. En France, la CNCC avait émis, dans ce cadre, une étude technique intitulée « Le Commissaire aux comptes et le passage aux IFRS ». Ledit document établit un accroissement des risques et des travaux pour les commissaires aux comptes.

- mise à jour du plan comptable implémenté dans le système d'information[79] ;
- choix des options comptables du PCB révisé et informations à fournir dans les notes annexes[80] ;
- formation du personnel ;
- adaptation des systèmes d'information ;
- tests des procédures spécifiques mises en place ;
- simulation des effets de la première application du nouveau référentiel ;
- gestion de la communication avec les parties prenantes, notamment les autorités de régulation.

Nous notons que le commissaire aux comptes ne participe pas à la définition du plan de transition et n'émet pas d'opinion sur ce plan, mais il peut effectuer des prestations entrant dans le cadre des services autres que la certification des comptes.

La prise de connaissance permettra au commissaire aux comptes d'évaluer le niveau d'importance des nouveaux risques, récapitulés dans le précédent chapitre, applicables à l'établissement et d'adapter la stratégie et les diligences proposées pour y répondre.

1.1.2. Au titre du changement de réglementation comptable

L'instruction N°023-11-2016 de la BCEAO relative aux modalités de première application du PCB révisé de l'UMOA établit la date de transition au 1er janvier 2017 et fait obligation aux établissements de :

- procéder au retraitement de leurs états financiers de l'exercice 2017 conformément au PCB révisé (article 2 de l'instruction) ;
- appliquer les mêmes méthodes comptables dans les bilan et hors-bilan d'ouverture au 1er janvier 2017 et pour l'exercice 2018 (article 3 de l'instruction) ;
- comptabiliser les ajustements issus des différences de méthodes, qui sont liés à des transactions antérieures au 1er janvier 2017, directement en report à nouveau (article 4 de l'instruction) ;
- élaborer des états financiers au 31 décembre 2017 conformément aux dispositions du PCB révisé (article 5 de l'instruction).

Il résulte alors des dispositions de cette instruction que les établissements présentent des états financiers pro forma d'ouverture (bilan et hors-bilan) au 1er janvier 2017 et de clôture (bilan, hors-bilan et compte de résultat) au 31 décembre 2017 en appliquant la méthode rétrospective avec impact sur les capitaux propres, soit la méthode préconisée par la norme IFRS 1.

Le commissaire aux comptes doit vérifier le respect de ces dispositions réglementaires au moment de sa première intervention après la révision,

---

[79] Nous avons synthétisé en annexe 9 l'analyse des divergences entre le PCB et le PCB révisé en ce qui concerne la liste et le contenu des comptes.

[80] Nous proposons en annexe 7 un questionnaire de contrôle notamment des informations en notes annexes étant donné qu'on est passé d'une présentation descriptive sans standard (ancien PCB) à une présentation sous forme de vingt-sept (27) tableaux standardisés (nouveau PCB). (Voir analyse menée au paragraphe 1.2 du chapitre 1 de la deuxième partie du présent ouvrage).

c'est-à-dire celle portant sur les états financiers de l'exercice 2018. Ce sont ces vérifications que nous appelons ici « revue des comptes pro forma ».

1.1.3. Au titre de la revue des comptes pro forma

Considérant que les états financiers des exercices 2016 et 2017 établis selon l'ancien PCB ont déjà fait l'objet d'une certification par les commissaires aux comptes, le rôle de la direction est de présenter de nouveaux états financiers après comptabilisation des retraitements destinés à corriger les divergences entre le PCB et le PCB révisé.

Le rôle du commissaire aux comptes, à notre avis, est de s'assurer que ces divergences ayant un impact significatif sur les comptes de l'exercice 2018 ont été pris en considération par l'établissement. Il vérifie ensuite que les informations d'importance significative ont été présentées dans les notes annexes.

1.1.3.1. Revue de la comptabilisation des divergences entre PCB et PCB révisé

Les principales divergences que nous avons identifiées s'analysent comme suit :

1. **Déclassement, évaluation et dépréciation des créances en souffrance** : Les règles de déclassement et de dépréciation des créances en souffrance ont été révisées. Par exemple : dans l'ancien PCB, tous les crédits amortissables devraient être déclassés à partir de six (06) mois d'impayés. Le nouveau PCB a porté cette durée à trois (03) mois, à l'exception de la clientèle des PME/PMI, l'Etat et les organismes publics[81].

2. **Répartition des créances restructurées :** l'ancien PCB n'était pas suffisamment clair sur la classification comptable des créances restructurées. Le PCB révisé clarifie la classification des créances restructurées et précise les durées et conditions dans lesquelles ces créances doivent être reclassées en créances saines ou douteuses. (Voir l'analyse au paragraphe 2.1.3 du chapitre 1 de la deuxième partie du présent livre).

3. **Répartition des créances douteuses et litigieuses :** l'ancien PCB ne précisait pas les délais et conditions dans lesquels une créance douteuse ou litigieuse devrait être reclassée en créances saines ou passée en pertes. Le PCB révisé apporte ces précisions. (Voir l'analyse au paragraphe 2.1.3 du chapitre 1 de la deuxième partie du présent livre)

4. **Constatation des créances irrécouvrables :** Il s'agit d'une nouvelle disposition du PCB révisé. (Voir l'analyse au paragraphe 2.1.3 du chapitre 1 de la deuxième partie du présent livre).

5. **Evaluation des commissions reçues et coûts marginaux et leur amortissement** : Il s'agit d'une nouvelle disposition du PCB

---

[81] Pour plus de détails, une synthèse des nouvelles règles de déclassement et de dépréciation des engagements a été présentée dans le tableau 9 du présent livre.

révisé. (Voir l'analyse au paragraphe 2.1.2 du chapitre 1 de la deuxième partie du présent livre).

6. **Evaluation des décotes des créances restructurées et leur amortissement** : Il s'agit d'une nouvelle disposition du PCB révisé. (Voir l'analyse au paragraphe 2.1.3.3 du chapitre 1 de la deuxième partie du présent livre).
7. **Reclassements et ajustements éventuels sur les titres :** les règles de classification et d'évaluation des titres ont été révisées. (Voir l'analyse au paragraphe 2.1.1 du chapitre 1 de la deuxième partie du présent livre).
8. **Affectation des frais d'établissement** : Ces frais ne répondent plus à la définition d'actif dans le PCB révisé. (Voir l'analyse au paragraphe 1.1.4 du chapitre 1 de la deuxième partie du présent livre).
9. **Affectation des charges à répartir sur plusieurs exercices** : Traitement identique à celui des frais d'établissement.
10. **Affectation des frais d'acquisitions d'immobilisations** : Traitement identique à celui des frais d'établissement.
11. **Comptabilisations des immobilisations mises / reçues en location** : l'instruction N°027-11-2016 de la BCEAO relative à la comptabilisation des différents types de contrats de location précise les critères pouvant entrainer la requalification d'un contrat de location simple en contrat de location-financement. Ces critères inspirés des normes internationales (IAS 17) n'étaient pas définis dans l'ancien PCB.
12. **Reclassement des subventions d'investissement** : Antérieurement considérées comme des ressources longues, le PCB révisé préconise désormais l'enregistrement de ces subventions dans un compte de régularisation – passif. A noter que les établissements reçoivent très rarement des subventions.
13. **Affectation des fonds pour risques bancaires généraux** : le PCB révisé n'admet plus l'enregistrement de ce type de provisions et le code comptable prévu antérieurement pour son enregistrement a été supprimé. (Voir l'analyse au paragraphe 1.1.4 du chapitre 1 de la deuxième partie du présent livre et dans l'**annexe 9.5**).
14. **Évaluation et comptabilisation des indemnités de départ à la retraite** : Aucune instruction de la BCEAO n'a été définie dans le cadre de ces provisions. Cependant, l'exigence de leur comptabilisation est issue du SYSCOHADA révisé, référentiel de droit commun, entrant en vigueur à compter du 1er janvier 2018. (Voir l'analyse à la section 3 du chapitre 1 de la deuxième partie du présent livre).
15. **Reclassement du personnel intérimaire :** Traitement identique à celui des engagements de départ à la retraite.

Le commissaire aux comptes vérifiera, si applicable, la réalisation exhaustive de ces retraitements requis et s'assurera de leur correcte comptabilisation.

1.1.3.2. Vérification des notes annexes

Le commissaire aux comptes vérifiera aussi la présentation et l'intelligibilité dans les notes annexes des informations requises par le nouveau référentiel comptable ainsi que des informations nécessaires à la description du changement de réglementation comptable et des choix comptables opérés dans le PCB révisé.

1.1.4. Exemples de divergences nécessitant des changements de procédures ou des systèmes d'information

Certaines des divergences listées ci-dessus nécessitent, à notre avis, des changements dans les procédures et les systèmes d'information. Il s'agit notamment des éléments présentés dans le tableau figurant à la page suivante :

Tableau 14 : Exemples de divergences nécessitant des changements de procédures ou des systèmes d'information

Divergences	Changements	
	de procédures	des systèmes d'informations
Déclassement, évaluation et dépréciation des créances en souffrance	X	X
Répartition des créances restructurées	X	X
Répartition des créances douteuses et litigieuses	X	X
Constatation des créances irrécouvrables		X
Evaluation des commissions reçues et coûts marginaux et leur amortissement	X	X
Evaluation des décotes des créances restructurées et leur amortissement	X	X
Reclassements et ajustements éventuels sur les titres	X	X
Comptabilisations des immobilisations mises / reçues en location	X	X
Évaluation et comptabilisation des indemnités de départ à la retraite	X	X
Reclassement du personnel intérimaire		X

1.1.5. Incidences sur le rapport des commissaires aux comptes

En cas de constat d'anomalies relevées à l'issue de la revue des comptes pro forma, le commissaire aux comptes en apprécie l'incidence sur les états financiers de l'exercice 2018 en suivant le raisonnement proposé dans le schéma en **annexe 17**.

1.2. Diligences spécifiques liées à l'entrée en vigueur du nouveau dispositif prudentiel

1.2.1. Liens entre le commissariat aux comptes et les informations prudentielles

1.2.1.1. Diligences classiques requises

Afin d'identifier les diligences à mener par les commissaires aux comptes sur les informations prudentielles, en l'absence d'orientation spécifique dans les espaces OHADA ou UMOA, nous nous référons à une doctrine de la

Compagnie Nationale des Commissaires aux Comptes (CNCC) publiée le 15 décembre 2011 (CNCC N°165-2012). Cette note oriente les travaux des commissaires aux comptes comme récapitulé dans le **tableau 15** à la page suivante.

Tableau 15 : Diligences du commissaire aux comptes (CAC) sur les informations prudentielles[82]

Description de la situation	Nature des diligences	Cas
Informations prudentielles présentées dans le rapport de gestion[1]	Le CAC n'a pas à vérifier les autres informations figurant dans le rapport de gestion et dans les autres informations adressées à l'organe appelé à statuer sur les comptes. Sa lecture de ces informations lui permet toutefois de relever, le cas échéant, celles qui lui apparaissent manifestement incohérentes. Lorsqu'il procède à cette lecture, le commissaire aux comptes exerce son esprit critique en s'appuyant sur sa connaissance de l'entité, de son environnement et des éléments collectés au cours de l'audit et sur les conclusions auxquelles l'ont conduit les contrôles qu'il a menés.	Cas 1
Informations prudentielles présentées dans le document de référence mis à la disposition des actionnaires	Traitement identique au Cas 1.	Cas 2
Informations prudentielles présentées dans le document de référence non mis à la disposition des actionnaires	Lecture d'ensemble. En pratique, il s'agit de diligences équivalentes pour les informations prudentielles figurant dans le rapport de gestion. Cas 1	Cas 3
Informations prudentielles présentées dans l'annexe[2]	- Détermination de seuils de signification spécifiques aux informations prudentielles - Prise de connaissance de l'environnement de contrôle interne : fiabilité et délai de production des informations - Diligences sur les modèles de calcul des ratios présentés au chapitre 2 de la deuxième partie de cet ouvrage - Contrôle de substance sur les opérations complexes et significatives - Vérification des informations données dans l'annexe sur les modalités d'élaboration.	Cas 4

1 : Les diligences requises proviennent de la NEP 9510 qui est une norme spécifique au cadre français. L'OHADA a réalisé une transposition des normes ISA (règlement N°01/2017/CM/OHADA) et appliquera donc la norme ISA 720 révisé.
2 : En France (NEP 700), comme dans l'OHADA (ISA 700), les normes sur le rapport des commissaires aux comptes sur les comptes annuels ou les états financiers ne traitent pas spécifiquement, à ce jour, du cas des informations additionnelles, non requises par le référentiel comptable, qui seraient dans les notes annexes aux états financiers.
Dès lors qu'une information figure dans les notes annexes aux états financiers et revêt une importance significative, il appartient aux commissaires aux comptes de collecter des éléments suffisants et appropriés concernant cette information, qui devient une des composantes des comptes et est donc couverte par l'opinion des commissaires aux comptes exprimée sur les comptes pris dans leur ensemble.

[82] Ce tableau est inspiré de celui présenté dans le Mémento Audit 2018-2019, Editions Francis LEFEBVRE, septembre 2017, § 78145.

1.2.1.2. Finalisation des travaux et rapport des commissaires aux comptes

A l'issue des diligences décrites dans le **tableau 15** ci-après, le commissaire aux comptes conclut ses travaux comme suit :

Cas 1 : Si le commissaire aux comptes identifie une incohérence dans les informations prudentielles figurant dans le rapport de gestion ou dans les autres documents relatifs à la situation financière et aux comptes, il formule une observation dans la deuxième partie de son rapport sur les états financiers.

Cas 2 : Traitement identique au Cas 1.

Cas 3 : Toute incohérence manifeste identifiée dans l'information prudentielle figurant dans le document de référence sera indiquée dans la lettre de fin de travaux transmise à l'établissement.

Cas 4 : Au préalable, le commissaire aux comptes obtient du représentant légal de l'entité une formulation écrite des déclarations qu'il estime nécessaires de recevoir dans le cadre de son intervention. Ces déclarations peuvent être, soit présentées de manière distincte des déclarations obtenues dans la lettre d'affirmation générale (ISA 580), soit être insérées dans cette dernière.
Lorsque le commissaire aux comptes a relevé, dans le cadre de ses travaux, des anomalies significatives, il s'interroge sur les conséquences sur son opinion et sur la nécessité de formuler une réserve.
Il doit s'interroger sur la nécessité d'effectuer, le cas échéant, du fait de la formulation d'une réserve, un rapport circonstancié à adresser aux autorités de régulation. (Article 6 de la circulaire N°04-2011/CB/C de la Commission Bancaire)

1.2.1.3. Intégration des résultats dans les données prudentielles

Lorsque l'établissement souhaite inclure son résultat annuel ou intermédiaire dans la détermination de ses ratios prudentiels, notamment le CET1[83], il doit satisfaire les exigences ci-après (paragraphes 17, 18 et 19 du nouveau dispositif prudentiel en vigueur à compter du 1er janvier 2018) :

- ***Pour la prise en compte du résultat intermédiaire***, l'établissement transmet à la BCEAO et à la Commission Bancaire, un rapport d'examen limité signé par les commissaires aux comptes présentant qu'ils n'ont pas relevé de faits laissant penser que le résultat ne donne pas une image fidèle des activités du semestre écoulé.
- ***Pour la prise en compte du résultat de fin d'exercice non affecté***, l'établissement transmet aux mêmes organes une attestation signée par les commissaires aux comptes précisant que rien ne permet de penser que le rapport final comportera un avis assorti de réserve.

1.2.2. Conséquences sur la mission des commissaires aux comptes

Les obligations issues des textes normatifs et réglementaires cités ci-dessus amènent les commissaires aux comptes à effectuer un ensemble de

[83] Nous avons procédé à l'analyse des composantes de ce ratio dans le paragraphe 1.1.3.1 du chapitre 2 de la deuxième partie du présent livre.

diligences lors d'un changement de réglementation prudentielle. Il s'agit essentiellement de vérifier :

- l'existence, la composition et les compétences de l'équipe projet ;
- l'identification par l'établissement des divergences entre l'ancien et le nouveau dispositif prudentiel ;
- les adaptations dans les systèmes d'information ;
- les choix de méthodes opérés par les établissements en ce qui concerne la détermination des ratios ;
- la formation du personnel ;
- les tests des procédures spécifiques mises en place ;
- la gestion de la communication avec les parties prenantes, notamment les autorités de régulation.

D'autres diligences spécifiques peuvent être complétées en fonction des cas décrits dans le **tableau 15** ci-dessus.

Section 2 : Diligences spécifiques au risque de fraude et propositions de quelques outils et techniques de contrôle

2.1. Diligences spécifiques aux risques de fraude

Afin de répondre aux risques de fraude identifiés précédemment (section 2 du précédent chapitre, **Notes 1**, **2**, **3**, **4**, **5**, **6** et **7**), le commissaire aux comptes dispose d'une batterie de diligences menées en complément des travaux listés dans les **annexes 15.1** à **15.5 et 16**. Ces diligences, généralement réalisées en collaboration avec un spécialiste des systèmes d'information (ISA 620), comprennent notamment (liste non exhaustive d'exemples de procédures) :

Au titre de la revue des contrôles informatiques

- la revue des habilitations et des profils des personnes autorisées à enregistrer des écritures (vérification de la séparation des fonctions, des interdictions à enregistrer certaines écritures, les niveaux de validation des écritures initiées, la désactivation des droits des utilisateurs indisponibles, etc.),
- l'analyse des possibilités de reconstitution de la piste d'audit,
    - la vérification de l'existence de mouchards en cas de consultation des soldes d'une certaine catégorie de clients par une certaine catégorie de personne, la comptabilisation de certaines écritures (écritures enregistrées au-delà d'une certaine heure, les week-end, les jours fériés, etc.), etc.

Au titre de la revue des journaux d'écritures comptables

- la prise de connaissance des journaux comptables,
- l'identification des journaux recueillant des écritures d'inventaire et des opérations non courantes[84],

[84] Ce type d'écritures est généralement appelé écritures en « free format » : Dans le secteur bancaire, l'essentiel des écritures étant enregistré par le système d'information ou par l'homme

- la prise de connaissance du processus d'enregistrement des écritures dans ces journaux,
- l'évaluation de ce processus,

<u>Au titre de la revue d'une certaine catégorie d'écritures comptables</u>

- l'obtention de la liste des écritures avec l'affichage au minimum de champs ou colonnes présentés en **annexe 18** ;
- l'exportation de la liste des écritures obtenues vers une application d'analyse de données (ACL par exemple) ;
- la vérification de la cohérence de la liste des écritures obtenues : équilibre entre le total débit et le total crédit ;
- la recherche de la présence d'écritures sans nom d'utilisateur ;
- la recherche d'écritures enregistrées par le Directeur Financier ;
- la recherche d'écritures enregistrées par un informaticien ;
- la recherche d'écritures enregistrées le samedi, le dimanche ou un jour férié ;
- la recherche d'utilisateurs ayant enregistré le moins d'écritures ;
- la recherche d'écritures enregistrées sans libellé ;
- la recherche d'écritures enregistrées avec un numéro de compte incorrect ou erroné ;
- la recherche d'écritures dont les montants se terminent par 3333, 3334, 6666, 6667 ;
- la recherche d'écritures dont le libellé comporte certains mots clés ;
- Etc.

Les résultats des recherches effectuées sont ensuite investigués sur la base d'entretiens et de la revue des pièces comptables.

2.2. Propositions de quelques outils ou techniques de contrôle

Afin d'aider à la documentation des dossiers d'audit des commissaires aux comptes, nous proposons en **annexe 19** les exemples de papiers de travail, à jour des nouvelles réglementations comptable et prudentielle, ci-après :

1. Papier de revue de dossier de crédit (**annexe 19.1**) ;
2. Papier de revue globale des engagements à partir des états d'exceptions (**annexe 19.2**) ;
3. Papier de détermination et d'étalement des commissions reçues et coûts marginaux (**annexe 19.3**) ;
4. Papier de détermination des décotes sur créances restructurées et leur amortissement (**annexe 19.4**) ;
5. Papier de valorisation du portefeuille des titres détenus par l'établissement (**annexe 19.5**).

---

mais à travers un schéma d'écritures préétabli, les écritures comptables n'entrant dans aucune de ces deux (02) catégories sont traitées d'écritures en « free format ».

Section 3 : Travaux relatifs à la vérification du respect de la réglementation et travaux de finalisation

3.1. Travaux relatifs au respect de la règlementation

La principale mission du commissaire aux comptes consiste à donner une opinion sur les états financiers annuels. Au niveau du secteur bancaire de l'UMOA, cette mission est étendue à l'examen de : l'organisation interne de l'établissement, le fonctionnement de ses organes sociaux, l'exercice du contrôle, la qualité du système d'information, la gestion et la qualité des risques ainsi que le respect de la réglementation prudentielle. (Article 6 de la circulaire N°04-2011/CB/C de la Commission Bancaire).

En outre, le commissaire aux comptes est tenu, conformément à la norme ISA 250, de prendre en considération l'environnement législatif et réglementaire applicable à l'établissement. Cette norme distingue à son paragraphe six (06), deux (02) catégories d'obligations de l'auditeur quant au respect des textes législatifs et réglementaires :

(a) *« les dispositions des textes législatifs et réglementaires, telles que celles ayant trait à la fiscalité et aux retraites par exemple, dont il est généralement admis qu'elles ont une incidence directe sur la détermination des données chiffrées significatives enregistrées dans les états financiers et sur l'information fournie dans ceux-ci » ; et*

(b) *« les autres textes législatifs et réglementaires qui n'ont pas d'incidence directe sur la détermination des données chiffrées enregistrées dans les états financiers et de l'information fournie dans ceux-ci, mais dont le respect peut être essentiel pour certains des aspects opérationnels de l'activité, ou pour qu'une entité soit à même de poursuivre ses activités, ou encore pour éviter de lourdes pénalités (par exemple le respect des termes d'un accord de licence, de ratios de solvabilité, ou de la réglementation sur l'environnement) ; le non-respect de tels textes législatifs et réglementaires peut en conséquence avoir une incidence significative sur les états financiers. »*

Pour la catégorie identifiée au paragraphe (a), l'auditeur a l'obligation de recueillir des éléments probants suffisants et appropriés concernant le respect des dispositions des textes législatifs et réglementaires. Pour celle mentionnée au paragraphe (b), la responsabilité de l'auditeur se limite à la mise en œuvre de procédures d'audit spécifiques visant à identifier les cas de non-respect des textes législatifs et réglementaires qui peuvent avoir une incidence significative sur les états financiers.

Nous présentons dans l'**annexe 2** de cet ouvrage une liste non exhaustive des textes législatifs et réglementaires applicables aux établissements de l'UMOA. Cette liste peut servir de guide aux professionnels au cours de leurs travaux de revue du respect de la réglementation.

3.2. Travaux de finalisation

La finalisation de la mission du commissaire aux comptes se matérialisera par la réalisation des diligences ci-après :
- Synthèse des travaux et évaluation des inexactitudes (ISA 450);
- Matérialisation des vérifications spécifiques et contrôle des états financiers ;
- Revue finale des comptes ;
- Questionnaire de fin de mission ;
- Revue des évènements post-clôture (ISA 560) ;
- Obtention de déclaration du représentant légal de l'établissement (ISA 580) ;
- Revue indépendante du dossier d'audit, y compris les projets de rapports (ISA 220) ;
- Emission du rapport du commissaire aux comptes sur les états financiers annuels (ISA 700) et des autres rapports prévus par les dispositions légales et règlementaires.

Enfin, l'**annexe 20** présente la synthèse de la démarche que nous proposons aux professionnels de l'audit des établissements de l'UMOA.

CONCLUSION

Le présent ouvrage est consacré à l'adaptation de la démarche des commissaires aux comptes des établissements de l'UMOA, aux changements induits par les nouvelles réglementations comptable et prudentielle en vigueur depuis le 1er janvier 2018. Il s'inscrit dans un contexte de convergence progressive vers les normes internationales aux niveaux comptable et prudentiel.

Afin de réaliser cette adaptation, nous sommes partis des exposés de l'environnement réglementaire des établissements et des nouvelles exigences en matière de gouvernance et du contrôle interne qui leur sont imposées, pour aboutir aux analyses du PCBR et du nouveau dispositif prudentiel.

Au fur et à mesure de ces exposés et analyses, plusieurs risques et faits impactant la démarche de l'audit ont été mis en évidence. Ces risques ont ensuite fait l'objet d'une évaluation afin de déterminer les diligences et outils nécessaires à leur couverture. Les constats issus des travaux sont, entre autres :

- Les règles de fonctionnement du contrôle interne et des organes de gouvernance ont été renforcées. La correcte application de ces nouvelles règles est censée faciliter le travail aux commissaires aux comptes.
- Le PCB révisé, comparativement à l'ancien PCB, présente plusieurs innovations, à savoir la définition d'un cadre conceptuel, la refonte du format des états financiers, etc. Ces innovations ont des impacts sur la mission de commissaire aux comptes.
- Les principales rubriques comptables, notamment les créances sur la clientèle et les titres détenus par les établissements, ont connu une révision complète en ce qui concerne leurs règles de classification et d'évaluation. Plusieurs cas de convergence de ces règles vers les normes comptables internationales sont relevés. Sachant notamment que ces normes sont plus complexes que les règles appliquées jusqu'au 31 décembre 2017, les risques d'anomalies significatives au niveau des états financiers et des assertions d'audit se sont accrus.
- Outre le PCB révisé, la mise en œuvre du nouveau dispositif prudentiel nécessite plusieurs changements dans l'organisation comptable, informatique ou encore des ressources humaines. Ces changements sont également de nature à accroître les risques d'anomalies significatives.

En somme, les commissaires aux comptes des établissements sont confrontés à de nouveaux risques et obligations nés des changements opérés aux niveaux des réglementations comptables et prudentielle.

Bien que le renforcement des règles de gouvernance et de contrôle interne entraînera une atténuation des risques liés au contrôle, la complexité des nouvelles règles d'évaluation et de comptabilisation des actifs accroît les risques d'anomalies significatives au niveau des assertions d'audit et des états financiers.

Les titres détenus par les établissements, représentant en moyenne 25% de leurs actifs d'après les statistiques agrégés du secteur, obéissent à de nouvelles règles d'évaluation et de comptabilisation faisant appel, par exemple, à la notion de valeur de marché. Le faible développement des marchés financiers dans l'espace UMOA est de nature à augmenter les risques liés à la correcte évaluation des titres.

Les créances sur la clientèle, représentant en moyenne 63% des actifs des établissements, ont également connu une refonte complète de leurs règles de déclassement et de dépréciation. Par exemple, les crédits amortissables étaient déclassés et dépréciés à partir de six (06) mois d'impayés dans l'ancien référentiel comptable. Ce délai est porté à trois (03) mois dans le nouveau référentiel, sauf pour les crédits à la clientèle des PME/PMI, l'Etat et les organismes publics. Ces règles plus contraignantes, transposées des normes internationales, sont de nature à accroître les risques d'anomalies significatives relatifs à l'évaluation et à l'imputation des créances.

Outre les règles et méthodes comptables, le renforcement des exigences en fonds propres établi par le nouveau dispositif prudentiel accroît les risques d'anomalies au niveau des états financiers. En effet, dans le cadre d'une convergence vers l'accord de Bâle 2, le risque de marché et le risque opérationnel ont été intégrés, en plus du risque de crédit, aux exigences de fonds propres des établissements. De plus, les critères de pondération des expositions revus et affinés requièrent des modifications significatives des systèmes d'information et ressources humaines.

Nous avons tenté de proposer une adaptation de la démarche de l'audit légal pour répondre aux risques identifiés. Ainsi, dans le présent ouvrage, nous proposons de nombreux outils aux professionnels dont les principaux comprennent les apports ci-après :

- Quatre (04) questionnaires de prise de connaissance et d'évaluation de l'environnement général de contrôle interne des établissements (**annexes 3** à **6**). Ces questionnaires ont été conçus sur la base des nouvelles circulaires de la Commission Bancaire entrées en vigueur depuis le 2 juillet 2018 ;
- Une feuille de travail de documentation des contrôles relatifs aux états financiers (**annexe 7**). Cette feuille de travail a été établie sur la base du nouveau format des états financiers et des informations d'importance significative préconisés par le PCBR et ses instructions d'application ;
- Des tableaux comparatifs mettant en évidence les évolutions entre le PCB et le PCB révisé en terme de liste et de contenu des comptes (**annexe 9**) ;
- Des exemples d'identification des comptes et des flux de transactions significatifs (**annexe 14**) avec des exemples de

programmes de travail directement exploitables dans les dossiers d'audit (**annexe 15**) ;
- Des exemples de diligences à mettre en œuvre sur les informations prudentielles (**tableau 15**) ;
- Des exemples de réponses aux risques diffus au niveau des états financiers (**annexe 16**) ;
- Une proposition de raisonnement à suivre en cas d'anomalie identifiée sur les états financiers pro forma (**annexe 17**) ;
- Cinq (05) exemples de feuilles de travail conçues sur la base des nouvelles règles et méthodes issues des nouvelles réglementations. Ces feuilles sont directement exploitables dans les dossiers d'audit (**annexe 19**).

Enfin, le tableau en **annexe 20** présente une synthèse de la démarche proposée. Ce tableau présente également des liens vers les paragraphes du livre lorsqu'il y en a d'applicables.

Pour finir, au regard de l'étendue du sujet et de la complexité de certaines questions, les aspects liés aux comptes consolidés ne sont pas approfondis. Les établissements peuvent, en outre, être confrontés à diverses difficultés de mise en application d'ordre organisationnel, comptable, informatique ou autre. Des études peuvent être menées sur les impacts de la réforme sur les travaux des commissaires aux comptes intervenant au niveau des établissements, sociétés-mère, ou encore sur les difficultés pratiques de mise en application.

BIBLIOGRAPHIE

TEXTES LEGISLATIFS ET REGLEMENTAIRES

Cadre légal et réglementaire de l'UMOA

1. Traité de l'Union Monétaire Ouest Africaine (UMOA) ;
2. Loi cadre portant réglementation bancaire dans l'UMOA ;
3. Conseil des Ministres de l'UMOA, Décision N°013/24/06/2016/CM/UMOA portant dispositif prudentiel applicable aux établissements de crédit et aux compagnies financières de l'Union Monétaire Ouest Africaine (UMOA) et son annexe ;
4. Conseil des Ministres de l'UMOA, Décision N°014/24/06/2016/CM/UMOA relative à la supervision sur base consolidée des établissements de crédit maison-mères et des compagnies financières dans l'Union Monétaire Ouest Africaine (UMOA) ;
5. Banque Centrale des Etats de l'Afrique de l'Ouest (BCEAO), Décision N°357-11-2016 instituant le Plan Comptable Bancaire révisé de l'UMOA, son annexe et les instructions d'application ;
6. Banque Centrale des Etats de l'Afrique de l'Ouest (BCEAO), Plan Comptable Bancaire de l'UMOA en vigueur à compter du 1er janvier 1996 et ses instructions d'application ;
7. Conseil des Ministres de l'UMOA, Dispositif prudentiel applicable aux banques et aux établissements financiers de l'Union Monétaire Ouest Africaine (UMOA) à compter du 1er janvier 2000 ;
8. Banque Centrale des Etats de l'Afrique de l'Ouest (BCEAO), Instruction N°2000/01 RB du 1er janvier 2000 relative aux modalités d'application du dispositif prudentiel des banques et établissements financiers de l'UMOA et ses amendements ;
9. Commission Bancaire de l'UMOA, Circulaire n° 003-2011/CB/C du 4 janvier 2011 relative à l'organisation du système de contrôle interne des établissements de crédit de l'UMOA ;
10. Commission Bancaire de l'UMOA, Circulaire n° 004-2011/CB/C du 4 janvier 2011 relative aux conditions d'exercice du commissariat aux comptes auprès des établissements de crédit de l'UMOA ;
11. Commission Bancaire de l'UMOA, Circulaire N°01-2017/CB/C relative à la gouvernance des établissements de crédit et des compagnies financières de l'UMOA ;
12. Circulaire N°02-2017/CB/C relative aux conditions d'exercice des fonctions d'administrateurs et de dirigeants au sein des établissements de crédit et des compagnies financières de l'UMOA ;
13. Circulaire N°03-2017/CB/C relative au contrôle interne des établissements de crédit et des compagnies financières dans l'UMOA ;
14. Circulaire N°04-2017/CB/C relative à la gestion des risques dans les établissements de crédit et les compagnies financières de l'UMOA ;

15. Circulaire N°05-2017/CB/C relative à la gestion de la conformité aux normes en vigueur par les établissements de crédit et les compagnies financières de l'UMOA.

Cadre légal et réglementaire de l'OHADA

16. OHADA, Acte Uniforme relatif au droit des sociétés commerciales et du groupement d'intérêt économique ;
17. OHADA, Acte Uniforme relatif au droit comptable et à l'information financière ;
18. OHADA, Règlement N°01/2017/CM/OHADA portant harmonisation des pratiques des professionnels de la comptabilité et de l'audit dans les pays membres de l'OHADA et les guides qui l'accompagnent ;

AUTRES

19. Normes ISA, version 2012 et amendements ultérieurs ;
20. CNCC, Table synthétique des normes, Normes d'Exercice Professionnel, version 2014 et amendements ultérieurs ;
21. Fédération Bancaire Française, Les accords de Bâle et leurs conséquences sur l'économie, Juin 2017 ;
22. Cadre conceptuel de l'information financière, 2010 ;
23. IAS 39, Instruments financiers : Comptabilisation et évaluation, 2003 ;
24. IFRS 7, Instruments financiers : Informations à fournir, 2009 ;
25. IFRS 9, Instruments financiers, 2010 ;
(et amendements ultérieurs)

OUVRAGES

26. Odile Barbe et Laurent Didelot, Maîtriser les IFRS, Groupe Revue Fiduciaire, 8ème édition, 2016 ;
27. Dov Ogien, Comptabilité et Audit bancaires, Edition Dunod, 5ème Edition, 2016 ;
28. Editions Francis LEFEBVRE, Mémento Audit et Commissariat aux comptes 2018-2019, septembre 2017 ;
29. CNCC, Le Commissaire aux comptes et le passage aux IFRS, décembre 2005 ;
30. CNCC, Note d'Information N°XV, Le Commissaire aux comptes et l'approche d'audit par les risques, décembre 2016 ;
31. ANC, Recueil des normes comptables françaises – comptes annuels, janvier 2018.

MEMOIRES

32. Sennequier Marie, « Evaluation du risque pays dans un établissement de crédit par ses commissaires aux comptes », 2001, 174 pages ;

33. Fleuret Nicolas, « La réglementation prudentielle bancaire : opportunités et enjeux pour le commissaire aux comptes », 2011, 112 pages ;
34. Vettese-Gue, Olivia « Le commissaire aux comptes face à l'évolution de la gestion du risque de crédit dans les banques françaises », mai 2005, 111 pages ;

ARTICLES ET PUBLICATIONS

35. Banque Centrale des Etats de l'Afrique de l'Ouest (BCEAO), rapports annuels 2015 et 2016 ;
36. Commission Bancaire de l'UMOA, rapports annuels 2015 et 2016 ;
37. Conseil Régional de l'Epargne Publique et des Marchés Financiers (CREPMF), rapports annuels 2015 et 2016 ;
38. Revue Française de Comptabilité, Le nouveau cadre conceptuel de l'IASB, N°522, juillet-août 2018, P. 42-46 ;
39. Revue Française de Comptabilité, La réforme du droit comptable OHADA, RFC N°515, Décembre 2017, P. 60-61

SEMINAIRES

40. Séminaire de vulgarisation des textes transposant les règles de Bâle II et Bâle III dans l'UMOA (Cotonou, le 21 avril 2017) ;
41. Séminaire de vulgarisation du Plan Comptable Bancaire (PCB) révisé de l'UMOA (Lomé, Octobre 2016).

SITES INTERNET

42. BCEAO www.bceao.int, dernière consultation 25 août 2018 ;
43. CREPMF www.crepmf.org, dernière consultation 25 août 2018 ;
44. Banque de Règlements Internationaux (Comité de Bâle) www.bis.org/bcbs, dernière consultation 26 août 2018 ;
45. Fédération des Banques de France www.fbf.fr, dernière consultation 20 août 2018 ;
46. Banque de France www.banque-france.fr, dernière consultation 21 août 2018 ;
47. FocusIFRS.com www.focusifrs.com/, dernière consultation 21 août 2018 ;
48. Organisation pour l'Harmonisation en Afrique du Droit des Affaire www.ohada.com, dernière consultation 23 août 2018 ;

ANNEXES

Annexe 1 : Situation financière agrégée des établissements de l'UMOA

EMPLOIS	31/12/2014	31/12/2015	31/12/2016 (*)	2015-2014	2016-2015
	19 709 672	**23 595 994**	**27 603 318**	**19,7%**	**17,0%**
CREDITS	**12 846 129**	**14 972 661**	**16 847 238**	**16,6%**	**12,5%**
CREDITS A CT	6 593 985	7 584 200	8 105 183	15,0%	6,9%
CREDITS A MT	4 822 289	5 761 265	6 874 526	19,5%	19,3%
CREDITS A LT	467 117	576 307	806 314	23,4%	39,9%
OPERATIONS DE CREDIT-BAIL	132 024	156 779	187 040	18,8%	19,3%
CREDITS EN SOUFFRANCE	830 714	894 110	874 175	7,6%	-2,2%
AUTRES EMPLOIS	**6 863 543**	**8 623 333**	**10 756 080**	**25,6%**	**24,7%**
TITRES DE PLACEMENT	4 556 719	5 822 626	7 391 005	27,8%	26,9%
IMMOBILISATIONS FINANCIERES	751 669	926 173	1 154 268	23,2%	24,6%
AUTRES IMMOBILISATIONS	832 023	975 407	1 092 569	17,2%	12,0%
DIVERS	723 132	899 127	1 118 238	24,3%	24,4%
RESSOURCES	**31/12/2014**	**31/12/2015**	**31/12/2016 (*)**	**2015-2014**	**2016-2015**
	18 839 628	**22 207 470**	**24 500 645**	**17,9%**	**10,3%**
DEPOTS ET EMPRUNTS	**15 889 628**	**18 906 683**	**20 688 510**	**19,0%**	**9,4%**
A VUE	8 108 212	9 890 737	11 070 566	22,0%	11,9%
A TERME	7 781 416	9 015 946	9 617 944	15,9%	6,7%
FONDS PROPRES NETS	**1 739 493**	**1 934 751**	**2 265 295**	**11,2%**	**17,1%**
CAPITAL	1 473 015	1 634 351	1 926 905	11,0%	17,9%
AUTRES	266 478	300 400	338 390	12,7%	12,6%
AUTRES RESSOURCES	**1 210 507**	**1 366 036**	**1 546 840**	**12,8%**	**13,2%**
TRESORERIE & INTERBANCAIRE	**870 044**	**1 388 524**	**3 102 673**	**59,6%**	**123,5%**
DISPONIBILITES	-604 565	-635 578	-649 556	5,1%	2,2%
ETABLISSEMENTS DE CREDIT	1 474 609	2 024 102	3 752 229	37,3%	85,4%

(*) Données provisoires

Source : Extrait du rapport annuel 2016 de la Commission Bancaire de l'UMOA

Annexe 2 : Principaux textes légaux et règlementaires applicables aux établissements de crédit de l'UMOA

N°	Désignation	Entrée en vigueur
I	**Quelques textes communautaires de l'OHADA**	
1	Acte Uniforme portant sur le Droit commercial général	16/05/2011
2	Acte Uniforme relatif au Droit des sociétés commerciales et du groupement d'intérêt économique	05/05/2014
3	Acte Uniforme portant organisation des sûretés	16/05/2011
4	Acte Uniforme portant organisation des procédures simplifiées de recouvrement et des voies d'exécution	10/07/1998
5	Acte Uniforme portant organisation des procédures collectives d'apurement du passif	24/12/2015
6	Acte Uniforme relatif au droit de l'arbitrage	11/06/1999
7	Acte Uniforme relatif aux contrats de transport des marchandises par route	01/01/2004
8	Acte Uniforme sur le Droit des sociétés coopératives	16/05/2011
II	**Quelques textes communautaires de l'UMOA**	
9	Traité de l'Union Monétaire Ouest Africaine	20/01/2007
10	Loi cadre portant réglementation bancaire dans l'UMOA	
11	Convention régissant la Commission Bancaire de l'Union Monétaire Ouest Africaine	06/04/2007
12	Circulaire n° 001-2011/CB/C du 4 janvier 2011 relative à la procédure d'audition des	01/02/2011

N°	Désignation	Entrée en vigueur
	dirigeants, administrateurs et représentants d'actionnaires des établissements de crédit et des systèmes financiers décentralisés de l'UMOA	
13	Instruction n° 013-12/2010/RB du 13 décembre 2010 fixant les montants des pénalités de retard en matière de transmission de documents et renseignements à la Banque Centrale des Etats de l'Afrique de l'Ouest et à la Commission Bancaire de l'Union Monétaire Ouest Africaine	01/01/2011
14	Instruction n° 003-03-2014 du 4 mars 2014 fixant les modalités d'application des sanctions pécuniaires prononcées par la Commission Bancaire de l'Union Monétaire Ouest Africaine	01/01/2004
15	Instruction n° 014-12/2010/RB du 13 décembre 2010 fixant le montant des sanctions pécuniaires applicables aux établissements de crédit par la Commission Bancaire de l'Union Monétaire Ouest Africaine	01/02/2011
III	**Réglementation prudentielle**	
16	Décision N°013/24/06/2016/CM/UMOA portant dispositif prudentiel applicable aux établissements de crédit et aux compagnies financières de l'Union Monétaire Ouest Africaine (UMOA) et son annexe	**01/01/2018**
17	Avis aux banques et établissements financiers n° 04/AC/02 du 31 décembre 2002 relatif au dispositif des accords de classement	01/03/2003
18	Décision n° CM/UMOA/017/09/2012 du 28 septembre 2012 portant autorisation de la BCEAO à créer un Fonds de garantie des	28/09/2012

N°	Désignation	Entrée en vigueur
	dépôts dans les Etats membres de l'Union Monétaire Ouest Africaine (UMOA)	
IV	**Réglementation comptable**	
19	Acte Uniforme relatif au droit comptable et à l'information financière	**01/01/2018**
20	Système Comptable OHADA (SYSCOHADA)	**01/01/2018**
21	Décision N°357-11-2016 instituant le Plan Comptable Bancaire révisé de l'UMOA et son annexe	**01/01/2018**
22	Instruction n° 023 - 11 - 2016 relative aux modalités de première application du plan comptable révisé de l'UMOA	**01/01/2018**
23	Instruction n° 024 - 11 - 2016 relative à la définition des attributs	**01/01/2018**
24	Instruction n° 025 - 11 - 2016 relative à la comptabilisation des opérations en devises et sur les valeurs assimilées	**01/01/2018**
25	Instruction n° 026 - 11 - 2016 relative à la comptabilisation et à l'évaluation des engagements en souffrance	**01/01/2018**
26	Instruction n° 027 - 11 - 2016 relative à la comptabilisation des différents types de contrats de location	**01/01/2018**
27	Instruction n° 028 - 11 - 2016 relative à la comptabilisation des commissions reçues et coûts marginaux de transaction a l'occasion de l'octroi ou de l'acquisition d'un concours financier	**01/01/2018**
28	Instruction n° 030 - 11 - 2016 relative à la comptabilisation des cessions d'éléments d'actif	**01/01/2018**
29	Instruction n° 031 - 11 - 2016 relative à la comptabilisation des opérations consortiales	**01/01/2018**

N°	Désignation	Entrée en vigueur
30	Instruction n° 032 - 11 - 2016 relative à la comptabilisation des opérations d'encaissement	**01/01/2018**
31	Instruction n° 033 - 11 - 2016 relative aux états financiers sous une forme consolidée	**01/01/2018**
32	Instruction n° 034 - 11 - 2016 relative à la comptabilisation des opérations effectuées pour le compte de tiers	**01/01/2018**
33	Instruction n° 035 - 11 - 2016 relative à l'établissement et à la publication des états financiers individuels et consolides	**01/01/2018**
V	**Gouvernance et organisation des contrôles interne et externe**	
34	Circulaire N°01-2017/CB/C relative à la gouvernance des établissements de crédit et des compagnies financières de l'UMOA	**02/07/2018**
35	Circulaire N°02-2017/CB/C relative aux conditions d'exercice des fonctions d'administrateurs et de dirigeants au sein des établissements de crédit et des compagnies financières de l'UMOA	**02/07/2018**
36	Circulaire N°03-2017/CB/C relative au contrôle interne des établissements de crédit et des compagnies financières dans l'UMOA	**02/07/2018**
37	Circulaire N°04-2017/CB/C relative à la gestion des risques dans les établissements de crédit et les compagnies financières de l'UMOA	**02/07/2018**
38	Circulaire N°05-2017/CB/C relative à la gestion de la conformité aux normes en vigueur par les établissements de crédit et les compagnies financières de l'UMOA	**02/07/2018**
39	Avis n° 001-05-2010 du 10 mai 2010 relatif au mandat des commissaires aux comptes des établissements de crédit de l'UMOA	01/04/2010

N°	Désignation	Entrée en vigueur
40	Circulaire n° 004-2011/CB/C du 4 janvier 2011 relative aux conditions d'exercice du commissariat aux comptes auprès des établissements de crédit de l'UMOA	01/01/2011
VI	**Réglementations sociale, fiscale et douanière**	
	Spécifique à chaque pays membre de l'UMOA	

Annexe 3 : Questionnaire relatif à la prise de connaissance et à l'analyse de la gouvernance des établissements de crédit de l'UMOA

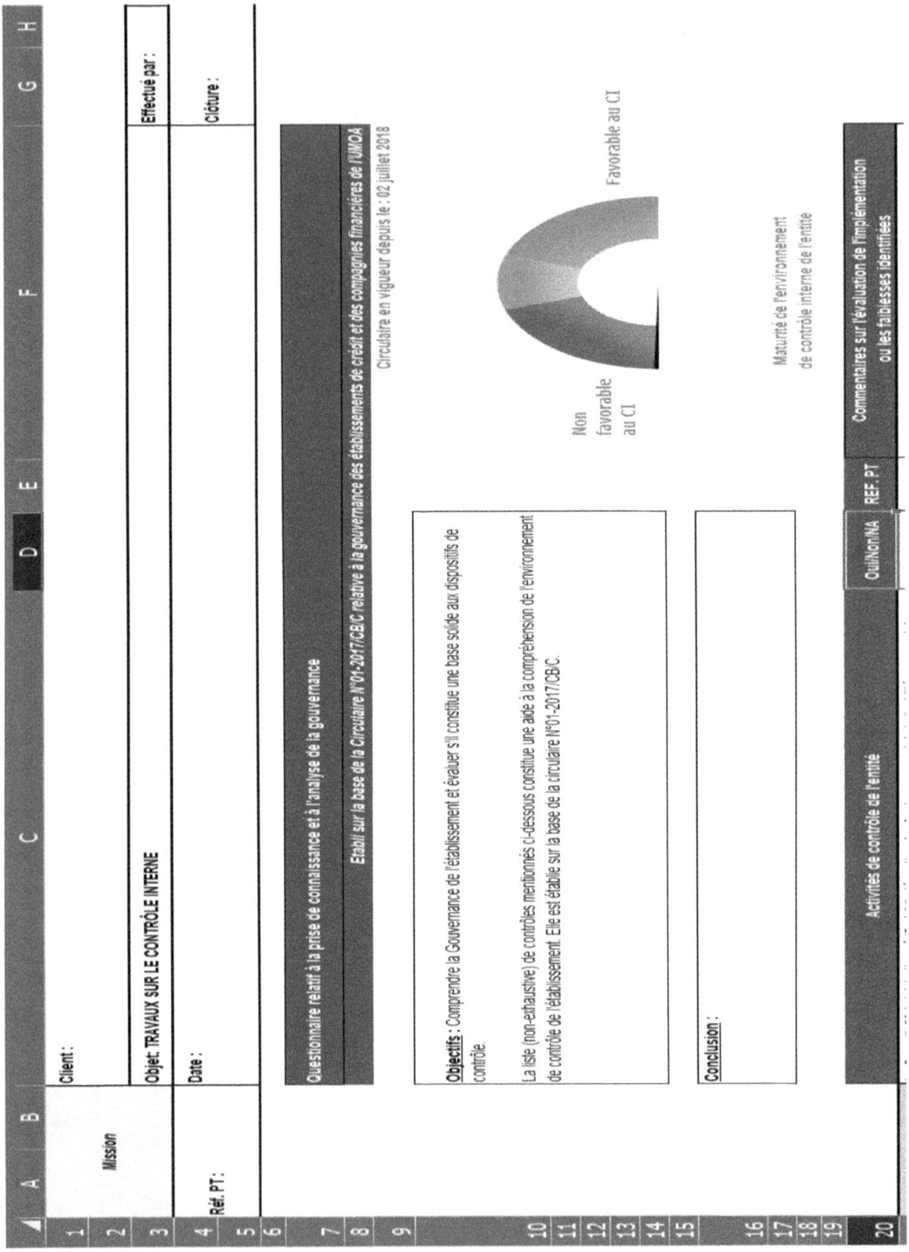

	A / B	C	D	E	F
19					
20		Activités de contrôle de l'entité	Oui/Non/NA	REF. PT	Commentaires sur l'évaluation de l'implémentation ou les faiblesses identifiées
21	Responsabilités et obligations de l'organe délibérant	Le Conseil d'Administration vérifie-t-il l'adéquation des fonds propres et de la liquidité au regard du profil de risque de l'établissement ?			
22		Le Conseil d'Administration réalise-t-il un arrêté des états financiers ?			
23		Le Conseil d'Administration approuve-t-il la conception et la mise en œuvre du système de rémunération et des procédures y afférentes ?			
24		Le Conseil d'Administration effectue-t-il des réunions périodiques et des échanges avec les responsables exécutifs et les commissaires aux comptes ?			
25		Le Conseil d'Administration promeut-il une culture d'entreprise valorisant notamment un comportement éthique ?			
26		Le Conseil d'Administration s'assure-t-il que l'établissement entretient des relations régulières avec la Commission Bancaire ?			
27		Le Conseil d'Administration prend-t-il connaissance des rapports et décisions de la Commission Bancaire et s'assure-t-il du suivi des recommandations formulées par cette autorité ?			
28		Le Conseil d'Administration a-t-il approuvé les politiques de l'établissement ?			
29		Le Conseil d'Administration a-t-il approuvé le degré d'appétence pour le risque de l'établissement et les limites de risque ?			
30		Le Conseil d'Administration a-t-il approuvé les décisions d'externalisation des activités et d'utilisation de nouveaux produits, les modifications substantielles de produits existants ainsi que les initiatives et les opérations stratégiques importantes telles que les grandes opérations d'acquisition, la modification des systèmes, des procédures et du modèle économique ?			
31		Le Conseil d'Administration a-t-il approuvé les dispositifs de gouvernance des risques et de contrôle interne ?			
32		Le Conseil d'Administration supervise-t-il la gestion des activités de l'établissement effectuée par l'organe exécutif ?			
33		Le Conseil d'Administration dispose-t-il d'une composition équilibrée de membres dotés de compétences et d'expériences complémentaires dans les domaines d'intérêts de l'établissement ? Les administrateurs pris dans leur ensemble doivent : - avoir une bonne connaissance de l'économie et des marchés dans lesquels l'établissement opère ; - maitriser les textes juridiques en vigueur régissant les activités de l'établissement dans l'UMOA et dans les pays d'implantation de ses filiales.			
		L'effectif des membres du Conseil d'Administration est-il en accord avec le principe de proportionnalité			

Gouvernance

<u>NB</u> : L'auteur a conçu un programme permettant de conclure efficacement et en temps réel sur la fiabilité du contrôle interne relatif au sujet en analyse.

Annexe 4 : Questionnaire relatif à la prise de connaissance et à l'analyse de l'environnement du contrôle interne des établissements de crédit de l'UMOA

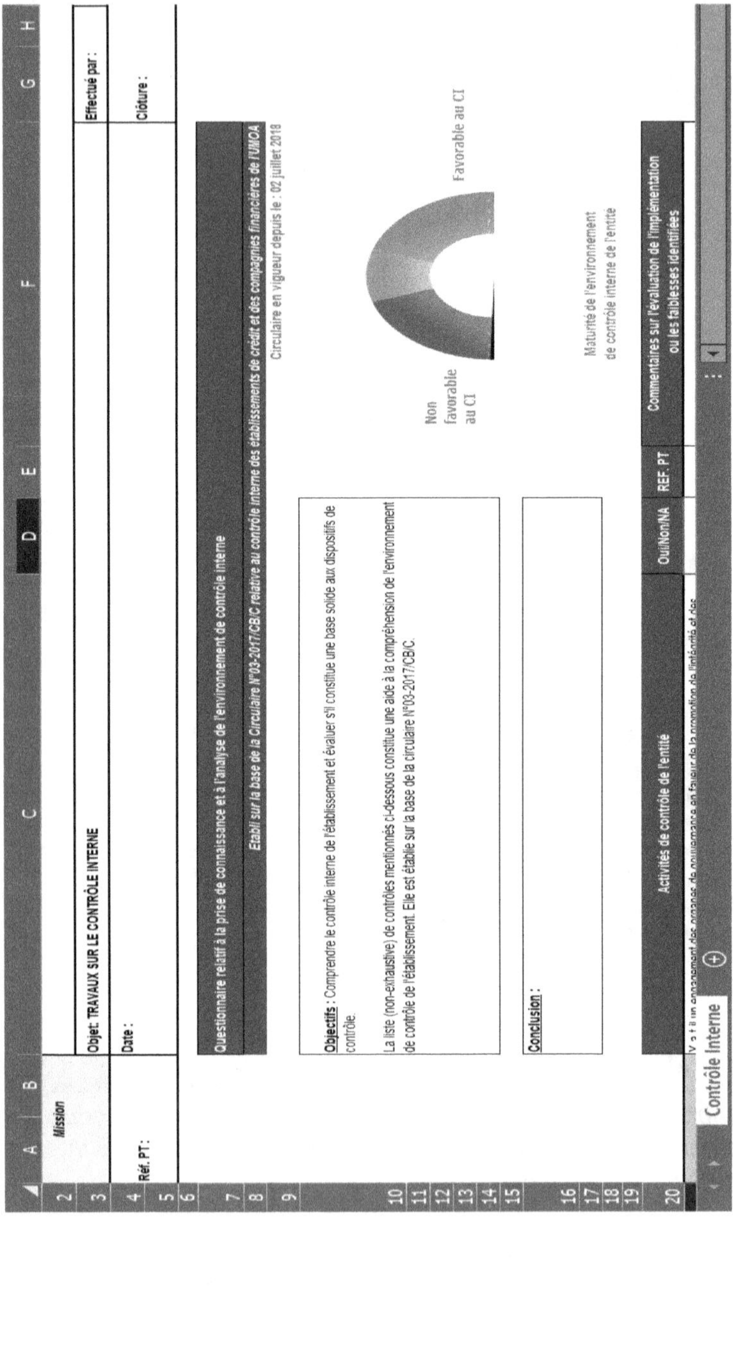

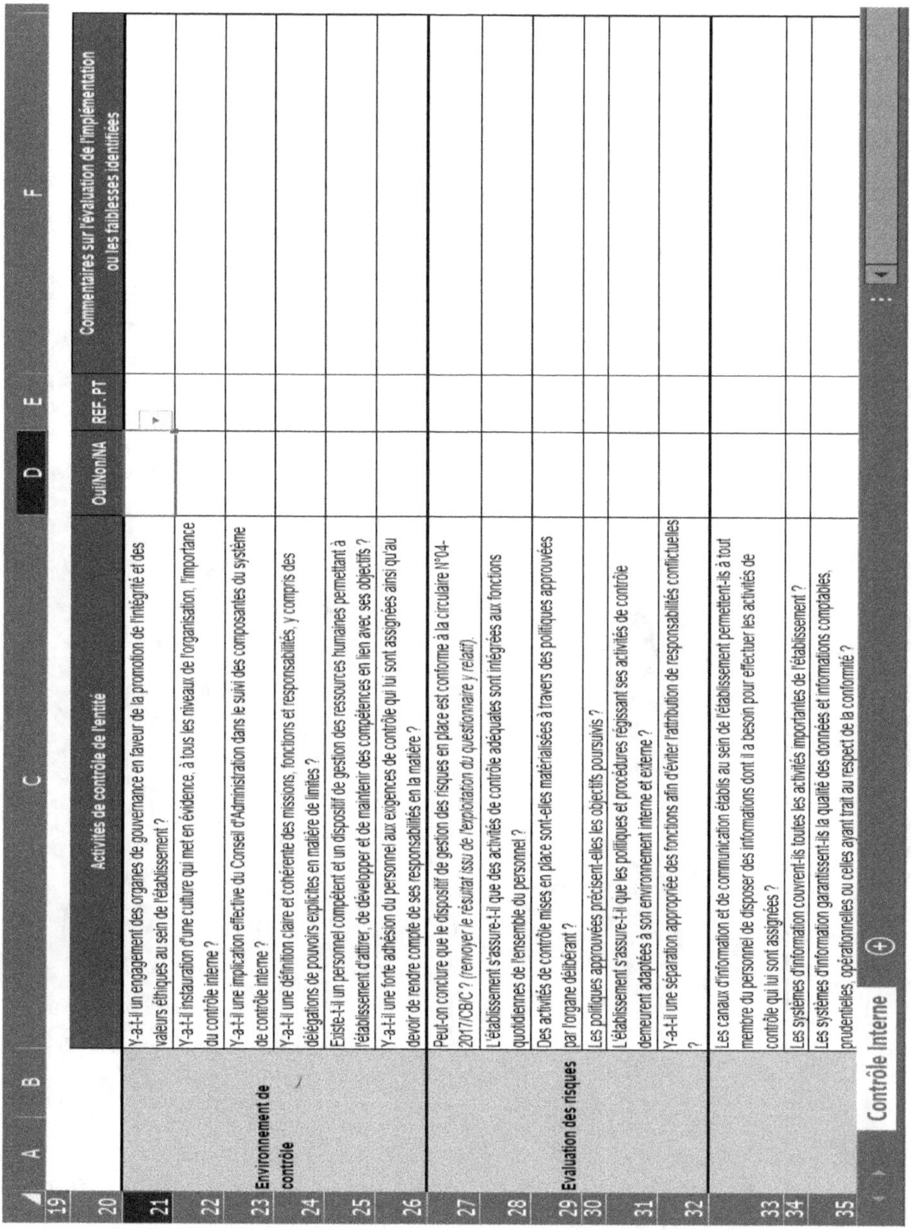

	A / B	C	D	E	F
19					
20		Activités de contrôle de l'entité	Oui/Non/NA	REF. PT	Commentaires sur l'évaluation de l'implémentation ou les faiblesses identifiées
21	Environnement de contrôle	Y-a-t-il un engagement des organes de gouvernance en faveur de la promotion de l'intégrité et des valeurs éthiques au sein de l'établissement ?			
22		Y-a-t-il instauration d'une culture qui met en évidence, à tous les niveaux de l'organisation, l'importance du contrôle interne ?			
23		Y-a-t-il une implication effective du Conseil d'Administration dans le suivi des composantes du système de contrôle interne ?			
24		Y-a-t-il une définition claire et cohérente des missions, fonctions et responsabilités, y compris des délégations de pouvoirs explicites en matière de limites ?			
25		Existe-t-il un personnel compétent et un dispositif de gestion des ressources humaines permettant à l'établissement d'attirer, de développer et de maintenir des compétences en lien avec ses objectifs ?			
26		Y-a-t-il une forte adhésion du personnel aux exigences de contrôle qui lui sont assignées ainsi qu'au devoir de rendre compte de ses responsabilités en la matière ?			
27	Evaluation des risques	Peut-on conclure que le dispositif de gestion des risques en place est conforme à la circulaire N°04-2017/CB/C ? *(renvoyer le résultat issu de l'exploitation du questionnaire y relatif).*			
28		L'établissement s'assure-t-il que des activités de contrôle adéquates sont intégrées aux fonctions quotidiennes de l'ensemble du personnel ?			
29		Des activités de contrôle mises en place sont-elles matérialisées à travers des politiques approuvées par l'organe délibérant ?			
30		Les politiques approuvées précisent-elles les objectifs poursuivis ?			
31		L'établissement s'assure-t-il que les politiques et procédures régissant ses activités de contrôle demeurent adaptées à son environnement interne et externe ?			
32		Y-a-t-il une séparation appropriée des fonctions afin d'éviter l'attribution de responsabilités conflictuelles ?			
33		Les canaux d'information et de communication établis au sein de l'établissement permettent-ils à tout membre du personnel de disposer des informations dont il a besoin pour effectuer les activités de contrôle qui lui sont assignées ?			
34		Les systèmes d'information couvrent-ils toutes les activités importantes de l'établissement ?			
35		Les systèmes d'information garantissent-ils la qualité des données et informations comptables, prudentielles, opérationnelles ou celles ayant trait au respect de la conformité ?			

<u>NB</u> : L'auteur a conçu un programme permettant de conclure efficacement et en temps réel sur la fiabilité du contrôle interne relatif au sujet en analyse.

Annexe 5 : Questionnaire relatif à la prise de connaissance et à l'analyse de la gestion des risques dans les établissements de crédit de l'UMOA

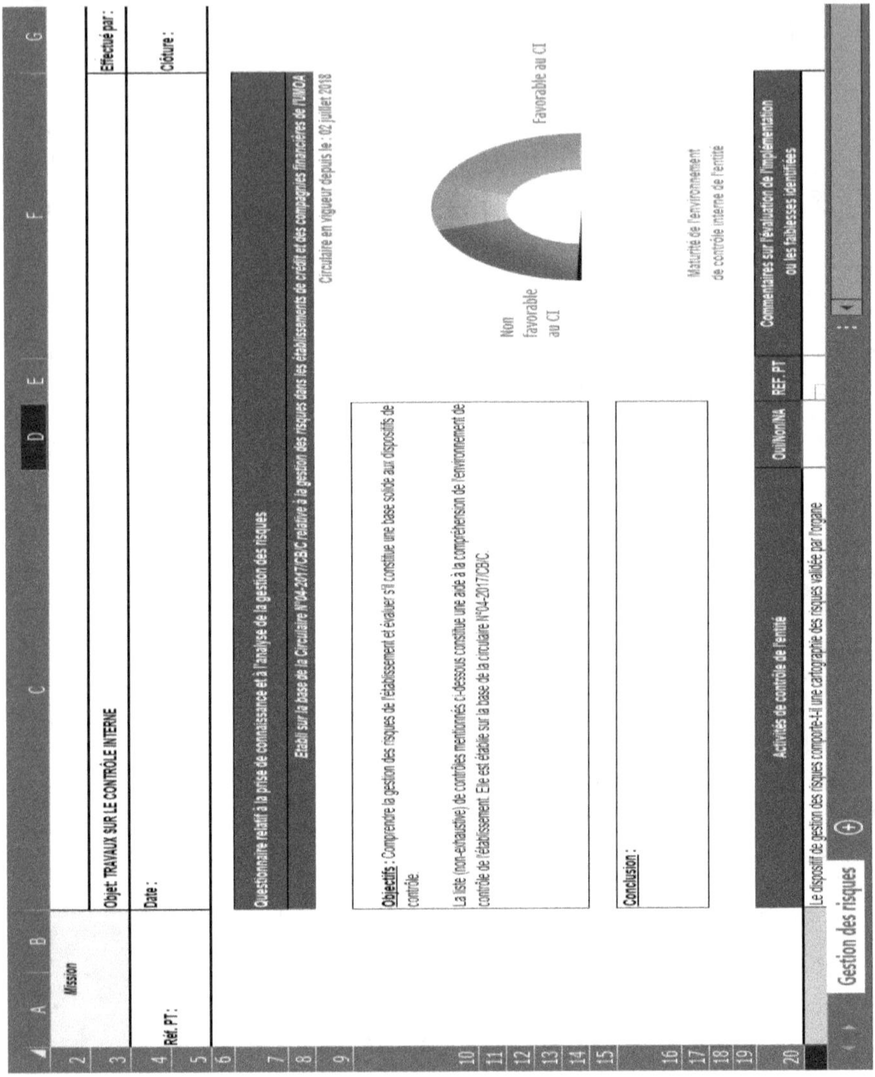

	Activités de contrôle de l'entité	Oui/Non/NA	REF. PT	Commentaires sur l'évaluation de l'implémentation ou les faiblesses identifiées
Principes généraux de gestion des risques	Le dispositif de gestion des risques comporte-t-il une cartographie des risques validée par l'organe délibérant ?			
	Y a-t-il un recensement, une évaluation et une hiérarchisation de l'ensemble des risques de l'établissement ?			
	Y a-t-il une mise à jour dynamique de la cartographie des risques au moins une fois par an ?			
	Y a-t-il un encouragement du développement de la culture du risque à travers la formation et les actions de sensibilisation ?			
	Y a-t-il un dispositif d'appétence au risque approuvé, supervisé et révisé annuellement par le Conseil d'Administration et mis en œuvre par la Direction Générale ?			
	Y a-t-il une fixation des limites globales et des limites opérationnelles au niveau des différentes entités de l'établissement ?			
	L'établissement s'assure-t-elle d'une bonne appropriation de ces limites par le personnel concerné ?			
	L'établissement s'est-il doté d'un dispositif d'identification et de gestion des dépassements de limites ?			
	L'établissement définit-il clairement la procédure à suivre en vue de soumettre, de manière diligente, à l'examen et à l'autorisation des organes habilités, les cas d'exceptions aux politiques, procédures et limites établies ?			
	Existe-t-il un système d'information offrant des capacités d'agrégation des données de risques et de notification des risques à l'échelle de l'organisation ?			
	Ce système est-il adapté, aussi bien en situation normale qu'en période de tensions, pour assurer et évaluer la taille, la composition et la qualité de l'exposition au risque à l'échelle de l'établissement et pour l'ensemble des types de risques, des produits et des contreparties ?			
	Ce système assure-t-il la disponibilité, la qualité, la fiabilité et l'intégrité des données ?			
	Ce sysème garantit-il la transmission en temps opportun, aux organes de gouvernance, de toutes informations pertinentes et utiles à leur prise de décision ?			
	L'établissement a-t-il établi des programmes de simulation de crise ? Si oui, ces programmes sont-ils mis en œuvre ?			
	Le dispositif de gestion des risques de l'établissement intégre-t-il des contrôles internes rigoureux, adaptés à l'ampleur, à la nature et à la complexité de ses expositions et ce, conformément aux dispositions définies dans la Circulaire relative au contrôle interne ?			
	Ce dispositif fait-il l'objet d'un examen annuel par l'audit interne ?			

<u>NB</u> : L'auteur a conçu un programme permettant de conclure efficacement et en temps réel sur la fiabilité du contrôle interne relatif au sujet en analyse.

Annexe 6 : Questionnaire relatif à la prise de connaissance et à l'analyse de la gestion de la conformité dans les établissements de crédit de l'UMOA

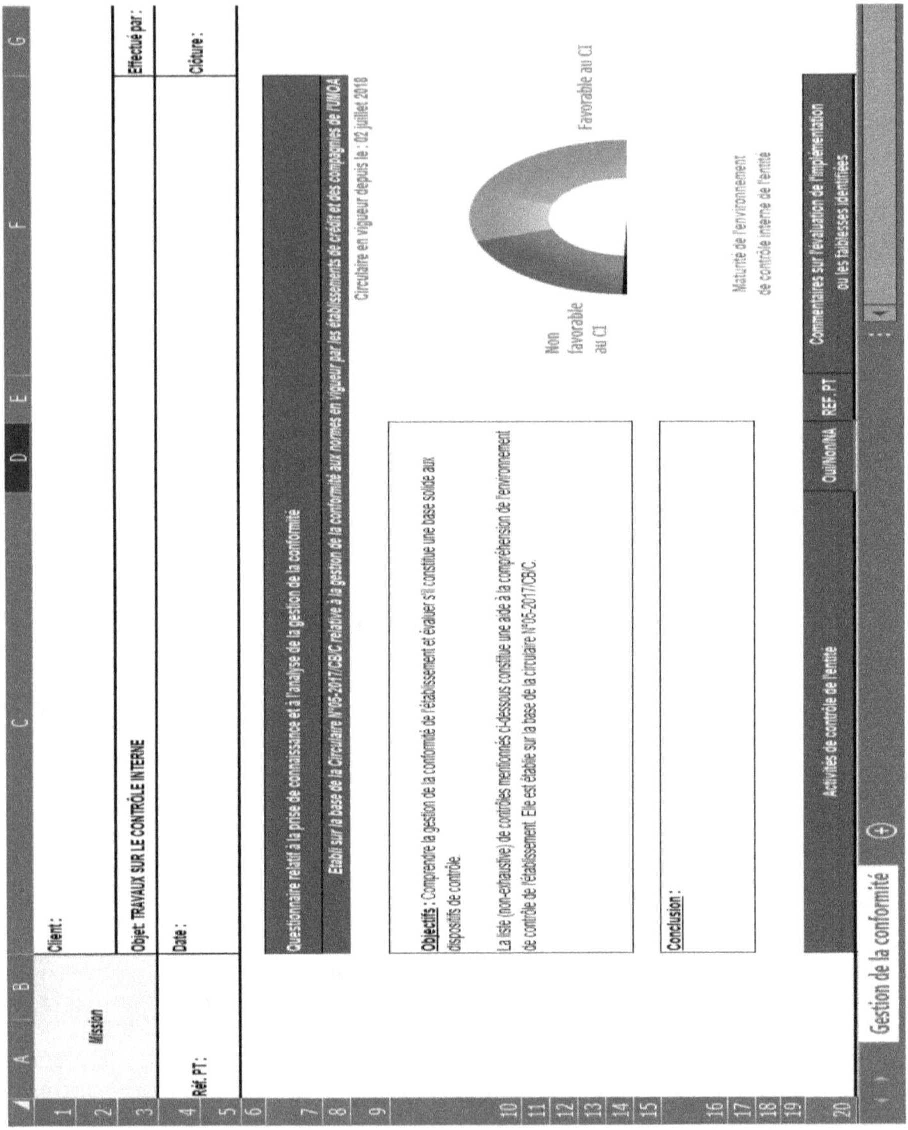

	Activités de contrôle de l'entité	Oui/Non/NA	REF. PT	Commentaires sur l'évaluation de l'implémentation ou les faiblesses identifiées
Politique et charte de conformité	L'établissement s'est-il doté d'une politique de conformité qui, notamment : • assure le respect des principes fondamentaux fixés par le Conseil d'Administration ;			
	L'établissement dispose-t-il d'une charte de conformité ?			
	La charte de conformité doit notamment : • exposer les objectifs de la fonction conformité, établir son indépendance et définir ses responsabilités ainsi que ses compétences ; • décrire clairement les relations de la fonction conformité avec les autres fonctions de contrôle et les services de l'établissement qui exécutent des tâches liées à ses responsabilités ; • accorder à la fonction conformité le droit de communiquer avec tout membre du personnel et d'accéder à tout dossier physique ou électronique nécessaire à l'exercice de ses responsabilités ; • conférer à la fonction conformité le pouvoir de diligenter des investigations ; • formaliser les tâches et les obligations de la fonction conformité qui peuvent être déléguées à d'autres services et fonctions de l'établissement ou externalisées auprès de prestataires externes ; • définir les conditions dans lesquelles la fonction conformité peut recourir, en cas de besoin, à des experts externes.			
Organisation de la fonction conformité	La fonction conformité est-elle indépendante des unités qu'elle contrôle ?			
	La fonction conformité a-t-elle accès aux organes délibérant et exécutif, afin de signaler toute irrégularité constatée ou manquement éventuel ?			
	La fonction conformité dispose-t-elle des ressources humaines nécessaires à la réalisation de ses missions ?			
	L'établissement a-t-il désigné un responsable de la fonction en charge de la coordination à l'échelle de l'organisation de la gestion du risque de non-conformité ainsi que de la supervision des activités de la fonction ?			
	Le responsable de la fonction conformité est-il doté d'une expérience avérée en matière de contrôle interne et de conformité ?			
	Les ressources humaines affectées à la fonction conformité possèdent-elles un niveau élevé de connaissance des activités de l'établissement et des normes qui lui sont applicables ?			
	L'établissement a-t-elle pris des dispositions pour que ces ressources humaines maintiennent à jour leurs			

Gestion de la conformité

<u>NB</u> : L'auteur a conçu un programme permettant de conclure efficacement et en temps réel sur la fiabilité du contrôle interne relatif au sujet en analyse.

Annexe 7 : Papier de documentation des contrôles relatifs aux états financiers

1/2

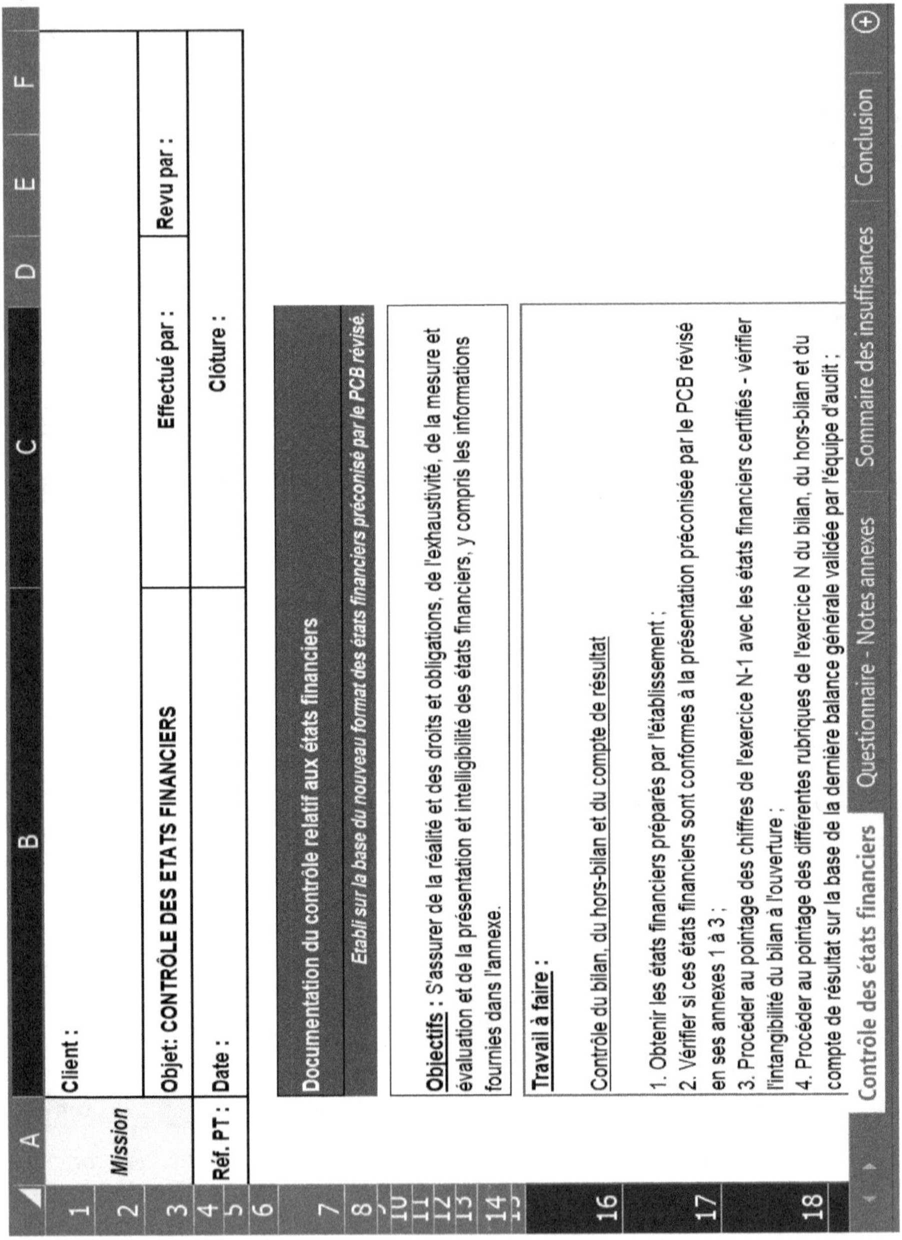

Mission	Client :
Objet: CONTRÔLE DES ETATS FINANCIERS	Effectué par : / Revu par :
Réf. PT :	Date : / Clôture :

Documentation du contrôle relatif aux états financiers

Etabli sur la base du nouveau format des états financiers préconisé par le PCB révisé.

Objectifs : S'assurer de la réalité et des droits et obligations, de l'exhaustivité, de la mesure et évaluation et de la présentation et intelligibilité des états financiers, y compris les informations fournies dans l'annexe.

Travail à faire :

Contrôle du bilan, du hors-bilan et du compte de résultat

1. Obtenir les états financiers préparés par l'établissement ;
2. Vérifier si ces états financiers sont conformes à la présentation préconisée par le PCB révisé en ses annexes 1 à 3 ;
3. Procéder au pointage des chiffres de l'exercice N-1 avec les états financiers certifiés - vérifier l'intangibilité du bilan à l'ouverture ;
4. Procéder au pointage des différentes rubriques de l'exercice N du bilan, du hors-bilan et du compte de résultat sur la base de la dernière balance générale validée par l'équipe d'audit ;

Contrôle des états financiers | Questionnaire - Notes annexes | Sommaire des insuffisances | Conclusion

2/2

Mission			
	Client :		
	Objet: **CONTRÔLE DES ETATS FINANCIERS**	**Effectué par :**	**Revu par :**
Réf. PT :	**Date :**	**Clôture :**	

Questionnaire de contrôle des notes annexes

Etabli sur la base du nouveau format des états financiers préconisé par le PCB révisé.

Questions	Oui/Non/NA/NS	REF.
Règles et méthodes comptables appliquées		
La déclaration de conformité au PCB révisé de l'UMOA a-t-elle été faite ?		BR - Annexe 4.1 - A
Les règles et méthodes comptables appliquées par l'établissement sont-elles décrites ?	Oui	BR - Annexe 4.1 - B
Ces règles recouvrent-elles notamment :	Non	
Les créances sur la clientèle ?	N/A	BR - Annexe 4.1 - B
La classification et la dépréciation des créances sur la clientèle ?	NS	BR - Annexe 4.1 - B
Les commissions reçues et coûts marginaux		PCBR - Annexe 4.1 - B, Art. 13 de l'instruction N°028-11-2016
Les décotes sur les créances restructurées		PCBR - Annexe 4.1 - B
Les titres et effets détenus en portefeuille ?		PCBR - Annexe 4.1 - B
La classification et la valorisation des titres et effets détenus en portefeuille ?		PCBR - Annexe 4.1 - B
Les immobilisations ?		PCBR - Annexe 4.1 - B

Contrôle des états financiers | Questionnaire - Notes annexes | Sommaire des insuffisances | Conclusion

NB : L'auteur a conçu un programme permettant de conclure efficacement et en temps réel sur le contrôle des états financiers.

Annexe 8 : Quelques définitions de concepts

Titres de transactions : Sont considérés comme des titres de transaction, les titres qui, à l'origine, sont :

- soit acquis ou vendus avec l'intention de les revendre ou de les racheter à court terme ;

- soit détenus par l'établissement assujetti du fait de son activité d'animateur de marché, à condition que le stock de titres fasse l'objet d'une rotation effective et d'un volume d'opérations significatif compte tenu des opportunités du marché.

Titres d'investissement : Les titres d'investissement sont des titres à revenu fixe, assortis d'une échéance fixée, acquis avec l'intention manifeste de les détenir jusqu'à l'échéance. Il peut s'agir également de titres transférés des catégories dénommées titres de transaction ou titres de placement, que l'établissement assujetti décide de conserver jusqu'à l'échéance. Ces derniers doivent être identifiés au sein du portefeuille des titres d'investissement.

Titres de participations : Les titres de participation sont des titres à revenu variable dont la possession durable est estimée utile à l'activité de l'établissement assujetti acquéreur. Sont présumés répondre à cette définition :

1°) les titres représentant 10 % ou plus des droits de vote dans le capital d'une entreprise ;

2°) les titres représentant moins de 10 % des droits de vote dans le capital d'une entreprise si l'une des conditions suivantes est réalisée :

- existence d'administrateurs ou de dirigeants communs entre l'établissement assujetti et la société émettrice ;

- détention par la société émettrice d'une partie des actions émises par l'établissement assujetti ;

- appartenance à un même groupe contrôlé par des personnes physiques ou morales exerçant un contrôle sur l'ensemble et faisant prévaloir une unité de décision.

Parts dans les entreprises liées : Les parts dans les entreprises liées sont des titres à revenu variable émis par des sociétés contrôlées de manière exclusive au sens de l'instruction relative à l'établissement et à la publication par les établissements assujettis, de comptes sous une forme consolidée.

Titres de l'activité de portefeuille : Les titres destinés à une activité de portefeuille sont des titres à revenu variable dont l'acquisition a pour objet d'en retirer un gain en capital à moyen terme. Cette activité de portefeuille s'exerce sans intervention dans la gestion des entreprises dont les titres sont détenus.

Autres titres détenus à long terme : Les autres titres détenus à long terme concernent les investissements réalisés dans l'intention de favoriser le développement de relations professionnelles durables en créant un lien privilégié avec l'entreprise émettrice, mais sans influence dans leur gestion, en raison du faible pourcentage des droits de vote qu'ils représentent.

Titres de Placement : Sont considérés comme des titres de placement, les titres qui ne sont classés dans aucune autre catégorie.

Prix de marché : Le prix de marché visé dans le PCBR est déterminé de la façon suivante :

– les titres négociés sur un marché actif sont évalués au cours le plus récent. Lorsqu'un titre est négociable sur plusieurs marchés actifs, l'établissement retient le prix disponible sur le marché auquel il a accès immédiatement ;

– si le marché sur lequel le titre est négocié n'est pas ou n'est plus considéré comme actif ou si le titre n'est pas coté, l'établissement détermine la valeur probable de négociation du titre concerné en utilisant des techniques de valorisation.

Les techniques de valorisation font appel à des transactions récentes effectuées dans des conditions normales et le prix de marché du jour de cotation le plus récent est alors ajusté pour tenir compte de la moindre activité du marché et des effets du temps sur la période séparant la dernière cotation de la date d'arrêté.

Prime : La prime représente la différence entre le prix d'acquisition et le prix de remboursement, lorsque le premier est supérieur au deuxième.

Décote : La décote représente la différence entre le prix d'acquisition et le prix de remboursement, lorsque le premier est inférieur au deuxième.

Valeur d'Utilité :

- Pour les titres de l'activité de portefeuille, la valeur d'utilité est déterminée en tenant compte des perspectives générales d'évolution de l'émetteur et de l'horizon de détention.

- Pour les parts dans les entreprises liées, les titres de participation et les autres titres détenus à long terme, la valeur d'utilité représente ce que l'établissement accepterait de décaisser pour obtenir ces titres s'il avait à les acquérir, compte tenu de son objectif de détention.

Moins-Values

Les moins-values ressortent de la différence négative entre, d'une part, la valeur comptable, corrigée des amortissements et reprises de différences et, d'autre part, le prix de marché des titres.

Plus-Values

Les plus-values ressortent de la différence négative entre, d'une part, la valeur comptable, corrigée des amortissements et reprises de différences et, d'autre part, le prix de marché des titres.

Annexe 9 : Synthèse de l'analyse comparative de la liste et du contenu des comptes entre le PCB et le PCBR

9.1. Classe 1 : Les comptes de trésorerie et d'opérations avec les établissements de crédit et assimilés

Ancien PCB		Evolution			PCB révisé		Comment.
Cpte	Libellé	Sup[(1)]	Mod.[(2)]	Cr.[(3)]	Cpte	Libellé	
1111	Banques Centrales		X		1111	Banques Centrales : Comptes Ordinaires	
				X	1112	Banques Centrales : Comptes de règlement	
1121	Trésor Public	X					Note a
				X	1161	Systèmes Financiers Décentralisés	Note b
				X	1166	Dettes rattachées	Note b
				X	1167	Créances rattachées	Note b
1171	Institutions financières internationales ou étrangères		X		1181	Institutions financières internationales ou étrangères	
1176	Dettes rattachées		X		1186	Dettes rattachées	
1177	Créances rattachées		X		1187	Créances rattachées	
1211	Dépôts au titre des adjudications périodiques du marché monétaire		X		1211	Dépôts au titre du marché monétaire	
1212	Dépôts au titre des adjudications	X					

Ancien PCB		Evolution			PCB révisé		Comment.
Cpte	**Libellé**	**Sup[(1)]**	**Mod.[(2)]**	**Cr.[(3)]**	**Cpte**	**Libellé**	
1213	Dépôts au titre des reprises exceptionnelles de liquidité	X					
				X	1281	Dotation du Fonds de Garantie Permanent	Note c
				X	1282	Reconstitution du Fonds de Garantie Permanent	Note c
				X	1313	Impayés sur prêts au jour le jour	Note d
				X	1323	Impayés sur valeurs reçues en pension au jour le jour	Note d
				X	1333	Impayés sur prêts à terme	Note d
				X	1334	Prêts à terme transférés des créances restructurées	
				X	1335	Prêts à terme transférés des créances douteuses ou litigieuses	
				X	1338	Commissions reçues et coûts de transaction	
				X	1343	Impayés sur valeurs reçues en pension à terme	Note d
135	Valeurs achetées ferme		X		136	Valeurs achetées ferme	La même modification a été apportée aux comptes à 4 chiffres associés

Ancien PCB		Evolution			PCB révisé		Comment.
Cpte	**Libellé**	**Sup**$^{(1)}$	**Mod.**$^{(2)}$	**Cr.**$^{(3)}$	**Cpte**	**Libellé**	
				X	1363	Impayés sur valeurs achetées ferme	Note d
				X	135	Prêts de location-financement	Il y a eu également création de comptes de 4 chiffres associés.
136	Obligations cautionnées escomptées	X					
137	Créances publiques escomptées	X					
1521	Trésor Public	X					Note a
1526	Dettes rattachées	X					Note a
1527	Créances rattachées	X					Note a
				X	1561	Systèmes Financiers Décentralisés	Note b
				X	1566	Dettes rattachées	Note b
				X	1567	Créances rattachées	Note b
1571	Institutions financières internationales ou étrangères		X		1581	Institutions financières internationales ou étrangères	
1576	Dettes rattachées		X		1586	Dettes rattachées	
1577	Créances rattachées		X		1587	Créances rattachées	
1731	Emprunts au jour le jour		X		1721	Emprunts au jour le jour	

Ancien PCB		Evolution			PCB révisé		Comment.
Cpte	**Libellé**	**Sup[1]**	**Mod.[2]**	**Cr.[3]**	**Cpte**	**Libellé**	
				X	1722	Fonds de Garantie de Règlement des Soldes du SICA-UEMOA	Note c
1732	Autres emprunts au jour le jour		X		1723	Autres emprunts au jour le jour	
1736	Dettes rattachées		X		1726	Dettes rattachées	
174	Valeurs données en pension au jour le jour		X		173	Valeurs données en pension au jour le jour	La même modification a été apportée aux comptes à 4 chiffres associés.
175	Emprunts à terme		X		174	Emprunts à terme	La même modification a été faite aux comptes à 4 chiffres associés.
				X	175	Emprunts de location-financement	Il y a eu également création de comptes de 4 chiffres associés.
191	Créances impayées ou immobilisées		X		191	Créances restructurées	

Ancien PCB		Evolution			PCB révisé		Comment.
Cpte	Libellé	Sup[1]	Mod.[2]	Cr.[3]	Cpte	Libellé	
199	Provisions sur créances en souffrance		X		199	Dépréciations sur créances en souffrance	La même modification a été faite aux comptes à 4 chiffres associés.
1991	Provisions sur créances impayées ou immobilisées		X		1991	Dépréciations sur créances restructurées	
				X	1994	Autres dépréciations	

(1) : Il s'agit de comptes existant dans l'ancien PCB et qui ne figurent plus dans le PCB révisé en termes de numéro et de libellé.
(2) : Il s'agit de comptes ayant connu des modifications en termes de numéro ou de libellé.
(3) : Il s'agit de comptes créés à travers le PCB révisé.

Note a : Antérieurement assimilé à un établissement de crédit, le Trésor Public est considéré dans le nouveau référentiel comme un simple démembrement de l'Etat. A ce titre, les établissements de crédit n'ouvrent pas de comptes dans ses livres.

Note b : Les Systèmes Financiers Décentralisés (SFD) sont des institutions dont l'objet principal est d'offrir des services financiers à des personnes qui n'ont généralement pas accès aux opérations des établissements de crédit. Le nouveau référentiel met en exergue cette forme d'entité parmi les sociétés financières, en lieu et place du flou qui régnait antérieurement sur leur classification. Cette mise en exergue est matérialisée dans la nouvelle définition des attributs (Instructions N°024-11-2016 de la BCEAO) et apparait également dans le PCB révisé par la création de ces comptes.

Note c : Il existe au sein de l'UMOA un Système Interbancaire de Compensation Automatisée. Ces comptes seront utilisés pour la comptabilisation des opérations effectuées par les banques notamment pour la constitution d'un fonds commun de garantie ou pour la contractualisation d'emprunt dans le cadre de ce système.

Note d : Les comptes d'impayés ont été créés pour chaque type de créances amortissables afin de faciliter leur suivi conformément au nouveau mécanisme de déclassement et de dépréciation (Cf. Partie 2 Chapitre 1 Section 2 / Point 2.1.3.2.).

9.2. Classe 2 : Comptes d'opérations avec la clientèle

- **Création de comptes dans le nouveau Plan**

PCB révisé		Commentaires
Compte	**Libellé**	
20113	Impayés sur crédits de campagne	Note a
20123	Impayés sur crédits ordinaires	Note a
20213	Impayés sur crédits de campagne	Note a
20223	Impayés sur crédits ordinaires	Note a
20228	Commissions reçues et coûts de transaction	Note b
2023	Valeurs reçues en pension à terme	
20231	Valeurs reçues en pension à terme	
20233	Impayés sur valeurs reçues en pension à terme	Note a
20237	Créances rattachées	
2024	Créances saines transférées de créances restructurées	Note c
20241	Créances saines transférées de créances restructurées	Note c
20247	Créances rattachées	
2025	Créances saines transférées de créances douteuses ou litigieuses	Note d
20251	Créances saines transférées de créances douteuses ou litigieuses	Note d
20257	Créances rattachées	
2033	Impayés sur crédits à moyen terme	Note a
2034	Créances saines transférées de créances restructurées	Note c
2035	Créances saines transférées de créances douteuses ou litigieuses	Note d
2038	Commissions reçues et coûts de transaction	Note b
2043	Impayés sur crédits à long terme	Note a
2044	Créances saines transférées de créances restructurées	Note c
2045	Créances saines transférées de créances douteuses ou litigieuses	Note d
2048	Commissions reçues et coûts de transaction	Note b
205	Crédits de location-financement	
2051	Crédit-bail	Accompagné de la création des sous-comptes associés
2052	Location avec option d'achat	Accompagné de la création des sous-comptes associés

PCB révisé		Commentaires
Compte	**Libellé**	
2053	Location-vente	Accompagné de la création des sous-comptes associés
2054	Autres contrats de location-financement	Accompagné de la création des sous-comptes associés
223	Impayés sur affacturage	
276	Valeurs données en pension à terme	
2761	Valeurs données en pension à terme	
2766	Dettes rattachées	
2994	Autres dépréciations	

- **Modification de comptes entre l'ancien PCB et le PCB révisé**

Ancien PCB		**Evolution**			**PCB révisé**		**Commentaires**
Cpte	**Libellé**	**Sup.(1)**	**Mod.(2)**	**Cr.(3)**	**Cpte**	**Libellé**	
291	Créances impayées ou immobilisées		X		291	Créances restructurées	Note e
299	Provisions sur créances en souffrance		X		299	Dépréciations sur créances en souffrance	
2991	Provisions sur créances impayées ou immobilisées		X		2991	Dépréciations sur créances restructurées	
2992	Provisions sur créances douteuses ou litigieuses		X		2992	Dépréciations sur créances douteuses ou litigieuses	
2993	Provisions sur intérêts sur créances douteuses ou litigieuses		X		2993	Dépréciations sur intérêts sur créances douteuses ou litigieuses	
				X	2994	Autres dépréciations	

(1) : Il s'agit de comptes existant dans l'ancien PCB et qui ne figurent plus dans le PCB révisé en termes de numéro et de libellé.

(2) : Il s'agit de comptes ayant connu des modifications en termes de numéro ou de libellé.

(3) : Il s'agit de comptes créés à travers le PCB révisé.

Note a : Ces créations de comptes dans le PCBR font suite à la nouvelle définition des créances saines comprenant notamment des créances présentant des impayés de moins de 90 jours. (Cf. Partie 2 Chapitre 1 Section 2 / Point 2.1.3.2.)

Note b : Ces comptes ont été créés pour permettre l'enregistrement des commissions reçues et coûts marginaux. (Cf. Partie 2 Chapitre 1 Section 2 / Point 2.1.2.)

Note c : Il s'agit de sous-catégories de créances saines destinées à enregistrer des créances provenant de catégories des créances restructurées. (Cf. Partie 2 Chapitre 1 Section 2 / Point 2.1.3.3. / Point c)

Note d : Il s'agit de sous-catégories de créances saines destinées à enregistrer des créances provenant de catégories des créances douteuses et litigieuses. (Cf. Partie 2 Chapitre 1 Section 2 / Point 2.1.3.3. / Point d)

Note e : Cette catégorie n'enregistrera désormais que les créances restructurées. (Cf. Partie 2 Chapitre 1 Section 2 / Point 2.1.3.2.)

9.3. Classe 3 : Comptes d'opérations sur titres et d'opérations diverses

Ancien PCB		Evolution			PCB révisé		Commentaires
Cpte	**Libellé**	**Sup.(1)**	**Mod.(2)**	**Cr.(3)**	**Cpte**	**Libellé**	
30	Titres de placement	X		X	30	Opérations sur titres	Note a
				X	31	Instruments financiers	Ce groupe a été créé avec plusieurs comptes, notamment les instruments conditionnels achetés, vendus.
32	Comptes de stocks	X		X	32	Dettes représentées par un titre	Note b
33	Débiteurs et créditeurs divers	X		X	33	Comptes de règlements relatifs aux opérations sur titres	Ce groupe a été créé avec un seul compte : 331 – Sociétés de Gestion et d'Intermédiation.
				X	34	Comptes de liaison	
35	Comptes de règlements relatifs aux opérations sur titres	X		X	35	Débiteurs divers et créditeurs divers	Ce groupe a été créé avec essentiellement les comptes de débiteurs divers

Ancien PCB		Evolution			PCB révisé		Commentaires
Cpte	**Libellé**	**Sup.(1)**	**Mod.(2)**	**Cr.(3)**	**Cpte**	**Libellé**	
							et créditeurs divers.
36	Dettes représentées par un titre	X		X	36	Comptes de stocks et emplois divers	
3811	Charges à répartir sur plusieurs exercices	X					
3813	Comptes correcteurs - actif - (prime)	X					
				X	3818	Ecarts sur ventes de titres avec faculté de rachat	
3823	Comptes correcteurs - passif - (décote)	X					
3824	Comptes d'abonnement de charges	X		X	3824	Subventions d'investissement	
3825	Charges à payer	X		X	3825	Fonds affectés	
				X	3826	Comptes d'abonnement de charges	
				X	3827	Charges à payer	
				X	3828	Ecarts sur ventes de titres avec faculté de rachat	
				X	384	Pertes ou gain potentiels sur contrats de couverture d'instruments financiers à terme non dénoués	

Ancien PCB		Evolution			PCB révisé		Commentaires
Cpte	Libellé	Sup.[1]	Mod.[2]	Cr.[3]	Cpte	Libellé	
				X	385	Pertes ou gain à étaler sur contrats de couverture d'instruments financiers à terme dénoués	
39	Comptes de liaison	X		X	39	Comptes de créances en souffrance	

(1) : Il s'agit de comptes existant dans l'ancien PCB et qui ne figurent plus dans le PCB révisé en termes de numéro et de libellé.

(2) : Il s'agit de comptes ayant connu des modifications en termes de numéro ou de libellé.

(3) : Il s'agit de comptes créés à travers le PCB révisé.

Note a : Le groupe de compte « Titres de placement » a été supprimé et remplacé par le groupe « Opérations sur titres ». Ce dernier comprend plusieurs comptes, y compris ceux destinés à enregistrer les titres de transactions, les titres de placement et les titres de l'activité de portefeuille, les titres d'investissements. (Cf. Partie 2 Chapitre 1 Section 2 / Point 2.1.1.2.)

Note b : Le groupe de compte « Comptes de stocks » été supprimé et remplacé par le groupe « Dettes représentées par un titre ». Ce dernier comprend plusieurs comptes, à savoir : Titres de créances négociables, Obligations et titres assimilés.

9.4. Classe 4 : Comptes de valeurs immobilisées

Ancien PCB		Evolution			PCB révisé		Comment.
Cpte	**Libellé**	**Sup.(1)**	**Mod.(2)**	**Cr.(3)**	**Cpte**	**Libellé**	
410	Prêts et titres subordonnés	X					
4117	Créances rattachées	X					
4118	Ecarts de conversion	X					
4119	Provisions pour dépréciation		X		4119	Dépréciations	
4127	Créances rattachées	X					
4128	Ecarts de conversion	X					
413	Titres immobilisés de l'activité de portefeuille	X		X	413	Titres prêtés	Avec des modifications sur les comptes de 4 chiffres associés
414	Titres d'investissement	X		X	414	Autres titres détenus à long terme	Avec des modifications sur les comptes de 4 chiffres associés.
4158	Ecarts de conversion	X					
				X	416	Prêts subordonnés	Avec la création des comptes de 4 chiffres associés.
43	IMMOBILISATIONS EN COURS	X					

Ancien PCB		Evolution			PCB révisé		Comment.
Cpte	**Libellé**	**Sup.(1)**	**Mod.(2)**	**Cr.(3)**	**Cpte**	**Libellé**	
4413	Autres immobilisations incorporelles	X		X	4413	Immobilisation en cours	
4419	Provisions pour dépréciation		X		4419	Dépréciation	
				X	4423	Immobilisation en cours	
4429	Provisions pour dépréciation		X		4429	Dépréciation	
4519	Provisions pour dépréciation		X		4519	Dépréciation	
4529	Provisions pour dépréciation		X		4529	Dépréciation	
4539	Provisions pour dépréciation		X		4539	Dépréciation	
4549	Provisions pour dépréciation		X		4549	Dépréciation	
46	OPERATIONS DE CREDIT-BAIL ET DE LOCATION AVEC OPTION D'ACHAT	X			46	IMMOBILISATIONS DESTINEES AUX OPERATIONS DE LOCATION SIMPLE	Avec des modifications des comptes de 3 chiffres associés.
47	OPERATIONS DE LOCATION-VENTE	X			47	IMMOBILISATIONS NON LOUEES	Avec des modifications corrélatives des comptes de 3 chiffres associés.
491	Créances impayées ou immobilisées	X		X	491	Loyers restructurés	Ceci est en lien avec les modifications faites à la classe 2.
499	Provisions sur créances en souffrance		X		499		

Ancien PCB		Evolution			PCB révisé		Comment.
Cpte	Libellé	Sup.(1)	Mod.(2)	Cr.(3)	Cpte	Libellé	
				X	4991	Dépréciations de loyers restructurés	
				X	4992	Dépréciations de créances douteuses ou litigieuses	
4996	Provisions sur créances en souffrance sur opérations de crédit-bail et de location avec option d'achat	X					
4997	Provisions sur créances en souffrance sur opérations de location-vente	X					

(1) : Il s'agit de comptes existant dans l'ancien PCB et qui ne figurent plus dans le PCB révisé en termes de numéro et de libellé.

(2) : Il s'agit de comptes ayant connu des modifications en termes de numéro ou de libellé.

(3) : Il s'agit de comptes créés à travers le PCB révisé

9.5. Classe 5 : Comptes de provisions, fonds propres et assimilés

Ancien PCB		Evolution			PCB révisé		Comment.
Cpte	Libellé	Sup.(1)	Mod.(2)	Cr.(3)	Cpte	Libellé	
50	SUBVENTIONS ET AUTRES FONDS RECUS	X					Les subventions sont désormais enregistrées dans un compte de régularisation
				X	522	Amortissements dérogatoires	
				X	529	Autres provisions réglementées	
54	FONDS POUR RISQUES BANCAIRES GENERAUX	X					Ce type de passif a été désormais supprimé. (Cf. Partie 2 Chapitre 1 Section 1 / Point 1.1.4.)

(1) : Il s'agit de comptes existant dans l'ancien PCB et qui ne figurent plus dans le PCB révisé en termes de numéro et de libellé.
(2) : Il s'agit de comptes ayant connu des modifications en termes de numéro ou de libellé.
(3) : Il s'agit de comptes créés à travers le PCB révisé.

9.6. Classe 6 : Comptes de charges

Ancien PCB		Evolution			PCB révisé		Comment.
Cpte	**Libellé**	**Sup.(1)**	**Mod.(2)**	**Cr.(3)**	**Cpte**	**Libellé**	
				X	60116	Intérêts sur comptes ordinaires chez les systèmes financiers décentralisés	Création faite en lien avec celle réalisée au bilan (classe 1).
60117	Intérêts dus sur comptes ordinaires chez les institutions financières internationales ou étrangères	X		X	60118	Intérêts sur comptes ordinaires chez les institutions financières internationales ou étrangères	Modification faite en lien avec celle réalisée au bilan (classe 1).
60152	Intérêts dus sur comptes ordinaires du Trésor Public	X					Suppression faite en lien avec celle réalisée au bilan (classe 1).
				X	60156	Intérêts sur comptes ordinaires des systèmes financiers décentralisés	Création faite en lien avec celle réalisée au bilan (classe 1).
60157	Intérêts dus sur comptes ordinaires des institutions financières internationales ou étrangères		X		60158	Intérêts dûs sur comptes ordinaires des institutions financières internationales ou étrangères	

Ancien PCB		Evolution			PCB révisé		Comment.
Cpte	Libellé	Sup.(1)	Mod.(2)	Cr.(3)	Cpte	Libellé	
60173	Intérêts sur emprunts au jour le jour		X		60172	Intérêts sur emprunts au jour le jour	
60183	Report/déport		X		60182	Report/déport	
				X	60183	Pertes sur instruments financiers à terme de couverture	
				X	60184	Indemnités de réméré et assimilées	
				X	60271	Intérêts sur emprunts à la clientèle	
60283	Report/déport		X		60282	Report/déport	
				X	60283	Pertes sur instruments financiers à terme de couverture	
				X	60284	Indemnités de réméré et assimilées	
				X	60289	Divers intérêts	
6031	Charges et pertes sur titres de placement	X		X	6031	Intérêts sur titres donnés en pension livrée	
				X	6032	Pertes sur titres de transaction	

Ancien PCB		Evolution			PCB révisé		Comment.
Cpte	Libellé	Sup.(1)	Mod.(2)	Cr.(3)	Cpte	Libellé	
				X	6033	Charges sur titres de placement et titres de l'activité de portefeuille	Avec la création des comptes de 5 chiffres associés
				X	6034	Charges sur titres d'investissement	
				X	6035	Charges diverses sur opérations sur titres	
60412	Etalement de la prime	X					Les primes sur immobilisations financières acquises ne pourront plus faire l'objet d'un étalement.
6046	Charges sur opérations de crédit-bail et de location avec option d'achat		X		6046	Charges sur opérations de location simple	Avec des modifications sur les comptes de 5 chiffres associés.
6047	Charges sur opérations de location-vente		X		6047	Charges sur immobilisations non louées	Avec des modifications sur les comptes de 5 chiffres associés.

Ancien PCB		Evolution			PCB révisé		Comment.
Cpte	Libellé	Sup.(1)	Mod.(2)	Cr.(3)	Cpte	Libellé	
6091	Moins-values sur cession d'éléments d'actif	X					
				X	6092	Quote-part sur opérations d'exploitation bancaire faites en commun	
				X	6093	Produits rétrocédés	
6098	Transferts de produits d'exploitation bancaire	X					
				X	6111	Eau	
6112	Stocks vendus	X		X	6112	Energie	
				X	6113	Autres énergies	
				X	6114	Autres fournitures non stockables	
6116	Achats non stockés de matières et fournitures	X					
6117	Achats de marchandises	X					
6118	Frais accessoires d'achat	X					
612	Variations de stocks	X					
6211	Redevances de crédit-bail	X					
				X	6217	Cotisations au Fonds de Garantie des Dépôts	

Ancien PCB		Evolution			PCB révisé		Comment.
Cpte	Libellé	Sup.(1)	Mod.(2)	Cr.(3)	Cpte	Libellé	
6219	Rabais, remises et ristournes obtenus sur services extérieurs	X		X	6219	Services extérieurs fournis par des sociétés du groupe	
6229	Rabais, remises et ristournes obtenus sur autres services extérieurs	X		X	6229	Autres services extérieurs fournis par des sociétés du groupe	
6232	Jetons de présence		X		6232	Indemnité de fonction et charges assimilées	
				X	6236	Produits rétrocédés	
6238	Transferts de produits d'exploitation non bancaires	X					
				X	643	Autres charges sociales	Avec la création de plusieurs comptes de 4 chiffres associés.
				X	644	Rémunérations transférées de personnel extérieur	
65	Dotation au fonds pour risques bancaires généraux	X					
66	Dotations aux amortissements, aux provisions et pertes sur créances irrécouvrables	X		X	66	Dotations aux amortissements et dépréciations des immobilisations	Avec une refonte de tous les comptes de 3, 4 et 5 chiffres

Ancien PCB		Evolution			PCB révisé		Comment.
Cpte	Libellé	Sup.(1)	Mod.(2)	Cr.(3)	Cpte	Libellé	
						incorporelles et corporelles	y compris, ce compte n'enregistre désormais que les dotations aux amortissements et les dépréciations relatives aux immobilisations.
67	Charges exceptionnelles et pertes sur exercices antérieurs	X					
				X	67	Dotations aux dépréciations, provisions et pertes sur créances irrécouvrables	Avec la création de plusieurs comptes de 3, 4 et 5 chiffres associés, ce compte n'enregistre désormais que les dotations aux dépréciations, provisions et pertes sur

Ancien PCB		Evolution			PCB révisé		Comment.
Cpte	Libellé	Sup.(1)	Mod.(2)	Cr.(3)	Cpte	Libellé	
							créances irrécouvrables
				X	68	Dotations aux provisions règlementées	

(1) : Il s'agit de comptes existant dans l'ancien PCB et qui ne figurent plus dans le PCB révisé en termes de numéro et de libellé.
(2) : Il s'agit de comptes ayant connu des modifications en termes de numéro ou de libellé.
(3) : Il s'agit de comptes créés à travers le PCB révisé.

9.7. Classe 7 : Comptes de produits

Ancien PCB		Evolution			PCB révisé		Comment.
Cpte	Libellé	Sup.(1)	Mod.(2)	Cr.(3)	Cpte	Libellé	
				X	70116	Intérêts sur comptes ordinaires chez les systèmes financiers décentralisés	Création faite en lien avec celle réalisée au bilan (classe 1).
70117	Intérêts acquis sur comptes ordinaires chez les institutions financières internationales ou étrangères		X		70118	Intérêts sur comptes ordinaires chez les institutions financières internationales ou étrangères	Création faite en lien avec celle réalisée au bilan (classe 1).
70135	Intérêts acquis sur valeurs achetées ferme	X		X	70136	Intérêts sur valeurs achetées ferme	
					70135	Intérêts sur prêts de location-financement	
70136	Intérêts acquis sur obligations cautionnées escomptées	X					
70137	Intérêts acquis sur créances publiques escomptées	X					
				X	70156	Intérêts sur comptes ordinaires des systèmes financiers décentralisés	Création faite en lien avec celle réalisée au bilan (classe 1).

Ancien PCB		Evolution			PCB révisé		Comment.
Cpte	**Libellé**	**Sup.(1)**	**Mod.(2)**	**Cr.(3)**	**Cpte**	**Libellé**	
70152	Intérêts acquis sur comptes ordinaires du Trésor Public	X					
70157	Intérêts acquis sur comptes ordinaires des institutions financières internationales ou étrangères		X		70158	Intérêts sur comptes ordinaires des institutions financières internationales ou étrangères	
70183	Report/déport		X		70182	Report/déport	
				X	70183	Gains sur instruments financiers à terme de couverture	
				X	70184	Indemnités de réméré	
70283	Report / déport		X		70282	Report / déport	
				X	70283	Gains sur instruments financiers à terme de couverture	
				X	70284	Indemnités de réméré et assimilées	
7031	Produits et profits sur titres de placement		X		7031	Intérêts sur titres reçus en pension livrée	
				X	7032	Gains sur titres de transaction	

Ancien PCB		Evolution			PCB révisé		Comment.
Cpte	**Libellé**	**Sup.(1)**	**Mod.(2)**	**Cr.(3)**	**Cpte**	**Libellé**	
				X	7033	Produits sur titres de placement et titres de l'activité de portefeuille	Avec la création des comptes de 5 chiffres associés.
				X	7034	Produits sur titres d'investissement	
				X	7035	Produits divers sur opérations sur titres	
70410	Produits et profits sur prêts et titres subordonnés	X					
70413	Dividendes et produits assimilés sur titres immobilisés de l'activité de portefeuille	X					
70414	Produits et profits sur titres d'investissement		X		70414	Dividendes et produits assimilés sur autres titres détenus à long terme	
				X	70416	Intérêts sur prêts et titres subordonnés	
7046	Produits sur opérations de crédit-bail et de location avec option d'achat		X		7046	Produits sur opérations de location simple	Avec des modifications sur les comptes de 5 chiffres associés.

Ancien PCB		Evolution			PCB révisé		Comment.
Cpte	**Libellé**	**Sup.(1)**	**Mod.(2)**	**Cr.(3)**	**Cpte**	**Libellé**	
7047	Produits sur opérations de location-vente		X		7047	Produits sur immobilisations non louées	Avec des modifications sur les comptes de 5 chiffres associés.
7091	Plus - values sur cession d'éléments d'actif	X					
				X	7092	Quote-part sur opérations d'exploitation bancaires faites en commun	
				X	7093	Charges refacturées	
71	VENTES ET VARIATIONS DE STOCKS	X					
722	Jetons de présence et rémunération d'administrateurs, gérants ...		X		722	Indemnités de fonction et produits assimilés	
7251	Plus-values de cession sur immobilisations incorporelles et corporelles	X					

Ancien PCB		Evolution			PCB révisé		Comment.
Cpte	**Libellé**	**Sup.(1)**	**Mod.(2)**	**Cr.(3)**	**Cpte**	**Libellé**	
7252	Plus-values de cession sur immobilisations financières	X					
				X	7251	Plus-values de cessions sur immobilisations financières	
				X	7254	Plus-values de cessions sur immobilisations incorporelles et corporelles	
				X	726	Charges refacturées	
75	REPRISES DU FONDS POUR RISQUES BANCAIRES GENERAUX	X					
				X	75	QUOTE-PART DES SUBVENTIONS D'INVESTISSEMENT VIREE AU COMPTE DE RESULTAT DE L'EXERCICE	
76	REPRISES D'AMORTISSEMENTS, DE PROVISIONS ET RECUPERATIONS SUR CREANCES IRRECOUVRABLES	X					
				X	76	REPRISES DE DEPRECIATIONS SUR	Avec une refonte de tous

Ancien PCB		Evolution			PCB révisé		Comment.
Cpte	Libellé	Sup.(1)	Mod.(2)	Cr.(3)	Cpte	Libellé	
						IMMOBILISATIONS INCORPORELLES ET CORPORELLES	les comptes de 3, 4 et 5 chiffres associés, ce compte n'enregistre désormais que les reprises aux amortissements et les dépréciations relatives aux immobilisations.
77	PRODUITS EXCEPTIONNELS ET PROFITS SUR EXERCICES ANTERIEURS	X					
				X	77	REPRISES DES DEPRECIATIONS, PROVISIONS ET RECUPERATIONS SUR CREANCES IRRECOUVRABLES	Avec la création de plusieurs comptes de 3, 4 et 5 chiffres associés, ce compte n'enregistre désormais que les reprises des dépréciations, provisions et

Ancien PCB		Evolution			PCB révisé		Comment.
Cpte	**Libellé**	**Sup.(1)**	**Mod.(2)**	**Cr.(3)**	**Cpte**	**Libellé**	
							pertes sur créances irrécouvrables.
				X	78	REPRISE DE PROVISIONS REGLEMENTEES	

(1) : Il s'agit de comptes existant dans l'ancien PCB et qui ne figurent plus dans le PCB révisé en termes de numéro et de libellé.

(2) : Il s'agit de comptes ayant connu des modifications en termes de numéro ou de libellé.

(3) : Il s'agit de comptes créés à travers le PCB révisé.

9.8. Classe 9 : Comptes de hors bilan

Ancien PCB		Evolution			PCB révisé		Comment.
Cpte	**Libellé**	**Sup.(1)**	**Mod.(2)**	**Cr.(3)**	**Cpte**	**Libellé**	
				X	904	Engagements de financement reçus de la clientèle	
				X	9113	Acceptations à payer	
				X	9115	Garanties accordées à un organisme de titrisation de créances	
				X	9213	Titres achetés avec faculté de rachat	
				X	9135	Garanties accordées à un organisme de titrisation de créances	
				X	9223	Titres vendus avec faculté de rachat	
				X	94	ENGAGEMENTS SUR INSTRUMENTS FINANCIERS A TERME	Avec la création des comptes de 3 et 4 chiffres associés
				X	9511	Valeurs affectées en garantie d'opérations sur marché à terme	
				X	9521	Valeurs reçues en garantie d'opérations sur marché à terme	

Ancien PCB		Evolution			PCB révisé		Comment.
Cpte	Libellé	Sup.(1)	Mod.(2)	Cr.(3)	Cpte	Libellé	
9661	Crédits distribués pour le compte de tiers		X		9661	Crédits mis en place pour le compte de tiers	
				X	968	Comptes de suivi des créances gérées pour le compte de tiers	Avec la création des comptes de 4 chiffres associés

(1) : Il s'agit de comptes existant dans l'ancien PCB et qui ne figurent plus dans le PCB révisé en termes de numéro et de libellé.
(2) : Il s'agit de comptes ayant connu des modifications en termes de numéro ou de libellé.
(3) : Il s'agit de comptes créés à travers le PCB révisé.

Annexe 10. Grille de pondération des expositions

10.1. Expositions sur les souverains

Tableau 1 : Grille de pondération des expositions souveraines

Notation	AAA à AA-	A+ à A-	BBB+ à BBB -	BB+ à B-	< B-	Pas de notation
Pondération	0%	20%	50%	100%	150%	100%

Tableau 2 : Grille de pondération consensuelle établie par les OCE

Notation	0-1	2	3	4 à 6	7
Pondération	0%	20%	50%	100%	150%

NB :

1. Les expositions sur les Etats de l'UMOA et leurs démembrements ainsi que celles sur la BCEAO sont pondérées à 0 % lorsqu'elles sont libellées et financées en Francs CFA.
2. Les expositions sur l'Union Economique et Monétaire Ouest Africaine (UEMOA), la Communauté Economique des Etats de l'Afrique de l'Ouest (CEDEAO), l'Union Africaine (UA), le Fonds de Garantie des Dépôts dans l'UMOA (FGD-UMOA), l'Organisation des Nations Unies (ONU) et ses organismes spécialisés, l'Union Européenne (UE), la Banque des Règlements Internationaux (BRI), le Fonds Monétaire International (FMI) et la Banque Centrale, Européenne (BCE) sont pondérées à 0 %.

10.2. Expositions sur les organismes publics hors administration centrale

Tableau 3 : Grille de pondération des expositions sur les organismes publics

Notation	AAA à AA-	A+ à A-	BBB+ à BBB -	BB+ à B-	< B-	Pas de notation
Pondération	20%	50%	100%	100%	150%	100%

NB :

1. Les expositions sur les organismes publics hors administration centrale des Etats de l'UMOA sont pondérées à 20% lorsqu'elles sont libellées et financées en Francs CFA.
2. Lorsqu'un organisme public hors administration centrale demande un financement ou fournit une garantie à d'autres fins que le financement des services publics et/ou municipaux, la pondération de 20 % ne s'applique pas et l'exposition doit être traitée comme celle d'une entreprise.

10.3. Expositions sur les banques multilatérales de développement (BMD)

Tableau 4 : Grille de pondération des expositions sur les BMD

Notation	AAA à AA-	A+ à A-	BBB+ à BBB -	BB+ à B-	< B-	Pas de notation
Pondération	**20%**	**50%**	**50%**	**100%**	**150%**	**50%**

NB :

1. Les expositions sur les BMD sont pondérées à 0% lorsqu'elles répondent à certains critères ou concernent un des organismes figurant dans la liste ci-après ou, la Banque Ouest Africaine de Développement (BOAD). Dans ce dernier cas, elles doivent être libellées en Francs CFA.

   (a) Banque Internationale pour la Reconstruction et le Développement (BIRD) ;
   (b) Société Financière Internationale (SFI) ;
   (c) Banque Asiatique de Développement (BAsD) ;
   (d) Banque Africaine de Développement (BAD) ;
   (e) Banque Européenne pour la Reconstruction et le Développement (BERD) ;
   (f) Banque Interaméricaine de Développement (BID) ;
   (g) Banque Européenne d'Investissement (BEI) ;
   (h) Fonds Européen d'Investissement (FEI) ;
   (i) Banque Nordique d'Investissement (BNI) ;
   (j) Banque de Développement des Caraïbes (BDC) ;
   (k) Banque Islamique de Développement (BIsD) ;
   (l) Banque de Développement du Conseil de l'Europe (BDCE) ;
   (m) Agence Multilatérale de Garantie des Investissements (AMGI).

10.4. Expositions sur les institutions financières

Tableau 5 : Grille de pondération des expositions sur les institutions financières

Echéance	Notation	AAA à AA-	A+ à A-	BBB+ à BBB -	BB+ à B-	< B-	Pas de notation
> 3 mois	Pondération	20%	50%	50%	100%	150%	50%
< 3 mois	Pondération	20%	20%	20%	50%	150%	20%

NB :

1. Les autres institutions financières internationales doivent avoir des normes au moins équivalentes à celle de l'UMOA dans leur pays, sinon la pondération est à 100 % ;
2. Les sociétés financières non supervisées par la CB sont dans la catégorie entreprises ;

3. Les expositions sur les établissements qui ont des fonds propres négatifs sont déduites intégralement des fonds propres de base CET1 ;
4. Les expositions sur les établissements qui ne respectent pas les ratios de solvabilité sont affectées d'une pondération de 250 %.

10.5. Autres actifs

Définition	Pondération
Encaisse Valeurs assimilées (or)	0%
Valeurs à l'encaissement avec crédit immédiat	20%
Participations non significatives non déduites des Fonds Propres (FP) Immobilisations corporelles Autres actifs Certaines actions (non déduites des FP) Tous les éléments d'actifs non repris ci-dessus	100%
Portion non déduite des participations significatives Impôts différés actifs Exposition sur un établissement ne respectant pas les ratios de solvabilité	250%

10.6. Hors-bilan

Catégorie 1 *Risque faible*	Engagements révocables sans condition par l'établissement, à tout moment et sans préavis ou devenant automatiquement caducs en cas de détérioration de la solvabilité du débiteur.	10%
Catégorie 2 *Risque mineur*	Engagements dont l'échéance initiale est inférieure ou égale à un an et qui ne peuvent être révoqués sans conditions à tout moment et sans préavis ou qui ne prévoient pas d'annulation automatique en cas de détérioration de la qualité de crédit de l'emprunteur.	20%
	Lettres de crédit commerciales à court terme et à dénouement automatique, y compris les lettres de crédit liées à des transactions de marchandises telles que les crédits documentaires garantis par les marchandises sous-jacentes.	
Catégorie 3 *Risque moyen*	Engagements dont l'échéance initiale est supérieure à un an et qui ne peuvent être révoqués sans conditions à tout moment et sans préavis ou qui ne prévoient pas d'annulation automatique en cas de détérioration de la qualité de crédit de l'emprunteur.	50%
	Lettres de crédits documentaires non garanties par les marchandises sous-jacentes.	
	Engagements assortis de clauses optionnelles telles que les garanties de bonne exécution, les garanties de soumission, les garanties de tiers et les crédits de confirmation associés à des transactions spécifiques.	
Catégorie 4 *Risque élevé*	Facilités d'émission d'effets (FEE) et facilités de prise ferme renouvelables (FPR) et d'autres accords similaires.	75%
Catégorie 5 *Risque très élevé*	Substituts directs de crédit, comme les garanties générales d'endettement (y compris les lignes de crédit garantissant un prêt ou une opération sur titres) et les acceptations (y compris les endossements ayant le caractère d'acceptation).	100%
	Opérations assimilables à des pensions (prises/mises en pension et emprunts/prêts de titres).	
	Cessions d'actifs passibles de recours en faveur de l'acheteur (par exemple : affacturage, facilités d'escompte de factures).	
	Engagements d'achat d'actifs à terme, dépôts terme contre terme.	
	Fraction non versée d'actions et de titres partiellement libérés.	
	Autres éléments non pris en compte dans les autres catégories.	

Source : Extrait du paragraphe 168 du nouveau dispositif prudentiel applicable aux établissements de crédit de l'UMOA.

Annexe 11. Processus Interne d'Evaluation de l'Adéquation des Fonds Propres (PIEAFP)

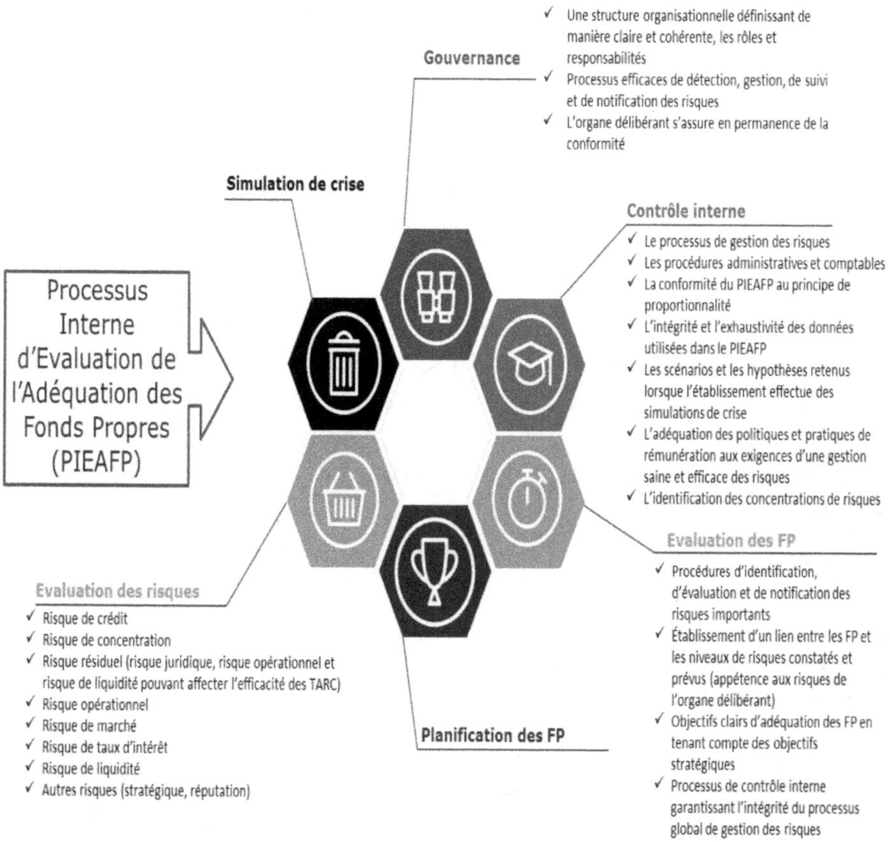

Annexe 12. Dispositions transitoires relatives aux exigences minimales de fonds propres

Exigences minimales	2018	2019	2020	2021	2022
Ratio minimal pour les fonds propres de base durs (CET 1)	5%	5%	5%	5%	5%
Coussin de conservation des fonds propres	0,625%	1,25%	1,875%	2,5%	2,5%
Ratio minimal CET 1 + Coussin de conservation	5,625%	6,25%	6,875%	7,50%	7,50%
Ratio minimal de fonds propres de base (T1)	6%	6%	6%	6%	6%
Ratio minimal T1 + Coussin de conservation	6,625%	7,25%	7,875%	8,5%	8,5%
Ratio minimal de solvabilité	8%	8,25%	8,5%	8,75%	9%
Ratio minimal de solvabilité + Coussin de conservation	8,625%	9,5%	10,375%	11,25%	11,5%
Ratio de levier	3%	3%	3%	3%	3%

Source : Extrait du paragraphe 496 nouveau dispositif prudentiel applicable aux établissements de crédit du l'UMOA.

Annexe 13. La démarche d'approche par les risques

13.1.

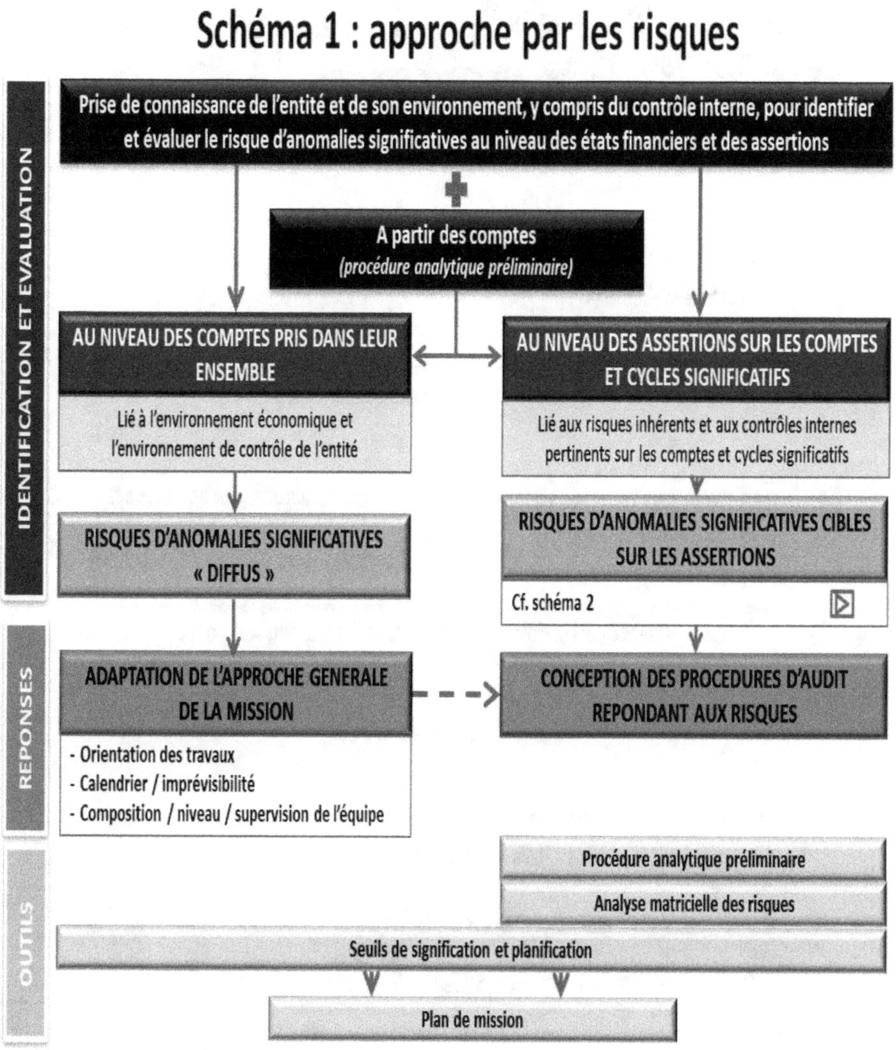

Source : Extrait de la Note d'information CNCC n°XV « Le commissaire aux comptes et l'approche d'audit par les risques » – décembre 2016 (§2.1)

13.2.

Schéma 2 : Conception des procédures d'audit pour les cycles et comptes significatifs

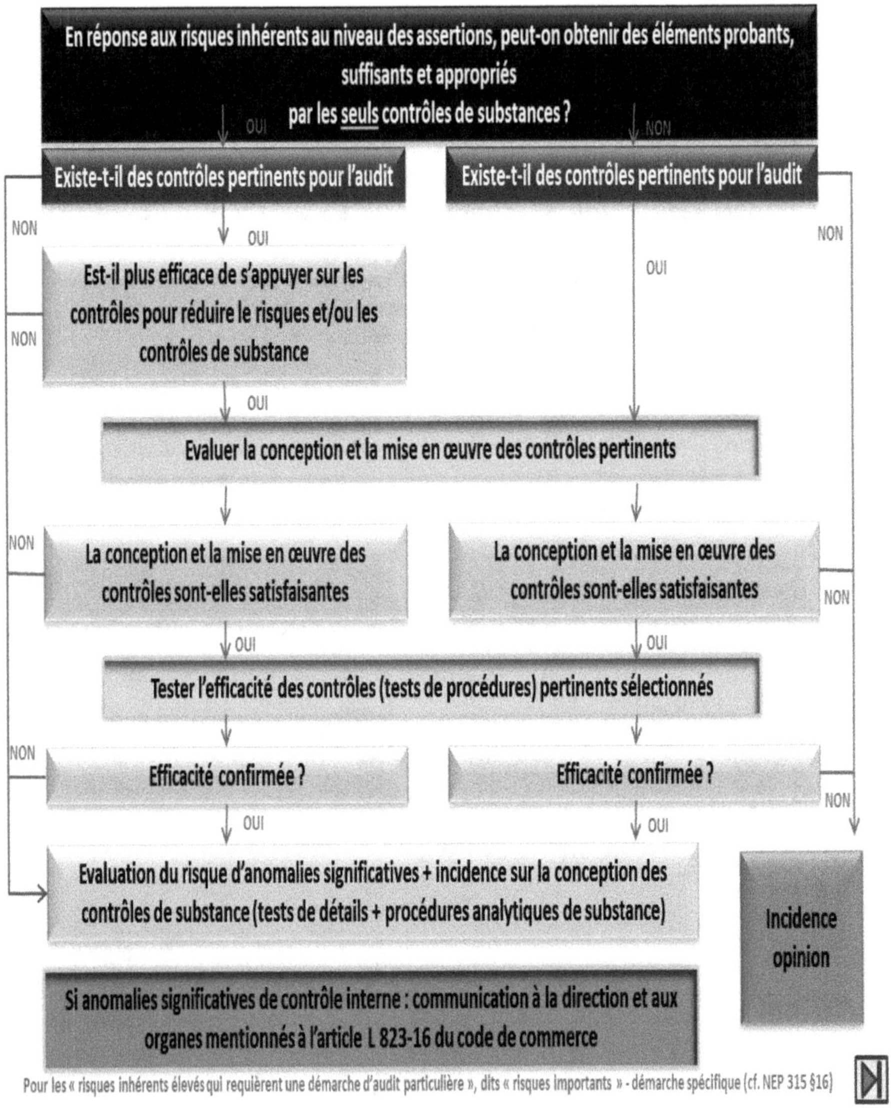

Source : Extrait de la Note d'information CNCC n°XV « Le commissaire aux comptes et l'approche d'audit par les risques » – décembre 2016 (§2.2).

Annexe 14. Tableau d'analyse des rubriques des états financiers par cycles, risques et assertions d'audit applicables

RUBRIQUES DES ETATS FINANCIERS	DESAGREGATIONS	CYCLES	RISQUES APPLICABLES[85]	ASSERTIONS D'AUDIT
ETATS FINANCIERS			Notes 1, 5, 6, 8, 10, 11, 12, 13, 14, 15, 20, 21, 22, 23, 24, 25, 30	N/A
ACTIF				
CAISSES, BANQUE CENTRALE ET CCP		Moyens de paiement	Notes 16, 19, 28, 29	Exhaustivité, Evaluation et Imputation, Existence, Droits et obligations
EFFETS PUBLICS ET VALEURS ASSIMILEES		Opérations financières	Notes 7, 10, 19, 23	Exhaustivité, Evaluation et Imputation, Existence
CREANCES INTERBANCAIRES ET ASSIMILEES		Moyens de paiement	Notes 16, 19	Evaluation et imputation, Exhaustivité, Droits et obligations

[85] Les risques ont été mis en évidence par des notes contenues dans la section 2 du chapitre 1 de la troisième partie du mémoire.

RUBRIQUES DES ETATS FINANCIERS	DESAGREGATIONS	CYCLES	RISQUES APPLICABLES[85]	ASSERTIONS D'AUDIT
CREANCES SUR LA CLIENTELE		Crédits et engagements	Notes 7, 10, 16, 17, 23, 30	Exhaustivité, Evaluation et Imputation, Séparation des exercices, Droits et Obligations
OBLIGATIONS ET AUTRES TITRES A REVENU FIXE		Opérations financières	Notes 7, 10, 19, 23	Exhaustivité, Evaluation et Imputation, Existence
ACTIONS ET AUTRES TITRES A REVENU VARIABLE		Opérations financières	Notes 7, 10, 19, 23	Exhaustivité, Evaluation et Imputation, Existence
ACTIONNAIRES OU ASSOCIES		Comptabilité générale		
AUTRES ACTIFS		Comptabilité générale		
COMPTES DE REGULARISATION		Comptabilité générale	Note 7	Exhaustivité, Evaluation et Imputation

RUBRIQUES DES ETATS FINANCIERS	DESAGREGATIONS	CYCLES	RISQUES APPLICABLES[85]	ASSERTIONS D'AUDIT
PARTICIPATION ET AUTRES TITRES DETENUS A LT		Opérations financières	Notes 7, 10, 19, 23	Exhaustivité, Evaluation et Imputation, Existence
PART DANS LES ENTREPRISES LIEES		Opérations financières	Notes 7, 10, 19, 23	Exhaustivité, Evaluation et Imputation, Existence
PRETS SUBORDONNES		Opérations financières		
IMMOBILISATIONS INCORPORELLES		Immobilisations	Note 10	Exhaustivité, Evaluation et Imputation
IMMOBILISATIONS CORPORELLES		Immobilisations	Note 10	Exhaustivité, Evaluation et Imputation
PASSIF				
BANQUES CENTRALES, CCP		Moyens de paiement	Notes 16, 19	Exhaustivité, Evaluation et Imputation, Droits et obligations

Annexe 14. Tableau d'analyse des rubriques des états financiers par cycles, risques et assertions d'audit applicables

RUBRIQUES DES ETATS FINANCIERS	DESAGREGATIONS	CYCLES	RISQUES APPLICABLES[85]	ASSERTIONS D'AUDIT
DETTES INTERBANCAIRES ET ASSIMILEES		Moyens de paiement	Notes 16, 19, 29	Exhaustivité, Evaluation et Imputation, Droits et obligations
DETTES A L'EGARD DE LA CLIENTELE		Dépôts de la clientèle	Notes 3, 16, 18, 26, 27,	Droits et obligations, Exhaustivité, Evaluation et Imputation, Existence
DETTES REPRESENTEES PAR UN TITRE		Dépôts de la clientèle		
AUTRES PASSIFS		Comptabilité générale		
COMPTES DE REGULARISATION		Comptabilité générale	Note 7	Exhaustivité, Evaluation et Imputation
PROVISIONS		Capitaux propres et assimilés et provisions pour risques et charges	Notes 7, 9, 10	Exhaustivité, Evaluation et Imputation

RUBRIQUES DES ETATS FINANCIERS	DESAGREGATIONS	CYCLES	RISQUES APPLICABLES[85]	ASSERTIONS D'AUDIT
EMPRUNTS ET TITRES EMIS SUBORDONNES		Capitaux propres et assimilés et provisions pour risques et charges	Note 16	Existence, Droits et obligations
CAPITAUX PROPRES ET RESSOURCES ASSIMILEES		Capitaux propres et assimilés et provisions pour risques et charges	Note 10	Exhaustivité, Droits et obligations, Evaluation et Imputation
HORS-BILAN				
ENGAGEMENTS DONNES (ED)	ED SUR OPERATIONS INTERBANCAIRES	Moyens de paiement	Note 4	Exhaustivité, Evaluation et Imputation
ENGAGEMENTS DONNES (ED)	ED SUR OPERATIONS AVEC LA CLIENTELE	Crédits et engagements	Notes 4, 16, 17	Exhaustivité, Evaluation et Imputation, Droits et obligations
ENGAGEMENTS DONNES (ED)	ED SUR OPERATIONS SUR TITRES	Opérations financières	Note 4	Exhaustivité, Evaluation et Imputation
ENGAGEMENTS RECUS (ER)	ER SUR OPERATIONS INTERBANCAIRES	Moyens de paiement	Note 4	Exhaustivité, Evaluation et Imputation

RUBRIQUES DES ETATS FINANCIERS	DESAGREGATIONS	CYCLES	RISQUES APPLICABLES[85]	ASSERTIONS D'AUDIT
ENGAGEMENTS RECUS (ER)	ER SUR OPERATIONS AVEC LA CLIENTELE	Crédits et engagements	Notes 4, 16	Exhaustivité, Evaluation et Imputation, Droits et Obligations
ENGAGEMENTS RECUS (ER)	ER SUR OPERATIONS SUR TITRES	Opérations financières	Note 4	Exhaustivité, Evaluation et Imputation
RESULTATS				
INTERETS ET PRODUITS ASSIMILES (IPA)	IPA SUR OPERATIONS INTERBANCAIRES	Moyens de paiement	Note 2	Réalité, Mesure
INTERETS ET PRODUITS ASSIMILES (IPA)	IPA SUR OPERATIONS AVEC LA CLIENTELE	Crédits et engagements	Notes 2, 26, 27	Réalité, Mesure, Séparation des exercices, Exhaustivité
INTERETS ET PRODUITS ASSIMILES (IPA)	IPA SUR OPERATIONS SUR TITRES	Opérations financières	Note 2	Réalité, Mesure, Séparation des exercices, Exhaustivité
INTERETS ET CHARGES ASSIMILEES (ICA)	ICA SUR OPERATIONS INTERBANCAIRES	Moyens de paiement		

Annexe 14. Tableau d'analyse des rubriques des états financiers par cycles, risques et assertions d'audit applicables

RUBRIQUES DES ETATS FINANCIERS	DESAGREGATIONS	CYCLES	RISQUES APPLICABLES[85]	ASSERTIONS D'AUDIT
INTERETS ET CHARGES ASSIMILEES (ICA)	ICA SUR OPERATIONS SUR LA CLIENTELE	Dépôts de la clientèle	Note 26	Mesure, Exhaustivité
INTERETS ET CHARGES ASSIMILEES (ICA)	ICA SUR OPERATIONS SUR TITRES	Opérations financières		
REVENU DES TITRES A REVENU VARIABLE		Opérations financières	Note 2	Réalité, Mesure, Séparation des exercices, Exhaustivité
COMMISSIONS (PRODUITS)	COMMISSIONS SUR OPERATIONS INTERBANCAIRES	Moyens de paiement	Note 2	Réalité, Mesure
COMMISSIONS (PRODUITS)	COMMISSIONS SUR OPERATIONS AVEC LA CLIENTELE	Crédits et engagements	Note 2, 10, 26, 27	Réalité, Mesure, Séparation des exercices, Exhaustivité
COMMISSIONS (PRODUITS)	COMMISSIONS SUR OPERATIONS SUR TITRES	Opérations financières	Note 2	Réalité, Mesure
COMMISSIONS (CHARGES)	COMMISSIONS SUR OPERATIONS INTERBANCAIRES	Moyens de paiement		

Annexe 14. Tableau d'analyse des rubriques des états financiers par cycles, risques et assertions d'audit applicables

RUBRIQUES DES ETATS FINANCIERS	DESAGREGATIONS	CYCLES	RISQUES APPLICABLES[85]	ASSERTIONS D'AUDIT
COMMISSIONS (CHARGES)	COMMISSIONS SUR OPERATIONS AVEC LA CLIENTELE	Dépôts de la clientèle	Note 26	Exhaustivité, Mesure
COMMISSIONS (CHARGES)	COMMISSIONS SUR OPERATIONS SUR TITRES	Opérations financières		
GAINS OU PERTES NETS SUR OPERATIONS DES PORTEFEUILLES DE NEGOCIATION		Opérations financières	Notes 7, 10, 19, 23	Exhaustivité, Mesure, Séparation des exercices
GAINS OU PERTES NETS SUR OPERATIONS DES PORTEFEUILLES DE PLACEMENT ET ASSIMILES		Opérations financières	Notes 7, 10, 19, 23	Exhaustivité, Mesure, Séparation des exercices
AUTRES PRODUITS D'EXPLOITATION BANCAIRE		Comptabilité générale		
AUTRES CHARGES D'EXPLOITATION BANCAIRE		Comptabilité générale		
SUBVENTIONS D'INVESTISSEMENT		Immobilisations		
CHARGES GENERALES D'EXPLOITATION	FRAIS DE PERSONNEL	Comptabilité générale		

Annexe 14. Tableau d'analyse des rubriques des états financiers par cycles, risques et assertions d'audit applicables

RUBRIQUES DES ETATS FINANCIERS	DESAGREGATIONS	CYCLES	RISQUES APPLICABLES[85]	ASSERTIONS D'AUDIT
CHARGES GENERALES D'EXPLOITATION	AUTRES FRAIS GENERAUX	Comptabilité générale	Note 10	Exhaustivité, Mesure
DOTATION AUX AMORTISSEMENTS ET AUX DEPRECIATIONS DES IMMOBILISATIONS INCORPORELLES ET CORPORELLES		Immobilisations		
COÛT DU RISQUE (CR)	CR - OPERATIONS INTERBANCAIRES	Moyens de paiement	Notes 16	Mesure
COÛT DU RISQUE (CR)	CR - OPERATIONS SUR LA CLIENTELE	Crédits et engagements	Notes 7, 10, 16, 17	Exhaustivité, Mesure, Séparation des exercices
COÛT DU RISQUE (CR)	CR - OPERATIONS SUR TITRES	Opérations financières	Notes 17	Mesure, Séparation des exercices
GAINS OU PERTES NETS SUR ACTIFS		Immobilisations		
IMPOT SUR LE BENEFICE		Comptabilité générale		
ANNEXES		Comptabilité générale	Note 10	Exhaustivité, Mesure et Evaluation, Présentation et Intelligibilité

Annexe 15. Exemples de programmes de travail pour l'audit d'un établissement

15.1. Programme de travail pour le cycle « Moyens de paiement » [86]

RUBRIQUE DES ETATS FINANCIERS	NOTES[87]	ASSERTIONS D'AUDIT	TESTS DE PROCEDURES (TP)	TESTS SUBSTANTIFS (TS)
ACTIF				
CAISSES, BANQUES CENTRALE ET CCP	Note 16	Evaluation et Imputation	TP 1 : Existence, adéquation et efficacité du système d'identification et d'évaluation du risque pays au niveau des emplois.	TS 1 : En cas de survenance d'un risque pays, vérifier si les incidences de cet évènement ont été enregistrées dans les comptes à la clôture, notamment en ce qui concerne les dépréciations de créances ou la mention d'informations dans l'annexe aux comptes annuels.

[86] Les programmes de travail nouveaux ou modifiés suite aux changements de réglementations comptable et prudentielle ont été mis en évidence **en couleur**.

[87] Il s'agit des risques relevés à travers les notes contenues dans la section 2 du chapitre 1 de la troisième partie du mémoire.

RUBRIQUE DES ETATS FINANCIERS	NOTES[87]	ASSERTIONS D'AUDIT	TESTS DE PROCEDURES (TP)	TESTS SUBSTANTIFS (TS)
CAISSES, BANQUES CENTRALE ET CCP	Note 19	Evaluation et Imputation	TP 2 : Existence, adéquation et efficacité du dispositif de mise à jour des cours des devises.	TS 2 : Vérifier la correcte valorisation des valeurs et comptes détenus en devises selon les cours officiels des devises à la clôture.
CAISSES, BANQUES CENTRALE ET CCP	Note 28	Exhaustivité et Existence	TP 3 : S'assurer par observation physique et par inspection si les valeurs détenues en espèces sont conservées à des lieux sécurisés et transférées dans des conditions limitant tout risque de perte, détérioration, vol ou cambriolage. Vérifier la souscription d'une police d'assurance en couverture de ces risques.	TS 3 : Examen des procès-verbaux d'inventaires physiques, y compris vérification des contrôles arithmétiques. TS 4 : Réconciliation entre les procès-verbaux d'inventaires physiques et la balance générale.
CAISSES, BANQUES CENTRALE ET CCP	Note 28	Exhaustivité et Existence	TP 4 : Participer à des prises d'inventaire physiques et s'assurer que la procédure en place permet de garantir un décompte exhaustif avec une supervision adéquate.	TS 3 : Examen des procès-verbaux d'inventaires physiques, y compris vérification des contrôles arithmétiques. TS 4 : Réconciliation entre les procès-verbaux d'inventaires physiques et la balance générale.

RUBRIQUE DES ETATS FINANCIERS	NOTES[87]	ASSERTIONS D'AUDIT	TESTS DE PROCEDURES (TP)	TESTS SUBSTANTIFS (TS)
	Note 29	Exhaustivité, Existence, Evaluation, Droits et obligations	TP 5 : Existence, adéquation et efficacité des procédures de réconciliation de soldes avec les correspondants, banque centrale et confrères.	TS 5 : Confirmation directe des correspondants, banque centrale et confrères. TS 6 : Vérification des états de rapprochement à la clôture.
CREANCES INTERBANCAIRES ET ASSIMILEES	Note 16	Evaluation et Imputation	TP 1 : Existence, adéquation et efficacité du système d'identification et d'évaluation du risque pays au niveau des emplois.	TS 1 : En cas de survenance d'un risque pays, vérifier si les incidences de cet évènement ont été enregistrées dans les comptes à la clôture, notamment en ce qui concerne les dépréciations de créances.
CREANCES INTERBANCAIRES ET ASSIMILEES	Note 19	Evaluation et Imputation	TP 2 : Existence, adéquation et efficacité du dispositif de mise à jour des cours des devises.	TS 2 : Vérifier la correcte valorisation des valeurs et comptes détenus en devises selon les cours officiels des devises à la clôture.
CREANCES INTERBANCAIRES ET ASSIMILEES	Note 29	Exhaustivité, Existence, Evaluation, Droits et obligations	TP 5 : Existence, adéquation et efficacité des procédures de réconciliation de soldes avec les correspondants, banque centrale et confrères.	TS 5 : Confirmation directe des correspondants, banque centrale et confrères. TS 6 : Vérification des états de rapprochement à la clôture.

RUBRIQUE DES ETATS FINANCIERS	NOTES[87]	ASSERTIONS D'AUDIT	TESTS DE PROCEDURES (TP)	TESTS SUBSTANTIFS (TS)
PASSIF				
BANQUES CENTRALES, CCP	Note 16	Evaluation et Imputation	TP 6 : Existence, adéquation et efficacité du système d'identification et d'évaluation du risque pays au niveau des ressources. En cas de survenance du risque pays, appréciation des conséquences sur la liquidité de l'établissement et tirer les conséquences sur sa vulnérabilité.	
BANQUES CENTRALES, CCP	Note 19	Evaluation et Imputation	TP 2 : Existence et efficacité d'un dispositif de mise à jour des cours des devises.	TS 2 : Vérifier la correcte valorisation des valeurs et comptes détenus en devises selon les cours officiels des devises à la clôture.

RUBRIQUE DES ETATS FINANCIERS	NOTES[87]	ASSERTIONS D'AUDIT	TESTS DE PROCEDURES (TP)	TESTS SUBSTANTIFS (TS)
DETTES INTERBANCAIRES ET ASSIMILEES	Note 16	Evaluation et Imputation	TP 6 : Existence, adéquation et efficacité du système d'identification et d'évaluation du risque pays au niveau des ressources. En cas de survenance du risque pays, appréciation des conséquences sur la liquidité de l'établissement et tirer les conséquences sur la vulnérabilité.	
DETTES INTERBANCAIRES ET ASSIMILEES	Note 19	Evaluation et Imputation	TP 2 : Existence, adéquation et efficacité du dispositif de mise à jour des cours des devises.	TS 2 : Vérifier la correcte valorisation des valeurs et comptes détenus en devises selon les cours officiels des devises à la clôture.

RUBRIQUE DES ETATS FINANCIERS	NOTES[87]	ASSERTIONS D'AUDIT	TESTS DE PROCEDURES (TP)	TESTS SUBSTANTIFS (TS)
DETTES INTERBANCAIRES ET ASSIMILEES	Note 29	Exhaustivité, Existence, Evaluation, Droits et obligation	TP 5 : Existence, adéquation et efficacité des procédures de réconciliation de soldes avec les correspondants, banque centrale et confrères.	TS 5 : Confirmation directe des correspondants, banque centrale et confrères TS 6 : Vérification des états de rapprochement à la clôture.
HORS-BILAN				
ENGAGEMENTS DONNES SUR OPERATIONS INTEBANCAIRES	Note 4	Exhaustivité, Evaluation et Imputation, Droits et obligations.	TP 7 : Existence, adéquation et efficacité du dispositif d'identification, d'enregistrement et de mise à jour régulière des engagements hors bilan.	TS 5 : Confirmation directe des correspondants, banque centrale et confrères. TS 7 : Réconciliation des engagements donnés entre les données comptables (balance générale) et les données provenant d'autres sources (état des engagements du département risques).
ENGAGEMENTS RECUS SUR	Note 4	Exhaustivité, Evaluation et Imputation,	TP 8 : Existence, adéquation et efficacité du dispositif d'identification, d'enregistrement et de mise à	TS 5 : Confirmation directe des correspondants, banque centrale et confrères.

RUBRIQUE DES ETATS FINANCIERS	NOTES[87]	ASSERTIONS D'AUDIT	TESTS DE PROCEDURES (TP)	TESTS SUBSTANTIFS (TS)
OPERATIONS INTERBANCAIRES		Droits et obligations	jour régulière des engagements reçus.	TS 8 : Réconciliation des engagements reçus entre les données comptables (balance générale) et des données provenant d'autres sources (état des engagements du département risques).
COMPTES DU RESULTAT				
INTERETS ET PRODUITS ASSIMILES SUR OPERATIONS INTERBANCAIRES	Note 2	Réalité, Mesure, Séparation des exercices	TP 9 : Existence, adéquation et efficacité du dispositif de revue des produits (intérêts et commissions) relatifs aux opérations interbancaires.	TS 5 : Confirmation directe des correspondants, banque centrale et confrères. TS 9 : Revue analytique approfondie du rendement des créances interbancaires. TS 12 : Test de détail sur un échantillon d'opérations.
COMMISSIONS (PRODUITS) SUR OPERATIONS INTERBANCAIRES	Note 2	Réalité, Mesure, Séparation des exercices	TP 9 : Existence, adéquation et efficacité du dispositif de revue des produits (intérêts et commissions) relatifs aux opérations interbancaires	TS 10 : Confirmation des tiers en relation avec l'établissement TS 11 : Revue analytique des commissions acquises.

RUBRIQUE DES ETATS FINANCIERS	NOTES[87]	ASSERTIONS D'AUDIT	TESTS DE PROCEDURES (TP)	TESTS SUBSTANTIFS (TS)
				TS 12 : Test de détail sur un échantillon d'opérations.
COÛT DU RISQUE SUR OPERATIONS INTERBANCAIRES	Note 16	Mesure	TP 1 : Existence, adéquation et efficacité du système d'identification et d'évaluation du risque pays au niveau des emplois.	TS 1 : En cas de survenance d'un risque pays, vérifier si les incidences de cet évènement ont été enregistrées dans les comptes à la clôture, notamment en ce qui concerne les dépréciations de créances ou la mention d'informations dans l'annexe aux comptes annuels.

15.2. Programme de travail pour le cycle « Crédits et engagements » [88]

RUBRIQUE DES ETATS FINANCIERS	NOTES[89]	ASSERTIONS D'AUDIT	TESTS DE PROCEDURES (TP)	TESTS SUBSTANTIFS (TS)
ACTIF				
CREANCES SUR LA CLIENTELE / COMMISSIONS RECUES ET COÛTS MARGINAUX	Note 7	Evaluation et Imputation, Séparation des exercices, Exhaustivité	TP 10 : Performance et efficacité du système d'information en termes d'identification, quantum et déversement en comptabilité des commissions reçues et coûts marginaux selon l'instruction N°28-11-2016.	TS 13 : Réconciliation entre les données comptables (balance générale) et l'état des commissions reçues et coûts marginaux (extraction informatique ou suivi par un service indépendant de la comptabilité). TS 14 : Test de détail sur un échantillon de commissions reçues et coûts marginaux, y compris la vérification du correct étalement sur les exercices.
CREANCES SUR LA CLIENTELE /	Note 7	Evaluation et Imputation,	TP 11 : Performance et efficacité du système d'information en	TS 15 : Réconciliation entre les données comptables (balance générale) et l'état

[88] Les programmes de travail nouveaux ou modifiés suite aux changements de réglementations comptable et prudentielle ont été mis en évidence **en couleur**.
[89] Il s'agit des risques relevés à travers les notes contenues dans la section 2 du chapitre 1 de la troisième partie du mémoire.

RUBRIQUE DES ETATS FINANCIERS	NOTES[89]	ASSERTIONS D'AUDIT	TESTS DE PROCEDURES (TP)	TESTS SUBSTANTIFS (TS)
DECOTES SUR LES CREANCES RESTRUCTUREES		Séparation des exercices, Exhaustivité	termes d'identification, quantum et déversement en comptabilité des décotes sur créances restructurées selon l'instruction N°26-11-2016. Vérification du mode de détermination du taux d'actualisation.	des décotes sur créances restructurées (extraction informatique ou suivi par un service indépendant de la comptabilité) TS 16 : Test de détail sur les décotes sur créances restructurées, y compris la vérification de l'étalement.
CREANCES SUR LA CLIENTELE / COMMISSIONS RECUES ET COÛTS MARGINAUX	Note 10	Exhaustivité	TP 10 : Performance et efficacité du système d'information en termes d'identification, quantum et déversement en comptabilité des commissions reçues et coûts marginaux selon l'instruction N°28-11-2016	TS 13 : Réconciliation entre les données comptables (balance générale) et l'état des commissions reçues et coûts marginaux (extraction informatique ou suivi par un service indépendant de la comptabilité) TS 17 : Vérification de la cohérence entre les engagements mis en place et les commissions reçues et coûts marginaux enregistrés.

RUBRIQUE DES ETATS FINANCIERS	NOTES[89]	ASSERTIONS D'AUDIT	TESTS DE PROCEDURES (TP)	TESTS SUBSTANTIFS (TS)
CREANCES SUR LA CLIENTELE / DECOTES SUR LES CREANCES RESTRUCTUREES	Note 10	Exhaustivité	TP 11 : Performance et efficacité du système d'information en termes d'identification, quantum et déversement en comptabilité des décotes sur créances restructurées selon l'instruction N°26-11-2016. Vérification du mode de détermination du taux d'actualisation.	TS 15 : Réconciliation entre les données comptables (balance générale) et l'état des commissions reçues et coûts marginaux (extraction informatique ou suivi par un service indépendant de la comptabilité) TS 18 : Vérification de la cohérence entre les engagements restructurés et les décotes enregistrées en comptabilité.
CREANCES SUR LA CLIENTELE / ENCOURS DES ENGAGEMENTS	Note 7	Evaluation et imputation, Exhaustivité	TP 12 : Performance et efficacité du système d'information en termes de gestion des engagements (mise en place, comptabilisation des remboursements / impayés, etc.) et correct déversement en comptabilité.	TS 19 : Réconciliation entre les données comptables (balance générale) et l'état des engagements (extraction informatique ou suivi par un service indépendant de la comptabilité).

RUBRIQUE DES ETATS FINANCIERS	NOTES[89]	ASSERTIONS D'AUDIT	TESTS DE PROCEDURES (TP)	TESTS SUBSTANTIFS (TS)
CREANCES SUR LA CLIENTELE / ENCOURS DES ENGAGEMENTS	Note 10	Exhaustivité, Séparation des exercices	TP 12 : Performance et efficacité du système d'information en termes de gestion des engagements (mise en place, comptabilisation des remboursements / impayés, etc.) et correct déversement en comptabilité.	TS 19 : Réconciliation entre les données comptables (balance générale) et l'état des engagements (extraction informatique ou suivi par un service indépendant de la comptabilité). TS 20 : Tests de détail sur un échantillon de dossiers de crédits mis en place à des dates proches de la clôture des exercices.
CREANCES SUR LA CLIENTELE / RECLASSEMENT ET DEPRECIATION DES ENGAGEMENTS	Note 10	Evaluation et imputation, Exhaustivité, Séparation des exercices	TP 13 : Performance et efficacité du système d'information en termes de gestion des reclassements et de provisionnement systématique des engagements (déclassement en créances douteuses et litigieuses (CDL), déclassement en créances restructurées, transferts entre ces catégories et celles des	TS 19 : Réconciliation entre les données comptables (balance générale) et l'état des engagements (extraction informatique ou suivi par un service indépendant de la comptabilité). TS 21 : Tests de détail sur un échantillon de dossiers de crédit , y compris les 50 plus gros risques[90].

[90] L'attention particulière portée sur les 50 plus gros engagements de l'établissement est liée à l'article 8 de la circulaire N°04-2011 de la commission bancaire de l'UMOA requérant aux commissaires aux comptes d'établir un rapport relatif à l'évaluation de ces engagements.

RUBRIQUE DES ETATS FINANCIERS	NOTES[89]	ASSERTIONS D'AUDIT	TESTS DE PROCEDURES (TP)	TESTS SUBSTANTIFS (TS)
			engagements sains, etc.) conformément à l'instruction N°26-11-2016	
CREANCES SUR LA CLIENTELE / RECLASSEMENT ET DEPRECIATION DES ENGAGEMENTS	Note 10	Evaluation et imputation, Exhaustivité, Séparation des exercices	TP 14 : Performance, efficacité et fiabilité du système d'information en termes d'édition d'états d'exception, selon les règles fixées dans l'instruction N°26-11-2016 : - états des CDL ; - états des créances restructurées ; - états des créances avec impayés ; - états des comptes ordinaires débiteurs sans autorisation ;	TS 22 : Réconciliation entre les données comptables (balance générale) et les états obtenus. TS 23 : Analyse globale du portefeuille des engagements au sens de l'instruction N°26-11-2016 (déclassement en créances en souffrance, reclassements entre différentes catégories, application des règles de provisionnement, etc.), sur la base des états d'exception, en vue de se prononcer sur la classification des engagements ainsi que leur niveau de provisionnement.

RUBRIQUE DES ETATS FINANCIERS	NOTES[89]	ASSERTIONS D'AUDIT	TESTS DE PROCEDURES (TP)	TESTS SUBSTANTIFS (TS)
			- états des comptes ordinaires débiteurs dépassant leur autorisation de découverts ;	
CREANCES SUR LA CLIENTELE / RECLASSEMENT ET DEPRECIATION DES ENGAGEMENTS	Note 16	Evaluation et imputation	TP 1 : Existence, adéquation et efficacité du système d'identification et d'évaluation du risque pays au niveau des emplois.	TS 24 : Analyse d'un échantillon de dossiers concernés par le risque de concentration pays et appréciation de l'incidence sur les déclassements et dépréciations des créances en souffrance. TS 25 : En cas de survenance du risque, appliquer les règles de déclassement et de provisionnement prévues par l'instruction N°26-11-2016.

RUBRIQUE DES ETATS FINANCIERS	NOTES[89]	ASSERTIONS D'AUDIT	TESTS DE PROCEDURES (TP)	TESTS SUBSTANTIFS (TS)
CREANCES SUR LA CLIENTELE / RECLASSEMENT ET DEPRECIATION DES ENGAGEMENTS	Note 17	Evaluation et imputation, Exhaustivité, Séparation des exercices	TP 14 : Performance, efficacité et fiabilité du système d'information en termes d'édition d'états d'exception, selon les règles fixées dans l'instruction N°26-11-2016 : - états des CDL ; - états des créances restructurées ; - états des créances avec impayés ; - états des comptes ordinaires débiteurs sans autorisation ; - états des comptes ordinaires débiteurs dépassant leur autorisation de découverts.	TS 22 : Réconciliation entre les données comptables (balance générale) et les états obtenus. TS 23 : Analyse globale du portefeuille des engagements au sens de l'instruction N°26-11-2016 (déclassement en créances en souffrance, reclassements entre différentes catégories, application des règles de provisionnement, etc.), sur la base des états d'exception, en vue de se prononcer sur la classification des engagements ainsi que leur niveau de provisionnement.

RUBRIQUE DES ETATS FINANCIERS	NOTES[89]	ASSERTIONS D'AUDIT	TESTS DE PROCEDURES (TP)	TESTS SUBSTANTIFS (TS)
CREANCES SUR LA CLIENTELE / RECLASSEMENT ET DEPRECIATION DES ENGAGEMENTS	Note 23	Evaluation et imputation, Exhaustivité, Séparation des exercices	TP 13 : Performance et efficacité du système d'information en termes de gestion des reclassements et de provisionnement systématique des engagements (déclassement en créances douteuses et litigieuses (CDL), déclassement en créances restructurées, transferts entre ces catégories et celles des engagements sains, etc.) conformément à l'instruction N°26-11-2016 TP 14 : Performance, efficacité et fiabilité du système d'information en termes d'édition d'états d'exception, selon les règles fixées dans l'instruction N°26-11-2016 : - états des CDL ;	

RUBRIQUE DES ETATS FINANCIERS	NOTES[89]	ASSERTIONS D'AUDIT	TESTS DE PROCEDURES (TP)	TESTS SUBSTANTIFS (TS)
			- états des créances restructurées ; - états des créances avec impayés ; - états des comptes ordinaires débiteurs sans autorisation ; - états des comptes ordinaires débiteurs dépassant leur autorisation de découverts.	
CREANCES SUR LA CLIENTELE	Note 30	Evaluation et imputation, Exhaustivité, Séparation des exercices, Droits et obligations	TP 15 : Existence et adéquation du dispositif de conformité en place au sein de l'établissement. Ce dispositif prend-il en compte les contrats signés ou analyse-t-il le niveau de formalisme des relations avec les clients de l'établissement ? Existence de contrat standard ? Analyse systématique des contrats non standards ?	TS 26 : Test de détail sur un échantillon de dossiers de crédit, y compris les 50 plus gros risques : vérification du niveau de formalisme et de son adéquation, vérification du respect des clauses contractuelles par l'une ou l'autre des parties et en tirer les conséquences sur les états financiers.

RUBRIQUE DES ETATS FINANCIERS	NOTES[89]	ASSERTIONS D'AUDIT	TESTS DE PROCEDURES (TP)	TESTS SUBSTANTIFS (TS)
HORS-BILAN				
ENGAGEMENTS DONNES SUR OPERATIONS AVEC LA CLIENTELE	Note 4	Exhaustivité, Evaluation et Imputation, Droits et obligations	TP 16 : Existence et adéquation du dispositif de suivi des engagements hors bilan en place au sein de l'établissement.	TS 19 : Réconciliation entre les données comptables (balance générale) et l'état des engagements (extraction informatique ou suivi par un service indépendant de la comptabilité). TS 27 : Confirmation direct des clients importants et des conseils (avocats, notaires, etc.) en relation avec l'établissement. TS 28 : Test de détail sur un échantillon de dossiers de crédit, y compris les 50 plus gros risques : vérification de la correcte interprétation et de la présentation sincère et fidèle des engagements en hors bilan.

RUBRIQUE DES ETATS FINANCIERS	NOTES[89]	ASSERTIONS D'AUDIT	TESTS DE PROCEDURES (TP)	TESTS SUBSTANTIFS (TS)
ENGAGEMENTS DONNES SUR OPERATIONS AVEC LA CLIENTELE	Note 16	Evaluation et Imputation	TP 1 : Existence, adéquation et efficacité du système d'identification et d'évaluation du risque pays au niveau des emplois.	TS 29 : Analyse d'un échantillon de dossiers concernés par le risque de concentration pays et appréciation de l'incidence sur les déclassements et dépréciations des engagements hors-bilan TS 25 : En cas de survenance du risque, appliquer les règles de déclassement et de provisionnement prévues par l'instruction N°26-11-2016.
ENGAGEMENTS DONNES SUR OPERATIONS AVEC LA CLIENTELE	Note 17	Evaluation et imputation, Exhaustivité, Séparation des exercices	TP 14 : Performance, efficacité et fiabilité du système d'information en termes d'édition d'états d'exception, selon les règles fixées dans l'instruction N°26-11-2016 : - états des CDL ; - états des créances restructurées ;	TS 22 : Réconciliation entre les données comptables (balance générale) et les états obtenus. TS 23 : Analyse globale du portefeuille des engagements au sens de l'instruction N°26-11-2016 (déclassement en créances en souffrance, reclassements entre différentes catégories, application des règles de provisionnement, etc.), sur la base des états d'exception, en vue de se prononcer sur la classification des

RUBRIQUE DES ETATS FINANCIERS	NOTES[89]	ASSERTIONS D'AUDIT	TESTS DE PROCEDURES (TP)	TESTS SUBSTANTIFS (TS)
			- états des créances avec impayés ; - états des comptes ordinaires débiteurs sans autorisation ; - états des comptes ordinaires débiteurs dépassant leur autorisation de découverts.	engagements ainsi que leur niveau de provisionnement.
ENGAGEMENTS RECUS OPERATIONS AVEC LA CLIENTELE	Note 4	Exhaustivité, Evaluation et Imputation, Droits et obligations	TP 16 : Existence et adéquation du dispositif de suivi des engagements hors bilan en place au sein de l'établissement.	TS 30 : Réconciliation entre les données comptables (balance générale) et l'état des garanties reçues (extraction informatique ou suivi par un service indépendant de la comptabilité). TS 27 : Confirmation direct des clients importants et des conseils (avocats, notaires, etc.) en relation avec l'établissement. TS 31 : Test de détail sur un échantillon de dossiers de garanties reçues.

RUBRIQUE DES ETATS FINANCIERS	NOTES[89]	ASSERTIONS D'AUDIT	TESTS DE PROCEDURES (TP)	TESTS SUBSTANTIFS (TS)
ENGAGEMENTS RECUS SUR OPERATIONS AVEC LA CLIENTELE	Note 16	Evaluation et Imputation	TP 1 : Existence, adéquation et efficacité du système d'identification et d'évaluation du risque pays au niveau des emplois.	TS 32 : Analyse d'un échantillon de dossiers concernés par le risque de concentration pays et appréciation de l'incidence sur les comptes (éligibilité des garanties reçues à la non comptabilisation de provisions) au sens de l'instruction N°26-11-2011 et du nouveau dispositif prudentiel.
COMPTES DU RESULTAT				
INTERETS ET PRODUITS ASSIMILES SUR OPERATIONS SUR LA CLIENTELE	Note 2	Réalité, Mesure, Séparation des exercices	Diligences en réponse au risque de fraude : Cf. Paragraphe 2.1 de la section 2 du chapitre 2 de la troisième partie du livre.	Diligences en réponse au risque de fraude : Cf. Paragraphe 2.1 de la section 2 du chapitre 2 de la troisième partie du livre. TS 33 : Détermination et analyse du rendement des créances au regard des faits économiques et des conditions en vigueur chez l'établissement de crédit.

RUBRIQUE DES ETATS FINANCIERS	NOTES[89]	ASSERTIONS D'AUDIT	TESTS DE PROCEDURES (TP)	TESTS SUBSTANTIFS (TS)
INTERETS ET PRODUITS ASSIMILES SUR OPERATIONS SUR LA CLIENTELE	Note 26	Réalité, Mesure, Séparation des exercices, Exhaustivité	TP 17 : Existence, adéquation et efficacité du dispositif mis en place pour la correcte implémentation des conditions en vigueur, y compris les mises à jour régulière.	TS 34 : Vérification pour chaque catégorie d'intérêts et de produits assimilés de la concordance entre les tarifs appliqués et les tarifs fixés dans les conditions de l'établissement.
INTERETS ET PRODUITS ASSIMILES SUR OPERATIONS SUR LA CLIENTELE	Note 27	Réalité, Mesure, Séparation des exercices	TP 17 : Existence, adéquation et efficacité du dispositif de traitement des réclamations clients	TS 35 : Vérification pour les réclamations concernant les intérêts et produits assimilés collectés par l'établissement, les traitements effectués et la prise en compte des incidences sur les comptes.

RUBRIQUE DES ETATS FINANCIERS	NOTES[89]	ASSERTIONS D'AUDIT	TESTS DE PROCEDURES (TP)	TESTS SUBSTANTIFS (TS)
COMMISSIONS RECUES SUR OPERATIONS AVEC LA CLIENTELE	Note 2	Réalité, Mesure, Séparation des exercices	Diligences en réponse au risque de fraude : Cf. Paragraphe 2.1 de la section 2 du chapitre 2 de la troisième partie du livre.	Diligences en réponse au risque de fraude : Cf. Paragraphe 2.1 de la section 2 du chapitre 2 de la troisième partie du livre. TS 36 : Revue analytique approfondie des commissions reçues. TS 37 : Test de détail sur un échantillon de commissions reçues
COMMISSIONS RECUES SUR OPERATIONS AVEC LA CLIENTELE	Note 10	Réalité, Mesure, Exhaustivité	TP 10 : Performance et efficacité du système d'information en termes d'identification, quantum et correct déversement en comptabilité des commissions reçues et coûts marginaux selon l'instruction N°28-11-2016	TS 13 : Réconciliation entre les données comptables (balance générale) et l'état des commissions reçues et coûts marginaux (extraction informatique ou suivi par un service indépendant de la comptabilité) TS 17 : Vérification de la cohérence entre les engagements mis en place et les commissions reçues et coûts marginaux enregistrés.

RUBRIQUE DES ETATS FINANCIERS	NOTES[89]	ASSERTIONS D'AUDIT	TESTS DE PROCEDURES (TP)	TESTS SUBSTANTIFS (TS)
COMMISSIONS RECUES SUR OPERATIONS AVEC LA CLIENTELE	Note 26	Réalité, Mesure, Séparation des exercices, Exhaustivité	TP 17 : Existence, adéquation et efficacité du dispositif mis en place pour la correcte implémentation des conditions en vigueur, y compris les mises à jour régulières.	TS 38 : Vérification pour chaque catégorie de commissions de la concordance entre les tarifs appliqués et les tarifs fixés dans les conditions de l'établissement.
COMMISSIONS RECUES SUR OPERATIONS AVEC LA CLIENTELE	Note 27	Réalité, Mesure, Séparation des exercices	TP 18 : Existence, adéquation et efficacité du dispositif de traitement des réclamations clients.	TS 39 : Vérification pour les réclamations concernant les commissions collectées par l'établissement les traitements effectués et la prise en compte des incidences sur les comptes.

RUBRIQUE DES ETATS FINANCIERS	NOTES[89]	ASSERTIONS D'AUDIT	TESTS DE PROCEDURES (TP)	TESTS SUBSTANTIFS (TS)
COÛT DU RISQUE SUR LA CLIENTELE / ENGAGEMENTS	Note 7	Mesure, Exhaustivité	TP 12 : Performance et efficacité du système d'information en termes de gestion des engagements (mise en place, comptabilisation des remboursements / impayés, etc.) et correct déversement en comptabilité	TS 19 : Réconciliation entre les données comptables (balance générale) et l'état des engagements (extraction informatique ou suivi par un service indépendant de la comptabilité)
COÛT DU RISQUE SUR LA CLIENTELE / CREANCES RESTRUCTUREES	Note 7	Evaluation et Imputation, Séparation des exercices, Exhaustivité	TP 11 : Performance et efficacité du système d'information en termes d'identification, quantum et déversement en comptabilité des décotes sur créances restructurées selon l'instruction N°26-11-2016. Vérification du mode de détermination du taux d'actualisation.	TS 15 : Réconciliation entre les données comptables (balance générale) et l'état des décotes sur créances restructurées (extraction informatique ou suivi par un service indépendant de la comptabilité) TS 16 : Test de détail sur les décotes sur créances restructurées, y compris la vérification de l'étalement.

RUBRIQUE DES ETATS FINANCIERS	NOTES[89]	ASSERTIONS D'AUDIT	TESTS DE PROCEDURES (TP)	TESTS SUBSTANTIFS (TS)
COÛT DU RISQUE SUR LA CLIENTELE / ENGAGEMENTS	Note 10	Mesure, Exhaustivité, Séparation des exercices	TP 12 : Performance et efficacité du système d'information en termes de gestion des engagements (mise en place, comptabilisation des remboursements / impayés, etc.) et correct déversement en comptabilité.	TS 19 : Réconciliation entre les données comptables (balance générale) et l'état des engagements (extraction informatique ou suivi par un service indépendant de la comptabilité). TS 20 : Tests de détail sur un échantillon de dossiers de crédits mis en place à des dates proches de la clôture des exercices.
COÛT DU RISQUE SUR LA CLIENTELE / CREANCES RESTRUCTUREES	Note 10	Exhaustivité	TP 11 : Performance et efficacité du système d'information en termes d'identification, quantum et déversement en comptabilité des décotes sur créances restructurées selon l'instruction N°26-11-2016. Vérification du mode de détermination du taux d'actualisation.	TS 15 : Réconciliation entre les données comptables (balance générale) et l'état des commissions reçues et coûts marginaux (extraction informatique ou suivi par un service indépendant de la comptabilité) TS 18 : Vérification de la cohérence entre les engagements restructurés et les décotes enregistrées en comptabilité.

RUBRIQUE DES ETATS FINANCIERS	NOTES[89]	ASSERTIONS D'AUDIT	TESTS DE PROCEDURES (TP)	TESTS SUBSTANTIFS (TS)
COÛT DU RISQUE SUR LA CLIENTELE / DEPRECIATION DES CREANCES	Note 16	Mesure, Exhaustivité, Séparation des exercices	**TP 1 : Existence, adéquation et efficacité du système d'identification et d'évaluation du risque pays au niveau des emplois.**	TS 24 : Analyse d'un échantillon de dossiers concernés par le risque de concentration pays et appréciation de l'incidence sur les déclassements et dépréciations des créances en souffrance. TS 25 : En cas de survenance du risque, appliquer les règles de déclassement et de provisionnement prévues par l'instruction N°26-11-2016.
COÛT DU RISQUE SUR LA CLIENTELE / DEPRECIATION DES CREANCES	Note 17	Mesure, Exhaustivité, Séparation des exercices	TP 14 : Performance, efficacité et fiabilité du système d'information en termes d'édition d'états d'exception, selon les règles fixées dans l'instruction N°26-11-2016 : - états des CDL ; - états des créances restructurées ;	TS 22 : Réconciliation entre les données comptables (balance générale) et les états obtenus. TS 23 : Analyse globale du portefeuille des engagements au sens de l'instruction N°26-11-2016 (déclassement en créances en souffrance, reclassements entre différentes catégories, application des règles de provisionnement, etc.), sur la base des états d'exception, en vue de se prononcer sur la classification des

RUBRIQUE DES ETATS FINANCIERS	NOTES[89]	ASSERTIONS D'AUDIT	TESTS DE PROCEDURES (TP)	TESTS SUBSTANTIFS (TS)
			- états des créances avec impayés ; - états des comptes ordinaires débiteurs sans autorisation ; - états des comptes ordinaires débiteurs dépassant leur autorisation de découverts.	engagements ainsi que leur niveau de provisionnement.

15.3. Programme de travail pour le cycle « Dépôts de la clientèle » [91]

RUBRIQUE DES ETATS FINANCIERS	NOTES[92]	ASSERTIONS D'AUDIT	TESTS DE PROCEDURES (TP)	TESTS SUBSTANTIFS (TS)
PASSIF				
DETTES A L'EGARD DE LA CLIENTELE	Note 3	Existence, Evaluation et Imputation, Exhaustivité, Droits et obligations	TP 19 : Compréhension, adéquation et efficacité des procédures d'ouverture, de mouvements sur les comptes (retraits, dépôts, virements, transferts, etc.) des différentes catégories de clients (entreprises, particuliers, institutionnels, etc.). TP 20 : Existence, adéquation et efficacité des procédures en place pour s'assurer de l'identité des personnes faisant des retraits sur les comptes, y compris les comptes atypiques (tels que les	TS 40 : Réconciliation entre la balance générale et les balances auxiliaires des comptes clients. TS 41 : Réconciliation entre la balance générale et les analyses de solde des comptes clients. TS 42 : Tests de détail sur un échantillon d'opérations en suspens à clôture, y compris la vérification des dénouements post-clôture selon les échéances usuelles.

[91] Les programmes de travail nouveaux ou modifiés suite aux changements de réglementations comptable et prudentielle ont été mis en évidence **en couleur**.
[92] Il s'agit des risques relevés à travers les notes contenues dans la section 2 du chapitre 1 de la troisième partie du mémoire.

RUBRIQUE DES ETATS FINANCIERS	NOTES[92]	ASSERTIONS D'AUDIT	TESTS DE PROCEDURES (TP)	TESTS SUBSTANTIFS (TS)
			comptes peu mouvementés ou dormants, appartenant ou non à des personnes âgées ou handicapées, etc.). TP 21 : Existence, adéquation et efficacité des services de consultation de solde en ligne, « sms-banking », transmission de relevé de comptes, réclamations des clients, etc. TP 22 : Existence et efficacité des procédures d'analyse et de justification des comptes de suspens liés aux opérations avec la clientèle. TP 23 : Efficacité de la supervision au 2ème, 3ème voire 4ème niveau des procédures TP 18, 19, 20 et 21.	Autres diligences menées en réponse au risque de fraude : Cf. Paragraphe 2.1 de la section 2 du chapitre 2 de la troisième partie du livre.

RUBRIQUE DES ETATS FINANCIERS	NOTES[92]	ASSERTIONS D'AUDIT	TESTS DE PROCEDURES (TP)	TESTS SUBSTANTIFS (TS)
			Autres diligences menées en réponse au risque de fraude : Cf. Paragraphe 2.1 de la section 2 du chapitre 2 de la troisième partie du livre.	
DETTES A L'EGARD DE LA CLIENTELE	Note 16	Evaluation et imputation	TP 6 : Existence, adéquation et efficacité du système d'identification et d'évaluation du risque pays au niveau des ressources. En cas de survenance du risque pays, appréciation des conséquences sur la liquidité de l'établissement et tirer les conséquences sur la vulnérabilité.	
DETTES A L'EGARD DE LA CLIENTELE	Note 18	Existence, Evaluation et Imputation, Exhaustivité,	TP 19 : Compréhension, adéquation et efficacité des procédures d'ouverture, de mouvements sur les comptes (retraits, dépôts, virements, transferts, etc.) des différentes	

RUBRIQUE DES ETATS FINANCIERS	NOTES[92]	ASSERTIONS D'AUDIT	TESTS DE PROCEDURES (TP)	TESTS SUBSTANTIFS (TS)
		Droits et obligations	catégories de clients (entreprises, particuliers, institutionnels, etc.). TP 20 : Existence, adéquation et efficacité des procédures en place pour s'assurer de l'identité des personnes faisant des retraits sur les comptes, y compris les comptes atypiques (tels que les comptes peu mouvementés ou dormants, appartenant ou non à des personnes âgées ou handicapées, etc.). TP 21 : Existence, adéquation et efficacité des services de consultation de solde en ligne, « sms-banking », transmission de relevé de comptes, réclamations des clients, etc. TP 22 : Existence et efficacité des procédures d'analyse et de justification des comptes de	

RUBRIQUE DES ETATS FINANCIERS	NOTES[92]	ASSERTIONS D'AUDIT	TESTS DE PROCEDURES (TP)	TESTS SUBSTANTIFS (TS)
			suspens liés aux opérations avec la clientèle. TP 23 : Efficacité de la supervision au 2ème, 3ème voire 4ème niveau des procédures TP 18, 19, 20 et 21.	
DETTES A L'EGARD DE LA CLIENTELE	Note 26	Existence, Evaluation et imputation, Exhaustivité, Droits et obligations	TP 17 : Existence, adéquation et efficacité du dispositif mis en place pour la correcte implémentation des conditions en vigueur, y compris leurs mises à jour régulières.	
DETTES A L'EGARD DE LA CLIENTELE	Note 27	Existence, Evaluation et Imputation, Exhaustivité, Droits et obligations	TP 19 : Compréhension, adéquation et efficacité des procédures d'ouverture, de mouvements sur les comptes (retraits, dépôts, virements, transferts, etc.) des différentes catégories de clients (entreprises, particuliers, institutionnels, etc.).	

RUBRIQUE DES ETATS FINANCIERS	NOTES[92]	ASSERTIONS D'AUDIT	TESTS DE PROCEDURES (TP)	TESTS SUBSTANTIFS (TS)
			TP 20 : Existence, adéquation et efficacité des procédures en place pour s'assurer de l'identité des personnes faisant des retraits sur les comptes, y compris les comptes atypiques (tels que les comptes peu mouvementés ou dormants, appartenant ou non à des personnes âgées ou handicapées, etc.). TP 21 : Existence, adéquation et efficacité des services de consultation de solde en ligne, « sms-banking », transmission de relevé de comptes, réclamations des clients, etc. TP 22 : Existence et efficacité des procédures d'analyse et de justification des comptes de suspens liés aux opérations avec la clientèle.	

RUBRIQUE DES ETATS FINANCIERS	NOTES[92]	ASSERTIONS D'AUDIT	TESTS DE PROCEDURES (TP)	TESTS SUBSTANTIFS (TS)
			TP 23 : Efficacité de la supervision au 2ème, 3ème voire 4ème niveau des procédures TP 18, 19, 20 et 21.	
COMPTES DU RESULTAT				
INTERETS ET CHARGES ASSIMILEES SUR OPERATIONS SUR LA CLIENTELE	Note 26	Mesure, Exhaustivité	TP 17 : Existence, adéquation et efficacité du dispositif mis en place pour la correcte implémentation des conditions en vigueur, y compris les mises à jour régulières.	TS 43 : Vérification pour chaque catégorie d'intérêts et de charges assimilées de la concordance entre les tarifs appliqués et les tarifs fixés dans les conditions de l'établissement. TS 44 : Revue analytique du coût des dettes envers la clientèle et, analyse au regard des faits économiques et des conditions de banque en vigueur.

RUBRIQUE DES ETATS FINANCIERS	NOTES[92]	ASSERTIONS D'AUDIT	TESTS DE PROCEDURES (TP)	TESTS SUBSTANTIFS (TS)
COMMISSIONS SUR OPERATIONS AVEC LA CLIENTELE	Note 26	Mesure, Exhaustivité	TP 17 : Existence, adéquation et efficacité du dispositif mis en place pour la correcte implémentation des conditions en vigueur, y compris les mises à jour régulières.	TS 45 : Vérification pour chaque catégorie de commissions de la concordance entre les tarifs appliqués et les tarifs fixés dans les conditions de l'établissement. TS 46 : Revue analytique approfondie des commissions.

15.4. Programme de travail pour le cycle « Opérations financières » [93]

RUBRIQUE DES ETATS FINANCIERS	NOTES[94]	ASSERTIONS D'AUDIT	TESTS DE PROCEDURES (TP)	TESTS SUBSTANTIFS (TS)
ACTIF				
TITRES[95]	Note 7	Evaluation et imputation, Exhaustivité	TP 24 : Performance, efficacité et fiabilité du système d'information relatif à la gestion des titres (comptabilisation des acquisitions, frais, décotes, intérêts, mouvements, écritures de clôture, etc.) suivant les règles de classification et d'évaluation prévues par l'instruction N°29-11-2016 de la BCEAO. TP 25 : Existence et efficacité des procédures de matérialisation de l'intention de détention comme	TS 47 : Réconciliation entre les données comptables (balance générale) et les états des titres produits par des acteurs indépendants de la comptabilité. TS 48 : Tableau de mouvements des titres et concordance des valeurs recalculées à la clôture avec la balance générale. TS 49 : Sur un échantillon de titres acquis et détenus en portefeuille, tester la correcte classification et valeur d'entrée, la prime ou le décote enregistrés au regard des nouvelles

93 Les programmes de travail nouveaux ou modifiés suite aux changements de réglementations comptable et prudentielle ont été mis en évidence **en couleur**.

94 Il s'agit des risques relevés à travers les notes contenues dans la section 2 du chapitre 1 de la troisième partie du mémoire.

95 Il s'agit des cinq (05) rubriques bilancielles, à savoir : Effets publics et valeurs assimilées, obligations et autres titres à revenu fixe, actions et autres titres à revenu variable, participation et autres titres détenus à long terme et part dans les entreprises liées.

RUBRIQUE DES ETATS FINANCIERS	NOTES[94]	ASSERTIONS D'AUDIT	TESTS DE PROCEDURES (TP)	TESTS SUBSTANTIFS (TS)
			stipulé dans le Guide d'Application du PCB révisé.	règles prévues par l'instruction N°29-11-2016. TS 50 : Sur un échantillon de titres cédés, tester la correcte comptabilisation au regard des nouvelles règles prévues par les instructions N°29-11-2016 et N°30-11-2016. TS 51 : Vérifier la correcte valorisation du portefeuille des titres à la clôture conformément aux dispositions de l'instruction N°29-11-2016.
TITRES	Note 10	Evaluation et imputation, Exhaustivité,	TP 24 : Performance, efficacité et fiabilité du système d'information relatif à la gestion des titres (comptabilisation des acquisitions, frais, décotes, intérêts, mouvements, écritures de clôture, etc.) suivant les règles de classification et d'évaluation prévues par	TS 47 : Réconciliation entre les données comptables (balance générale) et les états des titres produits par des acteurs indépendants de la comptabilité. TS 48 : Tableau de mouvements des titres et concordance des valeurs recalculées à la clôture avec la balance générale.

RUBRIQUE DES ETATS FINANCIERS	NOTES[94]	ASSERTIONS D'AUDIT	TESTS DE PROCEDURES (TP)	TESTS SUBSTANTIFS (TS)
			l'instruction N°29-11-2016 de la BCEAO. TP 25 : Existence et efficacité des procédures de matérialisation de l'intention de détention comme stipulé dans le Guide d'Application du PCB révisé.	TS 49 : Sur un échantillon de titres acquis et détenus en portefeuille, tester la correcte classification et valeur d'entrée, la prime ou le décote enregistrés au regard des nouvelles règles prévues par l'instruction N°29-11-2016. TS 50 : Sur un échantillon de titres cédés, tester la correcte comptabilisation au regard des nouvelles règles prévues par les instructions N°29-11-2016 et N°30-11-2016. TS 51 : Vérifier à la correcte valorisation du portefeuille des titres à la clôture conformément aux dispositions de l'instruction N°29-11-2016.
TITRES	Note 19	Evaluation et imputation, Exhaustivité,	TP 2 : Existence, adéquation et efficacité du dispositif de mise à jour des cours des devises.	TS 52 : Vérifier, pour les titres détenus en devises, leur correcte valorisation selon les cours officiels des devises à la clôture.

RUBRIQUE DES ETATS FINANCIERS	NOTES[94]	ASSERTIONS D'AUDIT	TESTS DE PROCEDURES (TP)	TESTS SUBSTANTIFS (TS)
TITRES	Note 23	Evaluation et imputation, Exhaustivité,	TP 24 : Performance, efficacité et fiabilité du système d'information relatif à la gestion des titres (comptabilisation des acquisitions, frais liés, décotes, intérêts, mouvements, écritures de clôture, etc.) suivant les règles de classification et d'évaluation prévues par l'instruction N°29-11-2016 de la BCEAO.	
HORS-BILAN				
ENGAGEMENTS DONNES SUR OPERATIONS SUR TITRES	Note 4	Exhaustivité, Evaluation et Imputation, Droits et obligations	TP 7 : Existence, adéquation et efficacité du dispositif d'identification, d'enregistrement et de mise à jour régulière des engagements hors bilan.	TS 53 : Confirmation des intermédiaires financiers et de la Banque Centrale en relation avec l'établissement.

RUBRIQUE DES ETATS FINANCIERS	NOTES[94]	ASSERTIONS D'AUDIT	TESTS DE PROCEDURES (TP)	TESTS SUBSTANTIFS (TS)
ENGAGEMENTS RECUS SUR OPERATIONS SUR TITRES	Note 4	Exhaustivité, Evaluation et Imputation, Droits et obligations	TP 8 : Existence, adéquation et efficacité du dispositif d'identification, d'enregistrement et de mise à jour régulière des engagements reçus.	TS 54 : Confirmation des intermédiaires financiers et de la Banque Centrale en relation avec l'établissement.
COMPTES DU RESULTAT				
INTERETS ET PRODUITS ASSIMILES SUR OPERATIONS SUR TITRES	Note 2	Réalité, Mesure, Séparation des exercices	Diligences en réponse au risque de fraude : Cf. Paragraphe 2.1 de la section 2 du chapitre 2 de la troisième partie du livre.	Diligences en réponse au risque de fraude : Cf. Paragraphe 2.1 de la section 2 du chapitre 2 de la troisième partie du livre. TS 55 : Revue analytique approfondie des intérêts et produits sur titres
REVENU DES TITRES A REVENU VARIABLE	Note 2	Réalité, Mesure, Séparation des exercices	Diligences en réponse au risque de fraude : Cf. Paragraphe 2.1 de la section 2 du chapitre 2 de la troisième partie du livre.	Diligences en réponse au risque de fraude : Cf. Paragraphe 2.1 de la section 2 du chapitre 2 de la troisième partie du livre. TS 56 : Revue analytique approfondie des revenus des titres à revenu variable.

RUBRIQUE DES ETATS FINANCIERS	NOTES[94]	ASSERTIONS D'AUDIT	TESTS DE PROCEDURES (TP)	TESTS SUBSTANTIFS (TS)
COMMISSIONS SUR OPERATIONS SUR TITRES	Note 2	Réalité, Mesure, Séparation des exercices	Diligences en réponse au risque de fraude : Cf. Paragraphe 2.1 de la section 2 du chapitre 2 de la troisième partie du livre.	Diligences en réponse au risque de fraude : Cf. Paragraphe 2.1 de la section 2 du chapitre 2 de la troisième partie du livre. TS 57 : Tests de détails sur les commissions reçues sur titres.
GAINS OU PERTES NETS SUR OPERATIONS SUR TITRES[96]	Note 7	Exhaustivité, Mesure, Séparation des exercices	TP 24 : Performance, efficacité et fiabilité du système d'information relatif à la gestion des titres (comptabilisation des acquisitions, frais, décotes, intérêts, mouvements, écritures de clôture, etc.) suivant les règles de classification et d'évaluation prévues par l'instruction N°29-11-2016 de la BCEAO. TP 25 : Existence et efficacité des procédures de matérialisation de l'intention de détention comme	TS 47 : Réconciliation entre les données comptables (balance générale) et les états produits par des acteurs indépendants de la comptabilité. TS 48 : Tableau de mouvements des titres et concordance des valeurs recalculées à la clôture avec la balance générale. TS 49 : Sur un échantillon de titres acquis et détenus en portefeuille, tester la correcte classification et valeur d'entrée, la prime ou le décote

[96] Ces gains et pertes nets concernent aussi bien les portefeuilles de négociation et les placements et assimilés.

RUBRIQUE DES ETATS FINANCIERS	NOTES[94]	ASSERTIONS D'AUDIT	TESTS DE PROCEDURES (TP)	TESTS SUBSTANTIFS (TS)
			stipulé dans le Guide d'Application du PCB révisé.	enregistrés au regard des nouvelles règles prévues par l'instruction N°29-11-2016. TS 50 : Sur un échantillon de titres cédés, tester la correcte comptabilisation au regard des nouvelles règles prévues par les instructions N°29-11-2016 et N°30-11-2016. TS 51 : Vérifier la correcte valorisation du portefeuille des titres à la clôture conformément aux dispositions de l'instruction N°29-11-2016.
GAINS OU PERTES NETS SUR OPERATIONS SUR TITRES	Note 10	Exhaustivité, Mesure, Séparation des exercices	TP 24 : Performance, efficacité et fiabilité du système d'information relatif à la gestion des titres (comptabilisation des acquisitions, frais, décotes, intérêts, mouvements, écritures de clôture, etc.) suivant les règles de classification et d'évaluation prévues par	TS 47 : Réconciliation entre les données comptables (balance générale) et les états produits par des acteurs indépendants de la comptabilité. TS 48 : Tableau de mouvements des titres et concordance des valeurs recalculées à la clôture avec la balance générale.

RUBRIQUE DES ETATS FINANCIERS	NOTES[94]	ASSERTIONS D'AUDIT	TESTS DE PROCEDURES (TP)	TESTS SUBSTANTIFS (TS)
			l'instruction N°29-11-2016 de la BCEAO. TP 25 : Existence et efficacité des procédures de matérialisation de l'intention de détention comme stipulé dans le Guide d'Application du PCB révisé.	TS 49 : Sur un échantillon de titres acquis et détenus en portefeuille, tester la correcte classification et valeur d'entrée, la prime ou le décote enregistrés au regard des nouvelles règles prévues par l'instruction N°29-11-2016. TS 50 : Sur un échantillon de titres cédés, tester la correcte comptabilisation au regard des nouvelles règles prévues par les instructions N°29-11-2016 et N°30-11-2016. TS 57 : Vérifier la correcte valorisation du portefeuille des titres à la clôture conformément aux dispositions de l'instruction N°29-11-2016.
GAINS OU PERTES NETS SUR OPERATIONS SUR TITRES	Note 19	Exhaustivité, Mesure, Séparation des exercices	TP 2 : Existence, adéquation et efficacité du dispositif de mise à jour des cours des devises.	TS 58 : Vérifier, pour titres détenus en devises, leur correcte valorisation selon les cours officiels des devises à la clôture.

RUBRIQUE DES ETATS FINANCIERS	NOTES[94]	ASSERTIONS D'AUDIT	TESTS DE PROCEDURES (TP)	TESTS SUBSTANTIFS (TS)
GAINS OU PERTES NETS SUR OPERATIONS SUR TITRES	Note 23	Exhaustivité, Mesure, Séparation des exercices	TP 24 : Performance, efficacité et fiabilité du système d'information relatif à la gestion des titres (comptabilisation des acquisitions, frais liés, décotes, intérêts, mouvements, écritures clôture, etc.) suivant les règles de classification et d'évaluation prévues par l'instruction N°29-11-2016 de la BCEAO.	
COÛT DU RISQUE SUR TITRES	Note 17	Mesure, Séparation des exercices	TP 24 : Performance, efficacité et fiabilité du système d'information relatif à la gestion des titres (comptabilisation des acquisitions, frais liés, décotes, intérêts, mouvements, écritures clôture, etc.) suivant les règles de classification et d'évaluation prévues par l'instruction N°29-11-2016 de la BCEAO.	TS 59 : Tester, pour un échantillon de titres, la correcte évaluation et le bon rattachement à l'exercice des décotes et dépréciation sur titres selon les dispositions de l'instruction N°29-11-2016 de la BCEAO.

15.5. Programme de travail pour le cycle « Capitaux propres et assimilés et provisions pour risques et charges » [97]

RUBRIQUE DES ETATS FINANCIERS	NOTES[98]	ASSERTIONS D'AUDIT	TESTS DE PROCEDURES (TP)	TESTS SUBSTANTIFS (TS)
PASSIF				
PROVISIONS POUR RISQUES ET CHARGES (ENGAGEMENTS DE DEPART A LA RETRAITE, PROVISIONS POUR LITIGES)	Note 7	Evaluation et imputation, Exhaustivité, Droits et obligations	TP 26 : Existence et efficacité des procédures de suivi des litiges et prise en considération des provisions nécessaires, s'il y a lieu.	TS 60 : Confirmation directe des avocats et autres conseils juridiques en relation avec l'établissement. TS 61 : Exploitation de l'état de suivi des litiges produit par le département juridique TS 62 : Vérification de la prise en considération dans les comptes des passifs éventuels ou obligations nées de certains litiges. TS 63 : Obtenir l'état présentant l'évaluation des engagements de départ

[97] Les programmes de travail nouveaux ou modifiés suite aux changements de réglementations comptable et prudentielle ont été mis en évidence **en couleur**.
[98] Il s'agit des risques relevés à travers les notes contenues dans la section 2 du chapitre 1 de la troisième partie du mémoire.

RUBRIQUE DES ETATS FINANCIERS	NOTES[98]	ASSERTIONS D'AUDIT	TESTS DE PROCEDURES (TP)	TESTS SUBSTANTIFS (TS)
				et tester sa fiabilité (hypothèses, taux d'actualisation, concordance avec les données de la paie et de la comptabilité, etc.) TS 64 : Vérifier la correcte comptabilisation des engagements de départ à la retraite conformément au nouveau référentiel comptable.
PROVISIONS POUR RISQUES ET CHARGES (ENGAGEMENTS DE DEPART A LA RETRAITE, PROVISIONS POUR LITIGES)	Note 9	Evaluation et imputation, Exhaustivité		TS 65 : Sur la base d'un entretien avec le département chargé de la conformité, s'assurer si l'établissement n'est pas en infraction avec des textes législatifs et règlementaires TP 66 : Passer en revue les courriers échangés avec les autorités de régulation pour identifier les éventuels cas de non-respect de la règlementation TP 67 : A l'issue de l'entretien et de la revue ci-dessus et sur la base de nos autres travaux, vérifier, en cas de non-

RUBRIQUE DES ETATS FINANCIERS	NOTES[98]	ASSERTIONS D'AUDIT	TESTS DE PROCEDURES (TP)	TESTS SUBSTANTIFS (TS)
				respect des dispositions légales et législatives si les conséquences significatives de ce non-respect sont prises en compte dans les états financiers.
PROVISIONS POUR RISQUES ET CHARGES (ENGAGEMENTS DE DEPART A LA RETRAITE, PROVISIONS POUR LITIGES)	Note 10	Evaluation et imputation, Exhaustivité, Droits et obligations	TP 26 : Existence et efficacité des procédures de suivi des litiges et prise en considération des provisions nécessaires, s'il y a lieu.	TS 60 : Confirmation directe des avocats et autres conseils juridiques en relation avec l'établissement. TS 61 : Exploitation de l'état de suivi des litiges produit par le département juridique TS 62 : Vérification de la prise en considération dans les comptes des passifs éventuels ou obligations nées de certains litiges. TS 63 : Obtenir l'état présentant l'évaluation des engagements de départ et tester sa fiabilité (hypothèses, taux d'actualisation, concordance avec les

RUBRIQUE DES ETATS FINANCIERS	NOTES[98]	ASSERTIONS D'AUDIT	TESTS DE PROCEDURES (TP)	TESTS SUBSTANTIFS (TS)
				données de la paie et de la comptabilité, etc.) TS 64 : Vérifier la correcte comptabilisation des engagements de départ à la retraite conformément au nouveau référentiel comptable.
EMPRUNTS ET TITRES SUBORDONNES	Note 16	Existence, Droits et obligations	TP 6 : Existence, adéquation et efficacité du système d'identification et d'évaluation du risque pays au niveau des ressources. En cas de survenance du risque pays, appréciation des conséquences sur la liquidité de l'établissement et tirer les conséquences sur la vulnérabilité.	

RUBRIQUE DES ETATS FINANCIERS	NOTES[98]	ASSERTIONS D'AUDIT	TESTS DE PROCEDURES (TP)	TESTS SUBSTANTIFS (TS)
CAPITAUX PROPRES ET RESSOURCES ASSIMILEES	Note 10	Exhaustivité, Droits et obligations, Evaluation et Imputation		TS 61 : Au regard de la nouvelle définition de passif contenu dans le cadre conceptuel du PCB révisé, vérifier si tous les passifs (en l'occurrence les fonds pour risques bancaires généraux) ont fait l'objet d'imputation en report à nouveau et, en tirer les conclusions sur la correcte évaluation, l'imputation et l'exhaustivité des capitaux propres.

Annexe 16 : Exemples de réponses aux risques diffus (RRD) au niveau des états financiers

Notes[99]	Propositions de réponses aux risques
1	**RRD 1**[100] : - Revue des estimations comptables significatives (caractère raisonnable des jugements et hypothèses retenus, revue comparative des réalisations des estimations effectuées les années antérieures). - Vérification des procédures d'enregistrement des opérations en « free format »[1] et des écritures d'inventaires. - Compréhension et justification des variations et évolutions inhabituelles au regard de la connaissance de l'établissement et de son environnement. - Existence et respect de la séparation des fonctions. **RRD 2** : Cf. Diligences en réponse au risque de fraude : Paragraphe 2.1 de la section 2 du chapitre 2 de la troisième partie du livre.
5	**RRD 1 + RRD 2** **RRD 3** : - Compréhension, performance et efficacité du processus d'élaboration des états financiers. - Montage du bilan, du hors-bilan et du résultat à partir de la balance générale. - Test de validation des informations en annexes aux états financiers à partir du questionnaire présenté en **annexe 7**.

[99] Il s'agit des risques relevés à travers les notes contenues dans la section 2 du chapitre 1 de la troisième partie du mémoire.
[100] Certaines de ces diligences sont essentiellement des adaptations de la NEP 240, § 22.

Notes[99]	Propositions de réponses aux risques
6	**RRD 1 + RRD 2 + RRD 3**
8	**RRD 4** - Entretiens avec la Direction Générale et les autres responsables techniques pour apprécier leurs connaissances des lois et règlements ainsi que leur degré d'implication dans la mise en œuvre de ces textes. - Existence de manuels de procédures régulièrement mis à jour et tenant compte des lois et règlements en vigueur. - Vérification pour les impôts, taxes et contributions sociales ayant un impact direct sur les états financiers, la correcte implémentation des taux en vigueur dans le système d'information, la correcte définition des assiettes et la régularité des déclarations et reversements aux services appropriés de l'Etat d'implantation. - Existence et opérationnalité d'un département chargé de la conformité aux lois et règlements.
10	Cf. Diligences spécifiques au titre du premier exercice d'application du PCB révisé : Paragraphe 1.1 de la section 1 du chapitre 2 de la troisième partie du livre.
11	**RRD 5** - Analyse de la conformité de chaque ratio aux exigences réglementaires. - Appréciation, le cas échéant, de la viabilité de l'établissement[2]. - Analyse des conséquences, en cas de non-viabilité, sur la continuité de l'exploitation.
12	**RRD 6** - Entretiens avec les personnes impliquées dans l'élaboration des états financiers. - Analyse de la formation et du profil de ces personnes. - Vérification de la conformité de la formation et du profil avec le poste occupé.
13	**RRD 7** - Obtention et analyse des contrats signés avec des prestataires externes pour des processus ayant un impact sur les comptes. - Vérification des compétences et de la procédure ayant conduit à la désignation de ces prestataires.

Notes[99]	Propositions de réponses aux risques
	- Tests sur l'efficacité des opérations enregistrées dans ce cadre.
14	**RRD 6** **RRD 8** - Analyse de la composition et des compétences de l'équipe projet ayant mené la migration. - Analyse de l'effectivité de la formation des personnes constituant cette équipe et des autres personnes impliquées dans le processus d'élaboration des comptes.
15	**RRD 8**
20	**RRD 9** - Identification de tous les applicatifs se déversant dans celui de la comptabilité. - Analyse des liens de déversement et de leur efficacité.
21	**RRD 10** - Identification de toutes les télétransmissions entrainant des écritures en comptabilité. - Analyse des liens de déversement et de leur efficacité.
22	**RRD 11** : Existence d'une piste d'audit - Reconstitution de la chronologie des opérations, - Justification de toute opération par une pièce comptable, reliée par un cheminement ininterrompu au document de synthèse. **RRD 12** : - Explication des évolutions de soldes entre deux arrêtés par la conservation des mouvements, - Délais de clôture limités, - Contrôle périodique de la pertinence des schémas comptables et des méthodes d'évaluation.
23	Cf. Diligences spécifiques au titre du premier exercice d'application du PCB révisé : Paragraphe 1.1 de la section 1 du chapitre 2 de la troisième partie du livre.
24	**RRD 6 + RRD 8** **RRD 13 :**

Notes[99]	Propositions de réponses aux risques
	Vérification de l'actualisation et/ou de l'implémentation des paramétrages issus des changements de réglementations.
25	**RRD 6 + RRD 8 + RRD 13** **RRD 14** : Cf. Section 1 du chapitre 2 de la troisième partie du livre.
30	**RRD 15** - Existence de contrats standards validés juridiquement. - Analyse juridique systématique des contrats non-standards.

1 : Dans le secteur bancaire, l'essentiel des écritures étant enregistré par le système d'information ou par l'homme mais à travers un schéma d'écritures préétabli, les écritures comptables n'entrant dans aucune de ces deux (02) catégories sont traitées d'écritures en « free format ».

2 : La notion de non viabilité a été traitée au paragraphe 1.1.4 de la section 1 du chapitre 2 de la troisième partie du présent livre.

Annexe 17. Analyse de l'incidence des anomalies identifiées sur les comptes pro forma 2016 et 2017 sur le rapport sur les états financiers de l'exercice 2018

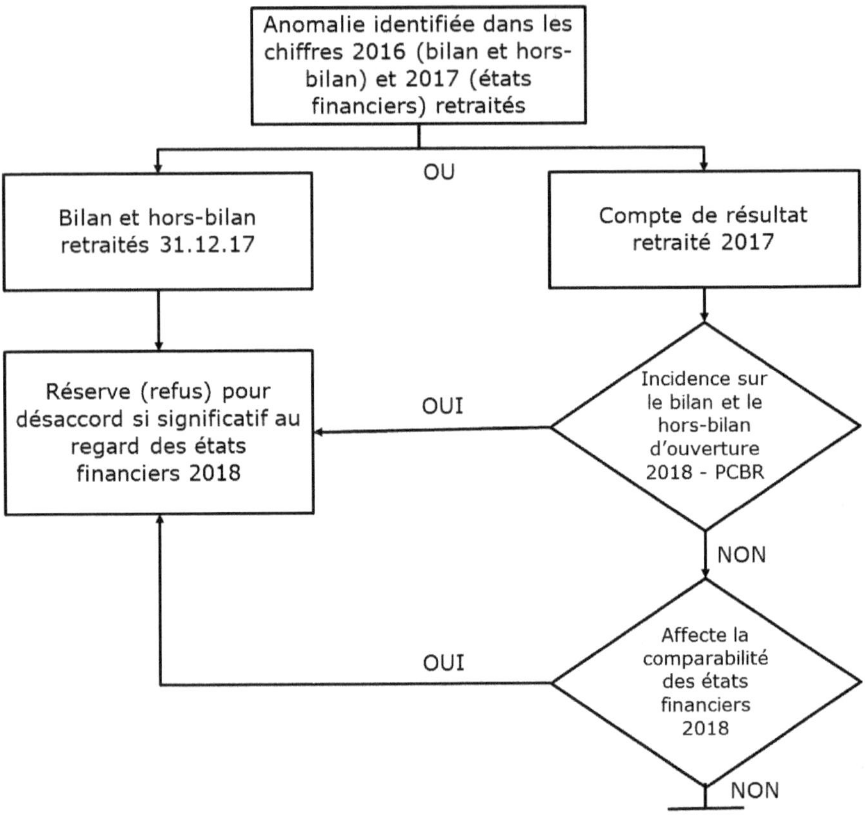

Source : Réalisé par nous-mêmes en nous inspirant du schéma proposé par la CNCC dans l'ouvrage « Le commissaire aux comptes et le passage aux IFRS », décembre 2005, P. 18

Annexe 18. Exemple de demande d'extraction d'écritures chez un établissement

Date : JJ/MM/20AA

A : Département Informatique

De : Commissaire aux comptes

Objet : Informations requises pour la revue des écritures

Dans le cadre de notre mission de commissariat aux comptes au titre de l'exercice clos le 31 décembre 20N, nous comptons mettre en œuvre les procédures d'analyse des écritures comptables passées dans vos journaux d'écritures au cours de l'exercice.

Nous vous prions pour ce faire, de mettre à notre disposition, en version électronique et sous format Texte (CSV) ou MS Excel, les informations suivantes :

Type	**Champs requis**
Journaux d'écritures entre le 01/01/20N au 31/12/20N	• N° d'identifiant de l'écriture • Libellé de l'écriture • Date d'enregistrement • Date effective (date de la transaction) • Identifiant de l'utilisateur ayant saisi l'écriture ; • Identifiant de l'utilisateur ayant validé/approuvé l'écriture • N° de ligne dans le journal • N° de compte dans le grand-livre Si les débits et les crédits sont enregistrés dans une même colonne, les champs suivants : • Colonne du montant de la transaction • Colonne indiquant "Débit" ou "Crédit" Par contre si les montants sont enregistrés dans des colonnes différentes selon que ce sont des débits ou des crédits, les champs suivants : • Colonne du montant débité • Colonne du montant crédité • Auteur de la saisie • Approbateur de la saisie Nous voudrions obtenir une liste des utilisateurs de l'application comptable avec les éléments suivants à minima: • Code utilisateur ; • Nom de l'utilisateur ; • Fonction/Rôle dans la banque.
Code Journaux	• Code • Libellé

Annexe 19. Autres outils proposés pour la documentation des travaux dans le dossier d'audit

19.1. Papier de revue de dossier de crédit[101]

1/2

Mission	Client :		
	Objet: REVUE DES DOSSIERS DE CREDIT	Effectué par :	Revu par :
Réf. PT :	Date :	Clôture :	

DOCUMENTATION DE LA REVUE DE DOSSIER DE CREDIT

Papier préparé en application des dispositions du PCB révisé et de l'Instruction N°026-11-2016

PRESENTATION DE LA RELATION

Numéro de la relation :

Nom de la relation :

Secteur d'activité de la relation :

Type d'exposition : *Suivant les catégorisations prévues par le nouveau dispositif prudentiel (1)*

Nom du gestionnaire :

Notation de l'établissement :

Classification de l'établissement :

DETAILS DES LIGNES ET ENCOURS DE LA RELATION

Type	Organe de décision	Autorisation - Notification	Autorisation - Système	Date de déblocage	Date d'échéance	Solde à l'intérim	Solde au 31/12/20N	Solde au jour de revue
Bilan								
Effets commerciaux								
Autre crédit à court terme 1								
Autre crédit à court terme 2								
Crédit à moyen terme 1								
Crédit à moyen terme 2								
Crédit à long terme 1								
Crédit à long terme 2								
Total Engagements Bruts								
Provisions								
Total Engagements Nets								
Position créditrice								
Compte ordinaire créditeur								
Dépôt à terme								
Autres								
Total Soldes créditeurs								

101 A utiliser dans le cadre des travaux TS 21 décrits dans l'annexe 15.2 ci-dessus.

2/2

Suivant les dispositions de l'Instruction N°026-11-2016 (2)

Motifs de déclassements	ANALYSE DE LA QUALITE DES ENCOURS DE LA RELATION Oui / Non	Si Oui - Nbre Jrs	Nbre de fois	Observations particulières
Présence de créances déclassées en CDL Présence de créances restructurées sans impayés Présence de créances restructurées avec impayés Présence d'impayés de plus 90 jours Présence de compte ordinaire débiteur - dépassement de plus 90 / 180 jours Présence de compte ordinaire débiteur - sans autorisation de plus 90 / 180 jours Présence de compte ordinaire débiteur - crédits inféreurs aux intérêts débiteurs sur plus de 90 jours Présence de motif sérieux d'inquiétude				

Nature	REVUE DES GARANTIES DE LA RELATION Références	Valeur - Expert	Valeur - Ets	Valeur - Réalisat°	Observations
Hypothèques **Nantissement** **Caution et aval** **Autres (à spécifier)**					

COMMENTAIRES DU CAC SUR LA RELATION

CONCLUSION

RECLASSEMENT, DEPRECIATION ET PROVISION APRES REVUE			
INTITULE	CAC	ETABLISSEMENT	ECART (Reclassement / Ajustement)
ENCOURS DES CREANCES SAINES - BILAN			
ENCOURS DES CREANCES RESTRUCTUREES - BILAN			
ENCOURS DES CREANCES DOUTEUSES ET LITIGIEUSES - BILAN			
ENCOURS DES ENGAGEMENTS SAINS - HORS-BILAN			
ENCOURS DES ENGAGEMENTS DOUTEUX - HORS-BILAN			
DEPRECIATIONS DES CREANCES - BILAN	0	0	0
PROVISIONS DES ENGAGEMENTS - HORS-BILAN	0	0	0

(1) Ces catégorisations sont présentées au paragraphe 1.3 du chapitre 2 de la deuxième partie du mémoire.

(2) A compter du 1er janvier 2018, l'analyse de la qualité des encours des relations des établissements de crédit doit être faite selon les dispositions de l'instruction N°26-11-2016. Les règles de classification et de déclassement contenues dans cette instruction sont synthétisées dans le tableau 9 du présent mémoire.

19.2. Papier de revue globale des engagements à partir des états d'exceptions[102]

1/8

Mission	Client :		
	Objet: REVUE DES ENGAGEMENTS	Effectué par :	Revu par :
Réf. PT :	Date :	Clôture :	

SYNTHES DE LA REVUE DES ENGAGEMENTS A PARTIR DES ETATS D'EXCEPTIONS (1)

Papier préparé en application des dispositions du PCB révisé et de l'instruction N°026-11-2016

ELEMENTS	Reclassment des créances restructurées en créances saines		Complément de déclassement		Perte	Reprise de Dépréciations / Provisions	Complément de Dépréciations / Provisions	
	Sous-catégorie	Définitif	Bilan	Hors-Bilan			Bilan	HB
1 Débits de plus de 90 jours sans autorisation (*)								
2 Débits de plus de 90 jours dépassant la limite autorisée (*)								
3 Débits avec cumul des mouvements créditeurs < aux intérêts sur 90 jours (*)								
4 Impayés de plus de 90 jours (*)								
5 Crédits restructurés								
6 Créances douteuses ou litigieuses (CDL)								
TOTAL	-	-	-	-	-	-	-	-

(*) : *Délai porté à 180 jours pour l'Etat, les Organismes publics et les PME/PMI (Article 8 de l'instruction N°026-11-2016)*

(1) A compter du 1er janvier 2018, l'analyse de la qualité des encours des relations des établissements de crédit doit être faite selon les dispositions de l'instruction N°26-11-2016. Les règles de classification et de déclassement contenues dans cette instruction sont synthétisées dans le tableau 9 du présent mémoire.

Synthèse de la revue | 1. Débit>90 sans autorisation | 2. Deb. >90jrs ou >mtt autorisé | 3. Deb.> mvt crédit < Intérêts | 4. Impayés > 90 jours | ...

102 A utiliser dans le cadre des travaux TS 23 décrits dans l'annexe 15.2 ci-dessus.

2/8

Mission

Réf. PT :	Objet: REVUE DES ENGAGEMENTS	Effectué par :	Revu par :
	Date :	Clôture :	

Analyse des déclassements pour motif : comptes ordinaires débiteurs depuis plus de 90 jours sans autorisation

Objectifs : S'assurer de l'exhaustivité, de la correcte évaluation et de la classification des engagements sur des contreparties présentant au moins un compte débiteur sans autorisation depuis plus de 90 jours.

Travail à faire :

1. Obtenir l'état d'exception relatif aux comptes débiteurs sans autorisation depuis plus de 90 jours ;
2. Vérifier la fiabilité de cet état ;
3. Appliquer l'effet de contagion sur les relations concernées par ces débits, à l'exception de la clientèle de détail et de l'escompte ;
4. Déclasser en CDL les créances sur les contreparties concernées ;
5. Appliquer les règles de dépréciation en tenant compte des dates de constat des débits ;
6. Vérifier l'existence et l'éligibilité des garanties ;
7. Déterminer le montant net de la dépréciation, après prise en compte des garanties.

Code client	Nom	Solde du compte courant	Nombre de jours d'exception	Engagement			Garanties		Déclassement Ets		Dépréciation / Provisions Ets		Complément CAC				Commentaires	
											Compte par nature	Autre compte	Déclassement Douteux		Complément Dépréciations			
				Bilan	HB	Total	DAT	Hypothèque	Bilan	HB			Bilan	HB	Bilan	HB	CAC	Ets
	Etats, Organismes publics et PME/PMI	Règles de 180 jours																

Synthèse de la revue | 1. Débit>90 sans autorisation | 2. Deb. >90jrs ou >mtt autorisé | 3. Deb.> mvt crédit < Intérêts | 4. Impayés > 90 jours | ...

3/8

Mission	
	Objet: REVUE DES ENGAGEMENTS | Effectué par : | | Revu par :
Réf. PT:	Date : | Clôture :

Analyse des déclassements pour motif : comptes ordinaires débiteurs depuis plus de 90 jours dépassant la limite autorisée

Objectifs : S'assurer de l'exhaustivité, de la correcte évaluation et de la classification des engagements sur des contreparties présentant au moins un compte débiteur depuis plus de 90 jours dépassant la limite autorisée.

Travail à faire :

1. Obtenir l'état d'exception relatif aux comptes débiteurs depuis plus de 90 jours dépassant la limite autorisée ;
2. Vérifier la fiabilité de cet état ;
3. Appliquer l'effet de contagion sur les relations concernées par ces débits, à l'exception de la clientèle de détail et de l'escompte ;
4. Déclasser en CDL les créances sur les contreparties concernées ;
5. Appliquer les règles de dépréciation en tenant compte des dates de constat des débits ;
6. Vérifier l'existence et l'éligibilité des garanties ;
7. Déterminer le montant net de la dépréciation, après prise en compte des garanties.

Code client	Nom	Solde du compte courant	Montant autorisé	Montant en dépassement	Nombre de jours d'exception	Engagement			Garanties		Déclassement Ets		Dépréciation / Provisions Ets		Complément CAC			
													Compte par nature	Autre compte	Déclassement Douteux		Complément Dépréciations	
						Bilan	Hors-Bilan	Total	DAT	Hypothèque	Bilan	HB			Bilan	HB	Bilan	HB
	Etats, Organismes publics et PME/PMI	Règles de 180 jours																

Synthèse de la revue | 1. Débit>90 sans autorisation | 2. Deb. >90jrs ou >mtt autorisé | 3. Deb.> mvt crédit < Intérêts | 4. Impayés > 90 jours | ...

4/8

Mission				
	Client :			
	Objet: REVUE DES ENGAGEMENTS	Effectué par :		Revu par :
Réf. PT :	Date :	Clôture :		

Analyse des déclassements pour motif : comptes ordinaires débiteurs depuis plus de 90 jours avec des mouvements créditeurs inférieurs aux intérêts débiteurs

<u>Objectifs</u> : S'assurer de l'exhaustivité, de la correcte évaluation et de la classification des engagements sur des contreparties présentant au moins un compte débiteur depuis plus de 90 jours avec des mouvements créditeurs inférieurs au montant total des intérêts débiteurs.

<u>Travail à faire</u> :

1. Obtenir l'état d'exception relatif aux comptes débiteurs depuis plus de 90 jours avec des mouvements créditeurs inférieurs au montant total des intérêts débiteurs ;
2. Vérifier la fiabilité de cet état ;
3. Appliquer l'effet de contagion sur les relations concernées par ces débits, à l'exception de la clientèle de détail et de l'escompte ;
4. Déclasser en CDL les créances sur les contreparties concernées ;
5. Appliquer les règles de dépréciation en tenant compte des dates de constat des débits ;
6. Vérifier l'existence et l'éligibiltié des garanties ;
7. Déterminer le montant net de la dépréciation, après prise en compte des garanties.

Code client	Nom	Solde du compte courant	Total mouvements créditeurs	Total Intérêts débiteurs	Nombre de jours d'exception	Engagement			Garanties		Déclassement Ets		Dépréciation / Provisions Ets		Complément CAC			
													Compte par nature	Autre compte	Déclassement Douteux		Complément Dépréciati	
						Bilan	Hors-Bilan	Total	DAT	Hypothèque	Bilan	HB			Bilan	HB	Bilan	HB
	Etats, Organismes publics et PME/PMI	Règles de 180 jours																

Synthèse de la revue | 1. Débit>90 sans autorisation | 2. Deb. >90jrs ou >mtt autorisé | 3. Deb.> mvt crédit < Intérêts | 4. Impayes > 90 jours | ...

5/8

Analyse des déclassements pour motif : impayés sur crédit(s) de plus de 90 jours

Objectifs : S'assurer de l'exhaustivité, de la correcte évaluation et de la classification des engagements sur des contreparties présentant au moins une créance avec des impayés de plus de 90 jours.

Travail à faire :

1. Obtenir l'état d'exception relatif aux créances impayées d'au moins 90 jours ;
2. Vérifier la fiabilité de cet état ;
3. Appliquer l'effet de contagion sur les relations concernées par ces impayés, à l'exception de la clientèle de détail et de l'escompte ;
4. Déclasser en CDL les créances sur les contreparties concernées ;
5. Appliquer les règles de dépréciation en tenant compte des dates d'impayés ;
6. Vérifier l'existence et l'éligibiltié des garanties ;
7. Déterminer le montant net de la dépréciation, après prise en compte des garanties.

Code client	Nom	Montant des impayés	Nombre de jours d'impayés	Date de déclassement	Engagement			Garanties		Déclassement Ets		Dépréciation / Provisions Ets		Déclass
					Bilan	Hors-Bilan	Total	DAT	Hypothèque	Bilan	HB	Compte par nature	Autre compte	Bilan
	Etats, Organismes publics et PME/PMI	Règles de 180 jours												
	Autres	Règles de 90 jours												

Ets = Etablissement

Synthèse de la revue | 1. Débit>90 sans autorisation | 2. Deb. >90jrs ou >mtt autorisé | 3. Deb.> mvt crédit < Intérêts | 4. Impayés > 90 jours

6/8

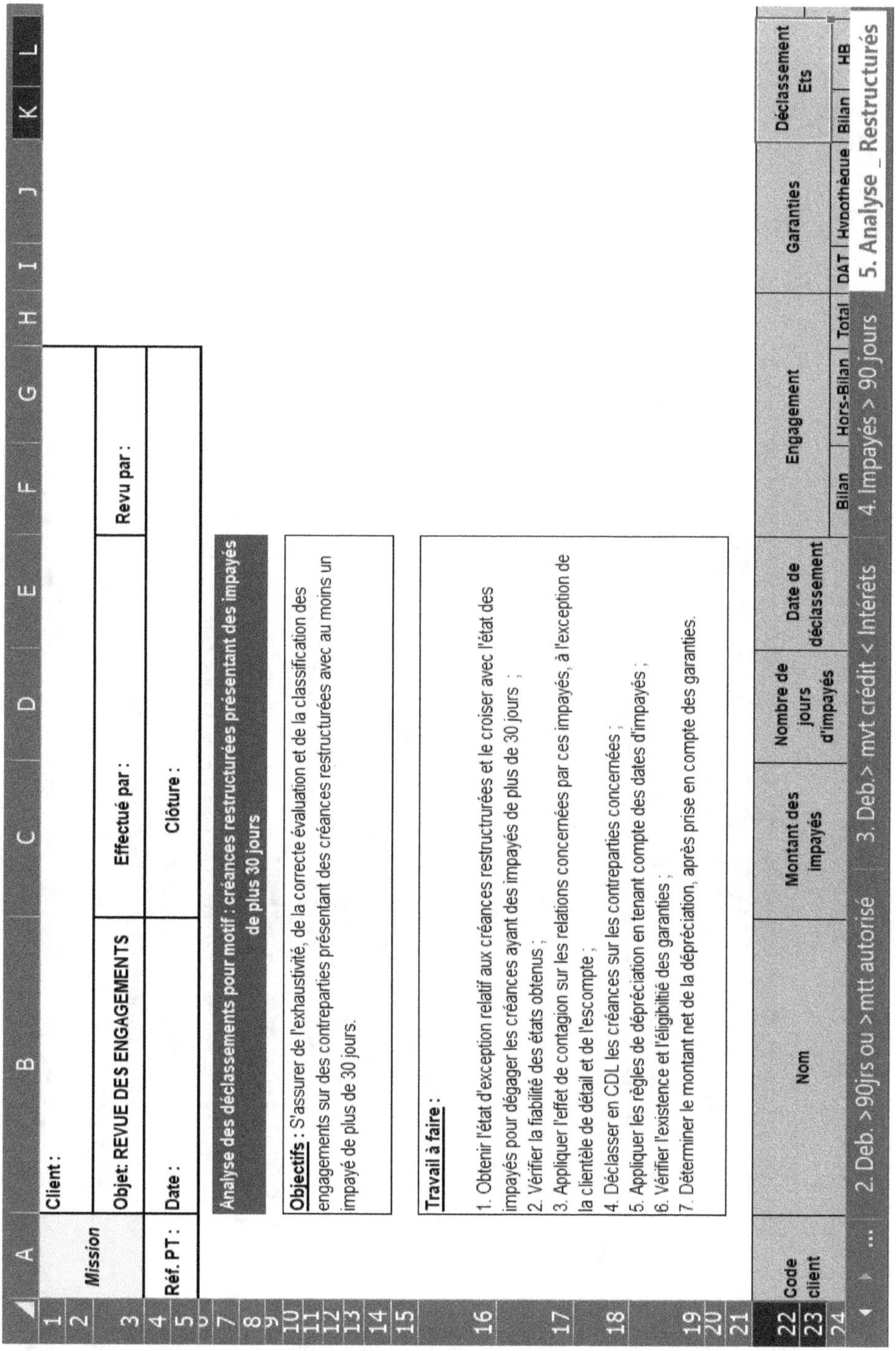

Mission	Client :		
	Objet: REVUE DES ENGAGEMENTS	Effectué par :	Revu par :
Réf. PT :	Date :	Clôture :	

Analyse des déclassements pour motif : créances restructurées présentant des impayés de plus 30 jours

Objectifs : S'assurer de l'exhaustivité, de la correcte évaluation et de la classification des engagements sur des contreparties présentant des créances restructurées avec au moins un impayé de plus de 30 jours.

Travail à faire :

1. Obtenir l'état d'exception relatif aux créances restructrurées et le croiser avec l'état des impayés pour dégager les créances ayant des impayés de plus de 30 jours ;
2. Vérifier la fiabilité des états obtenus ;
3. Appliquer l'effet de contagion sur les relations concernées par ces impayés, à l'exception de la clientèle de détail et de l'escompte ;
4. Déclasser en CDL les créances sur les contreparties concernées ;
5. Appliquer les règles de dépréciation en tenant compte des dates d'impayés ;
6. Vérifier l'existence et l'éligibiltié des garanties ;
7. Déterminer le montant net de la dépréciation, après prise en compte des garanties.

Code client	Nom	Montant des impayés	Nombre de jours d'impayés	Date de déclassement	Engagement			Garanties		Déclassement Ets	
					Bilan	Hors-Bilan	Total	DAT	Hypothèque	Bilan	HB

… 2. Deb. >90jrs ou >mtt autorisé | 3. Deb.> mvt crédit < Intérêts | 4. Impayés > 90 jours | 5. Analyse _ Restructurés

7/8

Réf. PT :	Date :	Clôture :

Analyse des déclassements pour motif : Créances déjà déclassées par le système d'information de l'établissement

Objectifs : S'assurer de l'exhaustivité, de la correcte évaluation et de la classification des engagements sur des contreparties présentant ou moins une créance douteuse ou litigieuse.

Travail à faire :

1. Obtenir l'état d'exception relatif aux créances douteuses ou litigieuses déclassées par le système d'information de l'établissement ;
2. Vérifier la fiabilité des états obtenus ;
3. Appliquer l'effet de contagion sur les relations concernées par ces impayés, à l'exception de la clientèle de détail et de l'escompte ;
4. Déclasser en CDL les créances sur les contreparties concernées ;
5. Appliquer les règles de dépréciation en tenant compte des dates de déclassement ;
6. Vérifier l'existence et l'éligibiltié des garanties ;
7. Déterminer le montant net de la dépréciation, après prise en compte des garanties ;
8. Requérir le passage en pertes des créances déclassées il y a 5 ans et plus.

... | 2. Deb. >90jrs ou >mtt autorisé | 3. Deb.> mvt crédit < Intérêts | 4. Impayés > 90 jours | 5. Analyse _ Restructurés | 6. Analyse_CDL

8/8

Travail à faire :

1. Obtenir l'état d'exception relatif aux créances douteuses ou litigieuses déclassées par le système d'information de l'établissement ;
2. Vérifier la fiabilité des états obtenus ;
3. Appliquer l'effet de contagion sur les relations concernées par ces impayés, à l'exception de la clientèle de détail et de l'escompte ;
4. Déclasser en CDL les créances sur les contreparties concernées ;
5. Appliquer les règles de dépréciation en tenant compte des dates de déclassement ;
6. Vérifier l'existence et l'éligibiltié des garanties ;
7. Déterminer le montant net de la dépréciation, après prise en compte des garanties ;
8. Requérir le passage en pertes des créances déclassées il y a 5 ans et plus.

Code client	Nom	CDL	Date de déclassement	Engagements			GARANTIES		Dépréciation /
		Montant		Bilan	HB	Total	DAT	Hypothèque	Compte par nature

2. Deb. >90jrs ou >mtt autorisé | 3. Deb.> mvt crédit < Intérêts | 4. Impayés > 90 jours | 5. Analyse_Restructurés | 6. Analyse_CDL

19.3. Papier de détermination et d'étalement des commissions reçues et coûts [103]

Mission	Client :		
	Objet: RECALCUL ET ETALEMENT DES COMMISSIONS RECUES ET COÛTS MARGINAUX	Effectué par :	Revu par :
Réf. PT :	Date :	Clôture :	

Objectifs : S'assurer de l'exhaustivité, de la correcte évaluation et imputation des commissions reçues et coûts marginaux.

Travail à faire :

1. Obtenir l'extraction des commissions reçues et coûts marginaux de la période ;
2. Réconcilier cette extraction avec la balance générale ;
3. Vérifier l'exhaustivité de l'extraction sur la base des dossiers de crédit émis ;
4. Vérifier par recalcul, le correct étalement des commisions sur la période ;
5. Dégager les éventuels écarts entre les montants recalculés et la balance générale ;
6. Investiguer les éventuels écarts et conclure.

Conclusion :

CODE CLIENT	NOM CLIENT	NUMERO DOSSIER	NUMERO AVENANT	TYPE PRET	LIBELLE TYPE PRET	MONTANT CREDIT	DATE MISE PLACE

Commissions reçues & coûts

---

103 A utiliser dans le cadre des travaux TS 13 et 14 décrits dans l'annexe 15.2 ci-dessus.

19.4. Papier de détermination des décotes sur créances restructurées [104]

Mission	Client :		
	Objet: RECALCUL DECOTES SUR CREANCES RESTRUCUREES	Effectué par :	Revu par :
Réf. PT :	Date :	Clôture :	

Objectifs : S'assurer de l'exhaustivité, de la correcte évaluation et imputation des décotes sur créances restructurées.

Travail à faire :

1. Obtenir l'extraction des décotes sur créances restructurées ;
2. Réconcilier cette extraction avec la balance générale ;
3. Vérifier l'exhaustivité de l'extraction sur la base des dossiers de créances restructurées ;
4. Vérifier par recalcul, le correct étalement des décotes sur créances restructures sur la période ;
5. Dégager les éventuels écarts entre les montants recalculés et la balance générale ;
6. Investiguer les éventuels écarts et conclure.

Conclusion :

DONNEES SOURCE									
CODE CLIENT	NOM CLIENT	TAUX INITIAL	CREDIT INITIAL	ENCOURS RESTRUCTURE	DATE RESTRUCTURATION	DATE ECHEANCE	FREQUENCE DE REMBOURSEMENT	DEBUT DECOMPTE	

Décotes créances restructurées

[104] A utiliser dans le cadre des travaux TS 15 et 16 décrits dans l'annexe 15.2 ci-dessus.

19.5. Papier de valorisation du portefeuille des titres détenus par l'établissement[105]

Mission	Client :		
	Objet: VALORISATION PORTEFEUILLE TITRES	Effectué par :	Revu par :
Réf. PT :	Date :	Clôture :	

Objectifs : S'assurer de l'exhaustivité, de la correcte évaluation et imputation des titres détenus en portefeuille à la clôture.

Travail à faire :

1. Obtenir l'état des titres détenus en portefeuille à la clôture ;
2. Réconcilier cet état avec la balance générale ;
3. Vérifier l'exhaustivité de cet état sur la base des mouvements de titres de l'exercice ;
4. Obtenir les cours des titres / valeurs de marché / valeurs d'utilité estimée par l'établissement ;
5. Rapprocher ces valeurs de marché des valeurs en comptabilité ;
6. En déduire la nécessité ou non de constater des plus ou moins-values en fonction de la classification des titres.

Conclusion :

N° Test	Description des titres	Catégorie du titre	Quantité détenue	Montant en comptabilité à la clôture	Valeur de marché / Valeur d'utilité		Evaluation de la
					Valeur unitaire	Total	CAC

Données sources

Données calculées

Valorisation portefeuille titre

105 A utiliser dans le cadre des travaux TS 51 décrits dans l'annexe 15.3 ci-dessus.

Annexe 20. Synthèse de la démarche proposée

ETAPES				LIENS AVEC LE LIVRE	
Phases de la mission	Etapes d'audit	ISA[1]	AUDSCGIE[2]	Références au Livre	Points spécifiques du commissariat aux comptes (CAC) des établissements de crédit de l'UMOA
Acceptation et maintien de la mission	Evaluer le risque de la mission			Pas de spécificités pour le section bancaire de l'UMOA.	
	Acceptation et maintien de la mission				
	Approbation de la nomination			Partie 3, Chapitre 1, Section 1	Présentation des spécificités liées à la désignation du CAC des établissements : §1.2.2
	Mission d'audit initiale - solde d'ouverture	510		Pas de spécificités pour le section bancaire de l'UMOA.	
	Lettre de mission	210			
Identification et évaluation des risques d'anomalies significatives et planification	Connaissance de l'entité et de son environnement et évaluation du risque d'anomalies significatives dans les comptes	315 / 520		Partie 1, Chapitre 1 Partie 1, Chapitre 2 Partie 2, Chapitre 1 Partie 2, Chapitre 2 Partie 3, Chapitre 1, Section 1 Partie 3, Chapitre 1, Section 2	- Mise en évidence des risques d'anomalies significatives tout au long des chapitres 1 et 2 des Parties 1 et 2 ; - Démarche du CAC de l'établissement : Partie 3, Chapitre 1, §1.4.2 - Evaluation des risques et définition des comptes associés : Partie 3, Chapitre 1, Section 2
	Détermination du seuil de signification	320			
	Identification et évaluation des risques significatifs	315		Partie 3, Chapitre 1, Section 1 Partie 3, Chapitre 1, Section 2	- Démarche du CAC de l'établissement : Partie 3, Chapitre 1, §1.4.2 - Evaluation des risques et définition des comptes associés : Partie 3, Chapitre 1, Section 2
	Identification de l'utilisation de sociétés de services	402			
	Procédures d'audit mises en œuvre à l'issue de l'évaluation des risques	330		Partie 3, Chapitre 1, Section 3,	- Exemples de programmes de travail conformes aux nouvelles réglementations comptable et prudentielle : Partie 3, Chapitre 1, Section 3 - Réponses aux risques diffus : Partie 3, Chapitre 1, §3.6.2
	Audit d'un groupe	600			
	Plan de mission	300			
Réponses à l'évaluation des risques et collecte des éléments probants	Utilisation de l'audit interne	610			
	Utilisation d'un expert	620	718	Partie 3, Chapitre 2, Section 2,	Diligences spécifiques aux risques de fraude : Partie 3, Chapitre 2, §2.1.
	Tests de procédures	330		Partie 3, Chapitre 1, Section 3, Partie 3, Chapitre 2, Section 2,	- Exemples de programmes de travail conformes aux nouvelles réglementations comptable et prudentielle : Partie 3, Chapitre 1, Section 3 - Réponses aux risques diffus : Partie 3, Chapitre 1, §3.6.2 - Diligences spécifiques aux risques de fraude : Partie 3, Chapitre 2, §2.1
	Tests substantifs	505/520/ 530/540		Partie 3, Chapitre 1, Section 3, Partie 3, Chapitre 2, Section 2,	
	Caractère probant des éléments collectés	500/501		Partie 3, Chapitre 1, Section 3, Partie 3, Chapitre 2, Section 2,	
Synthèse de la mission et formulation de l'opinion	Note de synthèse				
	Evaluation des anomalies relevées	450		Partie 3, Chapitre 2, Section 3	
	Evènements postérieurs à la clôture	560		Partie 3, Chapitre 2, Section 3	
	Revue indépendante	220		Partie 3, Chapitre 2, Section 3	
	Déclarations de la direction	580		Partie 3, Chapitre 2, Section 3	
	Rapport sur les états financiers annuels	700	710/711	Partie 3, Chapitre 2, Section 3	
	Communication des points clés de l'audit	701			
	Informations relatives aux exercices précédents	710			
	Rapport de gestion	720	713	Partie 3, Chapitre 2, Section 1	Diligences du CAC sur les informations prudentielles présentées dans le rapport de gestion : Partie 3, Chapitre 2, §1.2.1.
	Communication avec les organes sur des faiblesses du contrôle interne	260/265	715		
Transversale tout au long de la mission	Documentation de l'audit des comptes	230		Partie 3, Chapitre 1, Section 3 Partie 3, Chapitre 2, Section 2	- Papier de documentation du contrôle relatif aux états financiers : Partie 3, Chapitre 1, Section 3 - Quelques outils de documentation proposés : Partie 3, Chapitre 2, Section 2
	Co-commissariat aux comptes		719		
	Prise en considération de la possibilité de fraude	240		Partie 3, Chapitre 1, Section 2 Partie 3, Chapitre 2, Section 2	- Prise en compte des risques de fraude et de détournement : Partie 3, Chapitre 1, §2.1 - Diligences spécifiques aux risques de fraude : Partie 3, Chapitre 2, §2.1
	Prise en compte du risque d'anomalies significatives dans les comptes résultant du non-respect des textes légaux et réglementaires	250		Partie 3, Chapitre 1, Section 2 Partie 3, Chapitre 2, Section 3	- Prise en compte des risques liés à l'environnement législatif et réglementaire : Partie 3, Chapitre 1, §2.2 - Travaux relatifs au respect de la règlementation : Partie 3, Chapitre 2, §3.1
	Relations et transactions avec les parties liées	550			
	Continuité de l'exploitation	570	153/155/156/664/665/666/667/668/669	Partie 2, Chapitre 2, Section 1	Notion de non viabilité de l'établissement : Partie 2, Chapitre 2, §1.4.
Code d'éthique et de déontologie				Partie 3, Chapitre 1, Section 1	Code d'éthique et de déontologie : Partie 3, Chapitre 1, §1.2.3.

(1) Il s'agit des normes ISA, y compris celles ayant fait l'objet de révision.
(2) Il s'agit des articles de l'Acte Uniforme de l'OHADA relatif au Droit des Sociétés Commerciales et du Groupement d'Intérêt Economique

TABLE DES MATIERES

Structures éditoriales du groupe L'Harmattan

L'Harmattan Italie
Via degli Artisti, 15
10124 Torino
harmattan.italia@gmail.com

L'Harmattan Hongrie
Kossuth l. u. 14-16.
1053 Budapest
harmattan@harmattan.hu

L'Harmattan Sénégal
10 VDN en face Mermoz
BP 45034 Dakar-Fann
senharmattan@gmail.com

L'Harmattan Cameroun
TSINGA/FECAFOOT
BP 11486 Yaoundé
inkoukam@gmail.com

L'Harmattan Burkina Faso
Achille Somé – tengnule@hotmail.fr

L'Harmattan Guinée
Almamya, rue KA 028 OKB Agency
BP 3470 Conakry
harmattanguinee@yahoo.fr

L'Harmattan RDC
185, avenue Nyangwe
Commune de Lingwala – Kinshasa
matangilamusadila@yahoo.fr

L'Harmattan Congo
67, boulevard Denis-Sassou-N'Guesso
BP 2874 Brazzaville
harmattan.congo@yahoo.fr

L'Harmattan Mali
Sirakoro-Meguetana V31
Bamako
syllaka@yahoo.fr

L'Harmattan Togo
Djidjole – Lomé
Maison Amela
face EPP BATOME
ddamela@aol.com

L'Harmattan Côte d'Ivoire
Résidence Karl – Cité des Arts
Abidjan-Cocody
03 BP 1588 Abidjan
espace_harmattan.ci@hotmail.fr

L'Harmattan Algérie
22, rue Moulay-Mohamed
31000 Oran
info2@harmattan-algerie.com

L'Harmattan Maroc
5, rue Ferrane-Kouicha, Talaâ-Elkbira
Chrableyine, Fès-Médine
30000 Fès
harmattan.maroc@gmail.com

Nos librairies en France

Librairie internationale
16, rue des Écoles – 75005 Paris
librairie.internationale@harmattan.fr
01 40 46 79 11
www.librairieharmattan.com

Librairie l'Espace Harmattan
21 bis, rue des Écoles – 75005 paris
librairie.espace@harmattan.fr
01 43 29 49 42

Lib. sciences humaines & histoire
21, rue des Écoles – 75005 paris
librairie.sh@harmattan.fr
01 46 34 13 71
www.librairieharmattansh.com

Lib. Méditerranée & Moyen-Orient
7, rue des Carmes – 75005 Paris
librairie.mediterranee@harmattan.fr
01 43 29 71 15

Librairie Le Lucernaire
53, rue Notre-Dame-des-Champs – 75006 Paris
librairie@lucernaire.fr
01 42 22 67 13

www.ingramcontent.com/pod-product-compliance
Lightning Source LLC
LaVergne TN
LVHW011311061026
849535LV00005B/1515
9782343188775